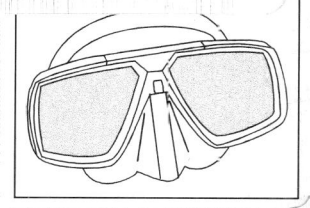

TAUCH-THEORIE

Das Komplettwissen für den Tauchsport

von

Thilo Künneth

mit
139 Abbildungen

2. Auflage
2000

VERLAG WEINMANN — BERLIN

Die Deutsche Bibliothek — CIP-Einheitsaufnahme

Künneth, Thilo:
Tauch-Theorie : das Komplettwissen für den Tauchsport / von Thilo Künneth.
2. Aufl. — Berlin : Weinmann 2000
ISBN 3-87892-065-2

© 2000 by Verlag Weinmann — Berlin

Copyright, die Übersetzungs- und alle sonstigen Rechte (insbesondere auch an Idee und Gestaltung der Abbildungen) sind Eigentum des Verlages.

Auch die auszugsweise oder fotomechanische Wiedergabe, die Reproduktion von Abbildungen sowie die Einspeicherung und Verarbeitung in elektronischen Systemen bedarf der schriftlichen Genehmigung des Verlages.

Titelrepro: Gepro GmbH
Gesamtherstellung: Hildebrand

INHALTSVERZEICHNIS

1	**WOZU THEORIE BEIM TAUCHEN ?**	**13**
1.1	Einführung	14
1.2	Das Wichtigste für die Tauchprüfung	16
2	**TAUCHPHYSIK**	**19**
2.1	Einheiten und Definitionen	20
2.1.1	Masse und Gewicht	21
2.1.2	Kraft als physikalische Größe	21
2.1.3	Volumen oder Rauminhalt	22
2.1.4	Die Definition der Dichte	23
2.1.5	Was ist Druck ?	24
2.1.5.1	Allgemeines	24
2.1.5.2	Der Luftdruck	26
2.1.5.3	Der Wasserdruck	28
2.1.5.4	Der Umgebungsdruck	31
2.1.6	Jetzt wird's heiß: Die Temperatur	33
2.2	Die wichtigsten Gas-Gesetze für Taucher	36
2.2.1	Der Gasdruck - Ein anschauliches Modell	36
2.2.2	Das Gesetz von Boyle-Mariotte	38
2.2.2.1	Die Beziehung Druck und Volumen	38
2.2.2.2	Anwendung für Taucher	41
2.2.2.3	Berechnungen	41
2.2.3	Das Gesetz von Gay-Lussac	43
2.2.3.1	Die Beziehung Druck und Temperatur	43
2.2.3.2	Anwendung für Taucher	46
2.2.3.3	Berechnungen	47
2.2.4	Das Gesetz von Charles	49
2.2.4.1	Die Beziehung Volumen und Temperatur	49
2.2.4.2	Anwendung für Taucher	52
2.2.4.3	Berechnungen	53
2.2.5	Die allgemeine Gasgleichung - Am einfachsten zu merken !	55
2.2.5.1	Die Beziehung Druck, Volumen und Temperatur	55
2.2.5.2	Beispielrechnung	56

2.2.6	Das Gesetz von Dalton	59
2.2.6.1	Woraus besteht unsere Atemluft ?	59
2.2.6.2	Teildruck und Gesamtdruck	60
2.2.6.3	Anwendung für Taucher	63
2.2.6.4	Berechnungen	64
2.2.7	Das Gesetz von Henry	65
2.2.7.1	Löslichkeit von Gasen in Flüssigkeiten	65
2.2.7.2	Anwendung für Taucher	66
2.3	**Schwimmen, schweben, sinken**	**68**
2.3.1	Das Prinzip des Archimedes	68
2.3.2	Abtriebskraft	70
2.3.3	Auftriebskraft	71
2.3.4	Hydrostatisches Gleichgewicht	71
2.3.5	Anwendung für Taucher	72
2.3.6	Berechnungen	74
2.3.7	Ständig tarieren - wozu ?	79
2.4	**Einige Besonderheiten der Praxis**	**83**
2.4.1	Warum vereist mein Lungenautomat ? - Der Joule-Thomson-Effekt	83
2.4.2	Flüssigkeiten in Gasen - woher kommt der Durst nach dem Tauchen ?	85
2.4.3	Realer Fülldruck von Preßluftflaschen	88
2.5	**Das Sehen unter Wasser**	**90**
2.5.1	Was ist Licht ?	90
2.5.2	Grundbegriffe der Optik	91
2.5.3	Praktische Auswirkungen unter Wasser	93
2.6	**Das Hören unter Wasser**	**96**
2.6.1	Was ist Schall ?	96
2.6.2	Wie höre ich beim Tauchen ?	97

3 TAUCHRECHNEN 99

3.1	**Einige wichtige Grundbegriffe**	**100**
3.1.1	Luftmenge	100
3.1.2	Atemminutenvolumen	101
3.1.3	Die Tauchzeit	102
3.1.3.1	Abtauchen, Grundzeit, Auftauchen	102
3.1.3.2	Nullzeit, Dekompressionszeit	103
3.1.3.3	Vereinfachungen für die Berechnungen	104

3.2	**Atemluft-Berechnungen**	105
3.2.1	Berechnung des Luftvorrats	105
3.2.2	Die Reserve	107
3.2.3	Berechnung des Luftverbrauches	109
3.3	**Tauchgangs- Berechnung**	111
3.3.1	Berechnung der Tauchzeit	111
3.3.2	Was ist ein Tauchprofil ?	115
3.3.3	Tauchen in der Nullzeit - der Normalfall !	116
3.3.3.1	Nullzeit vom Tauchcomputer	116
3.3.3.2	Ablesen aus der Austauchtabelle	117
3.3.3.3	Nullzeit-Faustformel „Neunziger-Regel"	118
3.3.3.4	Beispielrechnungen	119
3.3.4	Tauchen mit Dekompressionsstop - die Ausnahme !	123
3.3.4.1	Dekompressionspausen vom Tauchcomputer	123
3.3.4.2	Dekompressionspausen aus der Austauchtabelle	123
3.3.4.3	Beispielrechnung	126
3.3.5	Wiederholungstauchgang	131
3.3.6	Bergsee-Tauchen	135
3.3.6.1	Tauchcomputer	135
3.3.6.2	Bergsee-Austauchtabellen	136
3.3.6.3	Berechnung eines Bergsee-Umrechnungsfaktors	136
3.4	**Überströmen**	139
4	**TECHNIK UND AUSRÜSTUNG**	**143**
4.1	**Die Preßluftflasche - Unser Luftvorrat**	144
4.1.1	Material und Kennzeichnung	144
4.1.2	Fülldruck, Prüfdruck, Berstdruck	146
4.1.3	Das Ventil	147
4.1.4	Das Gewinde	148
4.1.5	Die Reserveschaltung	148
4.1.6	Transport von Preßluftflaschen	153
4.1.7	Gasgemische und Kreislaufgeräte	153

4.2 Der Atemregler - zwei Stufen für die Luftsteuerung — **155**
   4.2.1 Der einstufige Zweischlauchatemregler — 155
   4.2.2 Der zweistufige Einschlauchatemregler — 158
      4.2.2.1 Die 1. Stufe (Druckminderer) — 158
      4.2.2.2 Kompensierter Druckminderer — 161
      4.2.2.3 Der Druckluftschlauch — 162
      4.2.2.4 Die 2. Stufe (Lungenautomat) — 163
      4.2.2.5 Ventile — 165
      4.2.2.6 Hilfe - Mein Automat vereist — 166

4.3 Die ABC- Ausrüstung — **169**
   4.3.1 Maske — 169
   4.3.2 Schnorchel — 170
   4.3.3 Flossen — 171

4.4 Meßgeräte — **172**
   4.4.1 Taucheruhr — 172
   4.4.2 Finimeter — 172
   4.4.3 Tiefenmesser — 173
      4.4.3.1 Kapillar-Tiefenmesser — 173
      4.4.3.2 Membran-Tiefenmesser — 174
      4.4.3.3 Tiefenmesser mit Bourdon-Röhre — 174
      4.4.3.4 Digitale Tiefenmesser — 175
   4.4.4 Dekompressiometer — 176
   4.4.5 Tauchcomputer — 177
   4.4.6 Kompaß — 179

4.5 Tauchbekleidung und Zubehör — **180**
   4.5.1 Tauchanzug — 180
      4.5.1.1 Tropentauchanzüge — 181
      4.5.1.2 Naßtauchanzüge — 181
      4.5.1.3 Trockentauchanzüge — 182
   4.5.2 Tarierwesten — 183
      4.5.2.1 Taucherweste — 183
      4.5.2.2 Jackets — 184
      4.5.2.3 Inflator — 185
   4.5.3 Weiteres Zubehör — 186
      4.5.3.1 Bleigürtel — 186
      4.5.3.2 Tauchermesser — 186
      4.5.3.3 Unterwasser- Lampe — 187
      4.5.3.4 Taucherboje — 187
      4.5.3.5 Ersatzteile — 187

4.6	**Wie funktioniert eigentlich ein Kompressor ?**	**188**
4.6.1	Aufbau	188
4.6.2	Die Kompression	189
4.6.3	Bedienung und Aufstellung	190

5 ANATOMIE UND PHYSIOLOGIE 191

5.1	**Hohlräume im Körper**	**192**
5.1.1	Schädelhöhlen	192
5.1.2	Körperhohlräume	193
5.2	**Die Atmung**	**194**
5.2.1	Obere Luftwege	194
5.2.2	Untere Luftwege	195
5.2.3	Die Lunge	196
5.2.4	Das Lungenvolumen	196
5.2.5	Was passiert beim Atmen ?	197
5.3	**Der Blutkreislauf**	**200**
5.3.1	Was ist Blut ?	200
5.3.2	Adern - die Transportleitungen	201
5.3.3	Das Herz - die Pumpe	202
5.3.4	Wie funktioniert der Kreislauf ?	203
5.3.5	Der Blutdruck	204
5.4	**Das Ohr**	**205**
5.4.1	Außenohr	205
5.4.2	Mittelohr	206
5.4.3	Innenohr	206
5.4.4	Druckausgleich - Die Valsalva-Methode	207
5.5	**Besonderheiten beim Tauchen**	**209**
5.5.1	Der Tauchreflex	209
5.5.2	Der unerklärliche Harndrang beim Tauchen	210

6 TAUCHUNFÄLLE / TAUCHMEDIZIN — 211

6.1 Das Abtauchen (Kompressionsphase) — 212
- 6.1.1 Barotrauma (Squeeze) — 212
  - 6.1.1.1 Druckänderung in Hohlräumen — 213
  - 6.1.1.2 Barotrauma in den Schädelhöhlen — 216
  - 6.1.1.3 Barotrauma im Ohr — 217
  - 6.1.1.4 Barotrauma im Maskenraum — 221
  - 6.1.1.5 Barotrauma in den Zähnen — 222
  - 6.1.1.6 Barotrauma der Lunge — 222
  - 6.1.1.7 Barotrauma der Haut — 224
- 6.1.2 Sofortmaßnahmen / Therapie — 225
- 6.1.3 Tabellarische Zusammenfassung der Symptome — 225

6.2 Das Tauchen (Isopressionsphase) — 227
- 6.2.1 Sauerstoffvergiftung — 227
- 6.2.2 Kohlendioxidvergiftung — 229
- 6.2.3 Stickstoffvergiftung - Der Tiefenrausch — 230
- 6.2.4 Kohlenmonoxidvergiftung — 231
- 6.2.5 Sofortmaßnahmen / Therapie — 232
- 6.2.6 Tabellarische Zusammenfassung der Symptome — 233

6.3 Das Auftauchen (Dekompressionsphase) — 234
- 6.3.1 Dekompressionskrankheit (Caisson-Krankheit) — 234
  - 6.3.1.1 Sättigung des Gewebes — 234
  - 6.3.1.2 Blasenbildung beim Auftauchen — 236
  - 6.3.1.3 Dekompressionskrankheit Typ I — 238
  - 6.3.1.4 Dekompressionskrankheit Typ II — 239
  - 6.3.1.5 Chronische Dekompressionsschäden — 240
  - 6.3.1.6 Verstärkende Faktoren — 240
  - 6.3.1.7 Maßnahmen zur Vermeidung — 243
  - 6.3.1.8 Rekompression — 244
- 6.3.2 Barotrauma beim Auftauchen — 245
  - 6.3.2.1 Barotrauma der Lunge — 245
  - 6.3.2.2 Barotrauma im Ohr — 249
  - 6.3.2.3 Barotrauma im Magen und Darm — 250
- 6.3.3 Sofortmaßnahmen / Therapie — 250
- 6.3.4 Tabellarische Zusammenfassung der Symptome — 251

6.4 Für Schnorchler und Apnoe-Taucher — 253
- 6.4.1 Das Schwimmbad-Blackout: Gefährlich, aber Vermeidbar — 253
- 6.4.2 Die Flachwasserbewußtlosigkeit — 255
- 6.4.3 Der überlange Schnorchel - Was ist falsch daran ? — 256
- 6.4.4 Barotrauma beim Apnoe-Tieftauchen - Die natürliche Grenze — 258

6.5	**Was passiert beim Ertrinken ?**	**260**
6.5.1	Ertrinken im Süßwasser	260
6.5.2	Ertrinken im Salzwasser	261
6.5.3	Die Vorgänge beim Ertrinken	261
6.6	**Thermische Einflüsse**	**262**
6.6.1	Hitzeeinwirkungen	262
6.6.1.1	Möglichkeiten der Wärmeabgabe	262
6.6.1.2	Hitzekrampf	265
6.6.1.3	Hitzekollaps	265
6.6.1.4	Sonnenstich	266
6.6.1.5	Hitzschlag	266
6.6.1.6	Sonnenbrand	267
6.6.2	Kälteeinwirkung	268
6.6.2.1	Wärmeverlust im Wasser	268
6.6.2.2	Unterkühlungen	269
6.6.2.3	Erfrierungen	270
6.6.3	Tabellarische Zusammenfassung der Symptome	272
6.7	**Sofortmaßnahmen bei Tauchunfällen**	**274**
6.7.1	Rettungskette	274
6.7.2	Management der Notfallsituation	275
6.7.3	Herz-Lungen-Wiederbelebung	276
6.7.4	Schockbekämpfung	279
6.8	**Arzneimittel und Tauchen - Tips vom Fachmann**	**281**
6.8.1	Allgemeines	281
6.8.2	Spezielle Krankheitsfälle bei Tauchreisen	282
6.8.2.1	Reisekrankheit	282
6.8.2.2	Durchfall	282
6.8.2.3	Allergien	282
6.8.2.4	Erkältungskrankheiten	283
6.8.3	Erste Hilfe bei Tauchunfällen	283

7 ANHANG 285

7.1	Physikalische Einheiten und Definitionen	286
7.2	Formeln für Taucher	287
7.3	Begriffsklärung	288
7.4	Literaturverzeichnis	292
7.5	Austauchtabellen DEKO ´92	293
7.6	Stichwortverzeichnis	297

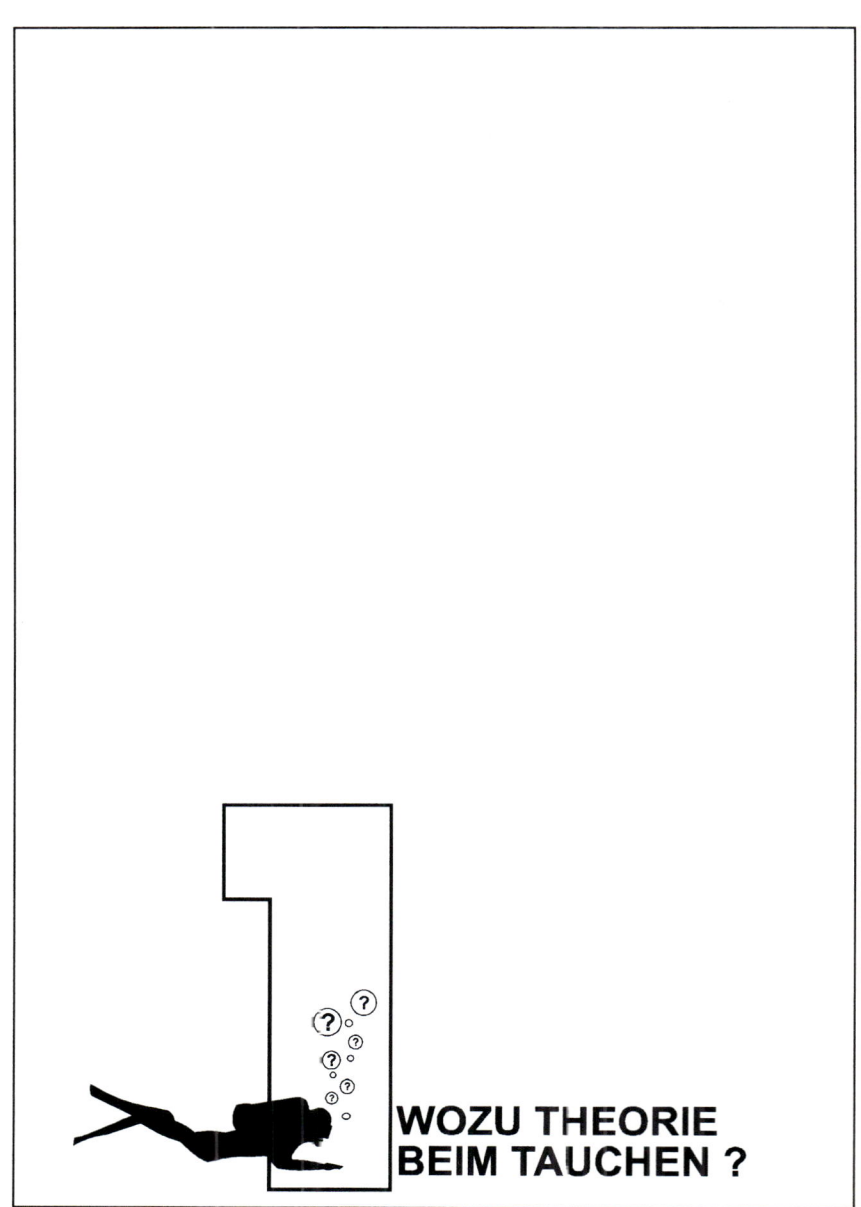

1.1 Einführung

Wenn ich das Wort „Tauchen" lese, dann schweifen meine Gedanken immer in die Ferne: In einem kleinen ägyptischen Boot schaukle ich auf dem Roten Meer. Der Himmel ist dunkelblau und wolkenlos. Die Hitze der Sonne läßt uns auf die Erfrischung im Wasser freuen. Der Anker wurde vor einer kleinen kargen Insel geworfen, unter uns ist ein herrliches Riff. Die Ausrüstung ist angelegt, meine Tauchpartnerin hilft mir noch ins Jacket und schon sitze ich auf der Reling. Ein Blick nach hinten, schon lasse ich mich rückwärts ins Wasser fallen. Das Blau des Meeres umgibt mich und ich sinke in die Tiefe. Farbenprächtige Fische und bunte Korallen empfangen mich...

Viele von Ihnen werden sich spätestens jetzt fragen, wozu Theorie beim Tauchen überhaupt gut ist. Eigentlich müßte es reichen, die Fertigkeiten dieser Sportart praktisch zu erlernen und einfach ins Wasser zu gehen...
Aber eines muß sich jeder Taucher, oder der es werden will, bewußt machen: Tauchen kann gefährlich sein! Nicht der in Filmen so dramatisch dargestellte Hai-Angriff (kommt in der Realität kaum vor), sondern das Medium Wasser an sich ist das Problem. Der Mensch kann unter Wasser nun mal nur mit Hilfsgeräten überleben. Die Druck- und Temperatur-Verhältnisse unterscheiden sich von unserem normalen Lebensraum, eine Sauerstoffaufnahme ist für uns aus dem Wasser nicht möglich. Wenn dann ein Problem auftritt, der Taucher in Panik gerät, kann dies schnell zu einer lebensgefährlichen Situation führen. Deshalb meinen auch viele Kritiker, bei diesem Sport setze man sich unnötigen Risiken aus. Aber, wer vernünftig taucht, sich der Gefahren immer bewußt ist, kann und wird diesen Unterwassersport richtig genießen - und das mit einem minimalen Risiko. Erst wenn man mit den physikalischen Besonderheiten vertraut ist, seine Ausrüstung beherrscht und die medizinischen Auswirkungen bei einem möglichen Tauchunfall kennt, ist man in der Lage den Tauchsport richtig auszuüben.
Dazu dient dieses Buch.
Es ist so konzipiert, daß sowohl der Anfänger, der für die Tauchprüfung lernt, wie auch der Fortgeschrittene Wissenswertes und Interessantes findet. Auf die praktische Seite habe ich bewußt verzichtet, die kann man besser in Tauchkursen oder Spezialseminaren lernen. Ich habe mich dabei auf das konzentriert, was man <u>theoretisch</u> für die Ausübung des Tauchsports wissen muß oder was zur Ergänzung des eigenen Wissens nützlich ist.

Das Buch ist in fünf große Kapitel untergliedert:
- **Tauchphysik** mit vielen Beispielen aus der Praxis
- **Tauchrechnen** mit Erklärung der Tauchgrundbegriffe und den wichtigsten Berechnungen für das Tauchen
- **Gerätekunde** mit Erklärungen der Ausrüstungsgegenstände und ausführlicher Funktionsbeschreibung des technischen Zubehörs
- **Anatomie/ Physiologie** als Grundlage für die Medizin
- **Tauchmedizin** mit ihren möglichen Auswirkungen bei Unfällen

Die Sachverhalte sind möglichst einfach und anschaulich dargestellt, viele kleine Grafiken sollen dabei unterstützen. Die Kernaussage ist meist in einem grauen Kasten hervorgehoben. Formeln oder physikalische Zusammenhänge sind immer mit einem Rechenbeispiel verbunden.
Dadurch hoffe ich für viele (auch angehende) Taucher die richtige Zusammensetzung gefunden zu haben. Man kann das Buch als nützliches Nachschlagewerk oder interessante Lektüre verwenden.
Ich bin mir dennoch darüber im klaren, daß ich viele Leser alleine durch den Titel „Tauch- *Theorie*" abschrecke. Der Physiker Stephen W. Hawking hat in seinem Buch „Eine kurze Geschichte der Zeit" geschrieben, daß jede Gleichung in einem Buch die Verkaufszahlen halbiere. Er beschloß deshalb bis auf die Einsteinsche Gleichung ($E=mc^2$) auf alle mathematischen Formeln zu verzichten. Leider kann ich im Physikteil den Stoff nicht auf eine Formel reduzieren - so gerne ich das täte. Ich bin dennoch zuversichtlich, daß der Stoff so aufbereitet sehr interessant ist und auch beim Lesen Spaß machen kann...

Abschließend möchte ich mich noch für die Unterstützung bei der Erstellung dieses Buches bedanken:
Zu allererst bei meiner Frau Sabine, die als approbierte Apothekerin ihr Fachwissen im Abschnitt „Arzneimittel beim Tauchen" eingebracht und in langen Nächten die Rohfassung der restlichen Kapitel Korrektur gelesen hat. Bei Dr.med. Bernd Mlasowsky, der mir im medizinischen Teil beratend zur Seite stand. Bei meinem Schwager Klaus Fischer, der momentan Physik studiert und bei Formeln und Berechnungen kein Erbarmen hatte, sowie allen Freunden und Bekannten, die in vielfältiger Weise und langen Diskussionen zur Entstehung beitrugen.

1.2 Das Wichtigste für die Tauchprüfung

Der Großteil meiner Leserschaft kauft sich dieses Buch sicher nur für die Prüfungsvorbereitung. Für diesen Zweck habe ich es besonders übersichtlich strukturiert, damit man bei Fragen sofort den richtigen Abschnitt finden kann. Im Anhang gibt es zusätzlich eine physikalische Formelsammlung für Tauchberechnungen und Erklärungen für Spezialbegriffe aus der Tauchtheorie. Damit ist es möglich einfach und effektiv Formeln und Definitionen zu lernen. Gerade für den Anfänger habe ich sehr viele Beispielrechnungen aus dem praktischen Tauchalltag einfließen lassen und diese als eine Art „Kochrezept" präsentiert. Damit ist jedermann, auch ohne mathematische Vorkenntnisse, in der Lage die Rechnungen nachzuvollziehen und anzuwenden.

Es gibt mittlerweile eine Menge Institutionen, die Tauchqualifikationen anbieten:
z.B. Verband Deutscher Sporttaucher (VDST), Barakuda, VIT, Deutsche Lebens- Rettungs- Gesellschaft (DLRG) oder PADI. Alle Verbände regeln ihre Tauchscheine und Ausbildungen unterschiedlich. Aber man kann die Qualifikationen untereinander grob vergleichen. Auch der Lernstoff für die theoretische Prüfung weicht nur minimal voneinander ab. Somit ist das Buch für alle geschrieben, die für eine Prüfung lernen wollen; sei es nun z.B. auf PADI „Open Water Diver", DTSA „Bronze", CMAS * oder DLRG Gerätetauchgrundschein. Die wesentlichen Inhalte ändern sich nicht, werden nur je nach Leistungsstufe der Scheine unterschiedlich vertieft.

Zum Beispiel:

Der Prüfling muß zur Frage nach *Atemwegen und Gasaustausch* je nach Prüfung ausführlicher antworten.

Bei CMAS *, DTSA „Bronze", PADI „Open Water Diver":
Über Nase und Mund wird die Luft in der Luftröhre zur Lunge transportiert. Dort teilt sich die Röhre und wird zu den Bronchien, die sich immer weiter verästeln. Am Ende sitzen die Lungenbläschen, in denen der Gasaustausch mit dem von außen vorbeigeführten Blut stattfindet.

Bei CMAS **, DTSA „Silber", PADI „Advanced Open Water Diver":
Die Atemwege sind in obere und untere Luftwege unterteilt. Die oberen Luftwege umfassen Nasen-/ Rachenraum und Mundhöhle. Nach Einatmung wird die Luft durch den Kehlkopf in der Luftröhre transportiert. Diese verzweigt sich vor der Lunge in die beiden Stammbronchien. Die Bronchien verästeln sich immer stärker zu den Bronchiolen bis hin zu den Lungenbläschen, den Alveolen. Diese sind von einem Kapillarnetz umgeben, in dem der Gasaustausch stattfindet. Sauerstoff wandert durch die feinen Scheidewände ins Blut und wird an die roten Blutkörperchen gebunden, Kohlendioxid wird wieder abgegeben...

Bei CMAS ***, DTSA „Gold", PADI „Rescue Diver":
Die Atemwege sind in obere und untere Luftwege unterteilt. Die oberen Luftwege umfassen Nasen-/ Rachenraum und Mundhöhle. Nach Einatmung wird die Luft an den Haaren in der Nase grob gereinigt und im Rachenraum erwärmt. Durch den Kehlkopf (Larynx) wird die Luft in der Luftröhre transportiert. Diese besteht aus einem elastischem Gewebe und wird durch Knorpelspangen aufgehalten. Auf Höhe des 4. und 5. Brustwirbels teilt sich die Röhre in die beiden Stammbronchien. Diese treten in die beiden Lungenflügel ein und verästeln sich immer stärker zu den Bronchiolen bis hin zu den Alveolen. Diese werden von einem Netz feinster Kapillargefäße umschlossen, in denen der Gasaustausch stattfindet. Die Gase wandern durch die dünne Membranwand zum Ort des geringeren Partialdruckes. Der Sauerstoff diffundiert deshalb aus den Alveolen in das sauerstoffarme Blut und wird dort an das Hämoglobin in den roten Blutkörperchen (Erythrozyten) gebunden...

Ich denke, durch dieses Beispiel ist jedem klar geworden, wie individuell für die verschiedenen Prüfungen gelernt werden muß. Für die Grund-Tauchprüfungen ist es wichtig die Zusammenhänge grob wiedergeben zu können, für die höheren Tauchqualifikationen muß man tiefer in die Materie eindringen.

Nach jedem wichtigen Kapitel steht die Zusammenfassung als eine Art Lehrsatz in einem grauen Kasten. Damit kann man schnell die Kernaussage in ein oder zwei Sätzen wiedergeben.

> In diesen Kästen steht die Kernaussage des Abschnittes als Definition für die Prüfungsvorbereitung.

Ausschlaggebend für die Vorbereitung wird aber immer die Aussage des Prüfers im Tauchclub oder in der Tauchschule sein, der vor der Prüfung sicher Hinweise auf Art und Umfang geben wird. Damit und mit diesem Buch als Ergänzung kann eigentlich nichts mehr schief gehen....

Diejenigen, die sich für die Praxis ohne Wissen begeistern, sind wie der Seemann, der ohne Ruder und Kompaß sein Schiff besteigt und nicht weiß, wohin er fährt.
Leonardo da Vinci (1452 - 1519)

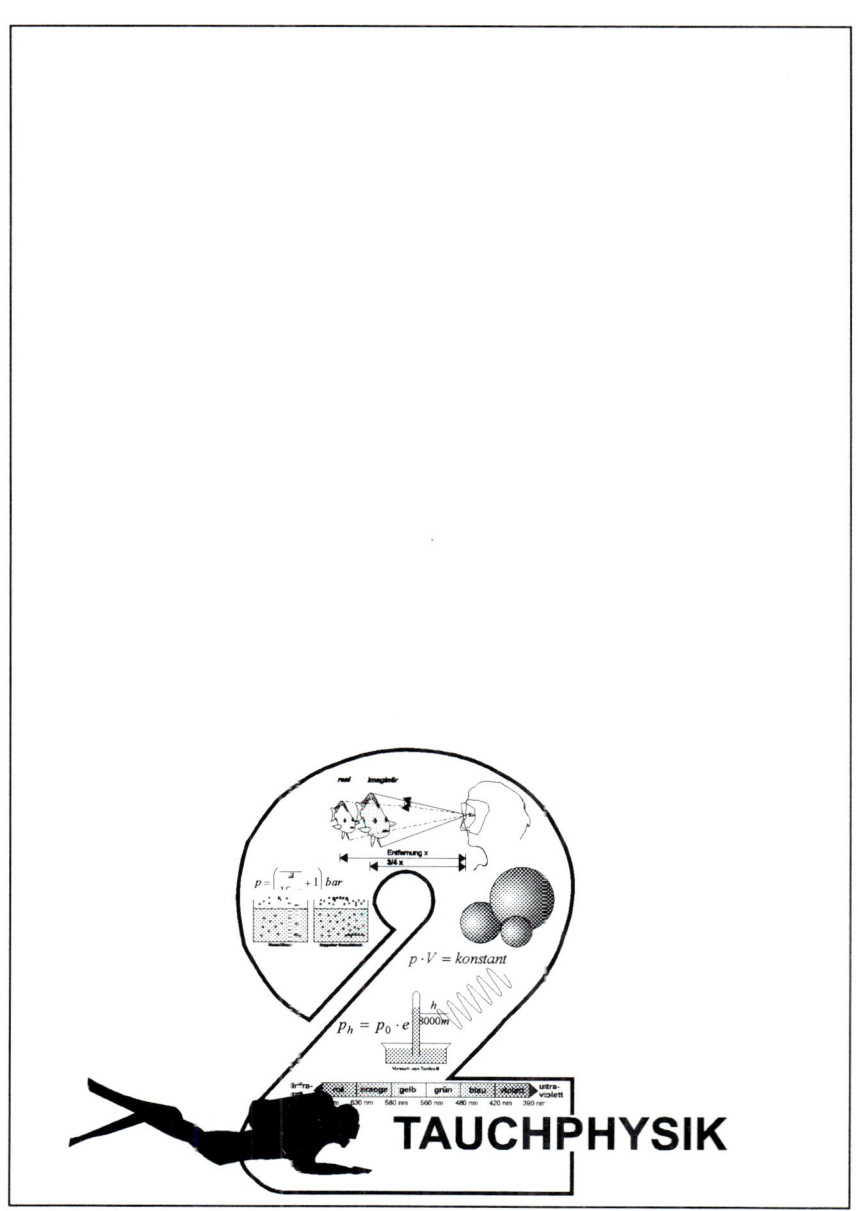

Ich kann mir lebhaft vorstellen, wie es vielen Lesern zumute ist, wenn sie dieses Kapitel aufschlagen. „Physik" war schon in der Schule bei den Meisten so „beliebt", und jetzt als Taucher das alles noch einmal ?
Wie am Anfang schon erläutert, halte ich dieses Kapitel für äußerst wichtig. Denn hier erklären sich erst die Gefahren dieses Sports. Mit dieser Aussage möchte ich niemanden Angst machen, aber man sollte sich vor dem Tauchen doch aller Risiken bewußt sein. Und das Verständnis dafür gibt uns nun einmal die Physik...
Ich will versuchen, dieses Thema nicht all zu trocken zu servieren. Schließlich will man in seiner Freizeit nicht anfangen, Formeln zu lernen! Schritt für Schritt zeige ich die einzelnen Gesetze auf, erläutere die Anwendungen für den Taucher und demonstriere nebenbei ein paar einfache Berechnungen. Für die Mathematiker unter den Lesern: Bitte keine Beschwerden, wenn ich die Rechnungen so übertrieben ausführlich aufzeige. Sie sollen einfach als eine Art „Kochrezept" zum Nachvollziehen dienen. Hat man sich diese Methode erst einmal verinnerlicht, ist die halbe Tauchprüfung schon geschrieben...

Zu Beginn muß ich aber erst einige Begriffe erklären:

2.1 *Einheiten und Definitionen*

Wir können leider ein paar Definitionen von physikalischen Größen nicht vermeiden. In der Physik sind sieben Basisgrößen in einem Internationalen Einheitensystem (**SI- System**) definiert:

Basisgröße		Basiseinheit	Einheitenzeichen
Länge	l	Meter	m
Masse	m	Kilogramm	kg
Zeit	t	Sekunde	s
Temperatur	T	Kelvin	K
Stromstärke	I	Ampere	A
Lichtstärke	I	Candela	cd
Stoffmenge	n	Mol	mol
Tabelle 1: SI- Einheiten			

Aus diesen Größen werden alle weiteren Einheiten abgeleitet.

2.1.1 Masse und Gewicht

Der Begriff **Masse** ist, wie in der Tabelle zu sehen, international geregelt. Die Masse wird in Kilogramm angegeben; sie gibt an, wie schwer ein Gegenstand ist. Aber wer von uns sagt schon nach dem Wiegen, seine "Masse sei 80 Kilogramm"? Üblicherweise meint man also Masse, wenn man Gewicht sagt.

Und was ist jetzt **Gewicht** - physikalisch gesehen ?

Die Physik spricht hierbei von **Gewichtskraft**, bei der der Einfluß der Gravitation (**Ortsfaktor**; Erdanziehung) auf die Masse eingerechnet wird. Die Einheit hierfür ist **Newton (N)**. So gesehen ist meine Gewichtskraft auf der Erde größer, als auf dem Mond - wegen der größeren Gravitation (schade eigentlich...)

$$F_G = m \cdot g$$

mit: F_G = Gewichtskraft in [N]
  m = Masse in [kg]
  g = Ortsfaktor: 9,81 N/kg

Der Ortsfaktor entspricht der Fallbeschleunigung: [N/kg] $\hat{=}$ [m/s²]

Als Vereinfachung gilt: **Der Ortsfaktor g = 10 N/kg**

Somit ist die Gewichtskraft eines Gegenstandes in Newton immer 10 mal seine Masse in Kilogramm.

z.B.: *1 kg Blei hat eine Gewichtskraft von 10 Newton.*

2.1.2 Kraft als physikalische Größe

Gerade haben wir die Größe "Gewichtskraft" kennengelernt. SIR ISAAC NEWTON (1643 - 1727) hat erstmals die Einheit der Kraft definiert:

Ein Newton ist die Kraft, die einem Körper der Masse 1 kg die Beschleunigung 1 m/s² erteilt. Die Kräfte die auf einen Körper wirken, können auch addiert werden. Auf einen Taucher wirken z.B. verschiedene Kräfte gleichzeitig, die sich z.T. aufheben: Die Gewichtskraft nach unten gerichtet (erzeugt durch die Schwerkraft der Erde), die Auftriebskraft nach oben wirkend (durch Luftblasen, z.B. im Jacket, im Neopren...), die Strömungskraft von vorne und die "Antriebskraft" durch den Flossenschlag in die entgegengesetzte Richtung...

Grundsätzlich gilt:

$$\boxed{Kraft = Masse \cdot Beschleunigung}$$

$$\boxed{F = m \cdot a}$$

mit: F = Kraft in [N]
m = Masse in [kg]
a = Beschleunigung in [m/s²]

Die Kraft wird in Zeichnungen immer als ein Pfeil (Vektor) dargestellt, der in die Richtung zeigt, in die die Kraft wirkt.

2.1.3 Volumen oder Rauminhalt

Mit Volumen (oder Rauminhalt) wird der Inhalt in dreidimensionalen Objekten angegeben.
Die Einheit des Volumens ist Kubikmeter [m³] oder Liter [l].

$$\boxed{Volumen = Grundfläche \cdot Höhe}$$ (gilt nur für regelmäßige Körper!)

$$\boxed{V = A \cdot h}$$

mit: V = Volumen in [m³]
A = Grundfläche in [m²]
h = Höhe in [m]

Umrechnungen:
1 m³ = 1 000 000 cm³ = 1000 l
1 Liter [l] = 1000 cm³ = 1 dm³
1 Gallon (gal) = 3785 cm³ (USA)
1 cubicfoot (ft³) = 28,32 l

2.1.4 Die Definition der Dichte

Die Dichte eines Körpers wird bestimmt von der Masse und vom Volumen. Dabei hat ein kleiner, schwerer Körper (z.B. Blei) eine größere Dichte als ein großer, leichter Körper (z.B. Styropor).

$$Dichte = \frac{Masse}{Volumen}$$

$$\rho = \frac{m}{V}$$

mit: ρ = Dichte in [kg/m³]
      m = Masse in [kg]
      V = Volumen in [m³]

Die Einheit Dichte wird mit dem griechischen Buchstaben *Rho* [ρ] abgekürzt.
Bei einigen speziellen Berechnungen braucht man Werte von verschiedenen Materialien. Die wichtigsten (für Tauchberechnungen) habe ich in einer Tabelle zusammengefaßt:

Material / Stoff	Dichte
Süßwasser	1,00 kg/l
Salzwasser	1,03 kg/l
Aluminium	2,7 kg/l
Stahl	7,8 kg/l
Blei	11,3 kg/l
Nußholz	0,7 kg/l
Pockholz	1,23 kg/l
Neopren (Zellkautschuk)	ca. 1 kg/l
Atemluft	1,2 kg/m³ = 0,0012 kg/l

Tabelle 2: Dichte

2.1.5 Was ist Druck?

2.1.5.1 Allgemeines

Der Druck ist die wichtigste Größe für uns Taucher. Wir begegnen ihm ständig: Der Luftdruck, der mal fällt und steigt und somit das Wetter mitbestimmt; der Wasserdruck, der beim Tauchen unangenehme Auswirkungen haben kann; der Druck des schweren Tauchgepäcks bei langen Anmärschen und schließlich der „Druck" des Tauchausbilders bei der Prüfung... (die letzten beiden Bespiele sind in der Physik nicht so relevant!).

Wie kann man den Druck als physikalische Größe beschreiben?

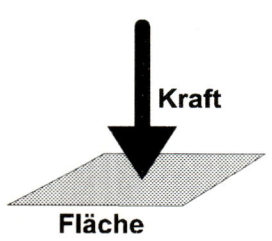

Kraft

Fläche

Unter Druck versteht man das Verhältnis einer senkrecht auf eine Fläche wirkenden Kraft zur Größe der Fläche.

$$Druck = \frac{Kraft}{Fläche}$$

$$p = \frac{F}{A}$$

mit: F = Kraft in [N]   Newton
       A = Fläche in [m²]
       p = Druck in [Pa]   Pascal

Im Internationalen Einheitensystem ist *Pascal* [Pa] die Einheit für Druck. Beim Tauchen wird die Einheit *Bar* [bar] häufiger verwendet. Sie errechnet sich ganz einfach aus:

$$1 \, bar = 10 \, \frac{N}{cm^2} \qquad 1 \, bar = 10^5 \, \frac{N}{m^2} = 10^5 \, Pa$$

In allen weiteren Formeln für Taucher wird mit BAR gerechnet!

Anders gesagt: Eine Masse von 1 kg übt auf eine Fläche von 1 cm² einen Druck von **1 bar** aus (über Wasser!).
Aber, die gleiche Masse von 1 kg - bei einer kleineren Auflagefläche von z.B. 0,1 cm² - übt einen Druck von **10 bar** aus.

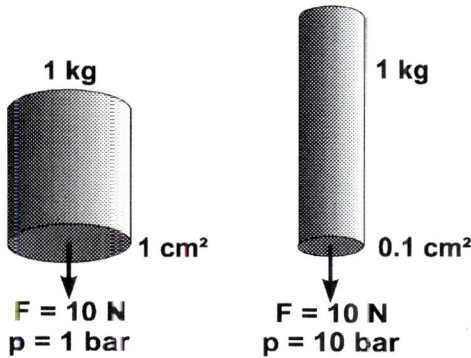

Denn nach der Formel gilt:

$$p = \frac{F}{A} \qquad p = \frac{10\ N}{0{,}1\ cm^2} \qquad p = 10\ bar$$

Merke: Nicht nur das Gewicht bestimmt den Druck, sondern auch die Auflagefläche des Körpers !

Weitere Druckeinheiten und ihre Umrechnungen untereinander soll die folgende Tabelle darstellen.
Zwar werden die "exotischen" Druckeinheiten meist nur in der Physik benutzt, aber für den Taucher im Ausland, der sich plötzlich mit der Fülldruckeinheit "psi" konfrontiert sieht, haben sie in diesem Buch durchaus eine Daseinsberechtigung.

Name	Definition und Umrechnung
PASCAL	$1\,Pa = 1\dfrac{N}{m^2}$
BAR	$1\,bar = 10\,\dfrac{N}{cm^2}$ $1\,bar = 10^5\,Pa$
Physikalische Atmosphäre	$1\,atm = 101325\,Pa = 1013\,mbar = 760\,Torr$
Pound per square-inch (psi)	$1\,psi = 6894{,}75\,Pa = 0{,}07\,bar$
Millimeter Quecksilbersäule	$mm\,Hg = 1\,Torr = 133\,Pa$

Tabelle 3: Druckeinheiten und Umrechnungen

2.1.5.2 Der Luftdruck

Die Luft, die den Erdball als Lufthülle oder Atmosphäre umgibt, würde sich im Weltraum zerstreuen, wenn sie nicht durch die Anziehungskraft der Erde daran gehindert würde. Wegen der Schwerkraft reicht die Lufthülle bis in eine Höhe von ca. 50 km, wobei die Dichte nach oben hin stark abnimmt. Durch die Gewichtskraft der höheren Luftschichten, die auf die unteren drücken, entsteht der sogenannte **Luftdruck**. Er ist oben niedriger als am Boden.

1643 hat EVANGELISTA TORRICELLI mit einem **Quecksilber-Barometer** den Luftdruck nachgewiesen:
Eine 1 m lange, oben verschlossene Glasröhre mit Quecksilber (Hg) gefüllt, wird in einer Quecksilberwanne aufgerichtet. Das Quecksilber läuft nicht komplett in die Wanne zurück; es bleibt ein Rest von 760 mm. Offensichtlich hält der Luft-

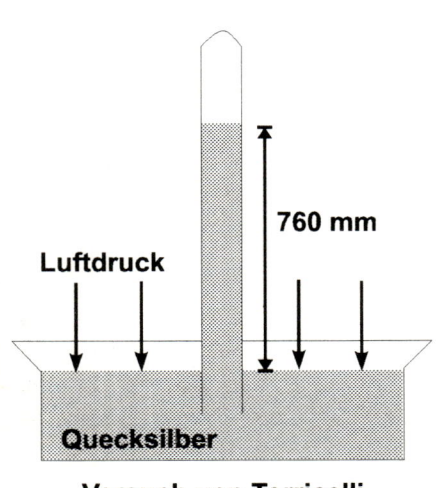

Versuch von Torricelli

druck, der auf die Quecksilberoberfläche wirkt, das Gleichgewicht mit dem Schweredruck (siehe 2.1.5.3) des Quecksilbers der Röhre. Der Normalluftdruck wird deshalb als **760 Torr** definiert (= 1013 mbar).
Mit der sogenannten **Barometerformel** läßt sich der Luftdruck für jede Höhe (bei konstanter Temperatur) ermitteln:

$$\boxed{p_h = p_0 \cdot e^{-\frac{h}{8005\,m}}}$$

mit: p_h = Luftdruck in Höhe h (in bar)
p_0 = Luftdruck auf Meereshöhe (1013 mbar)
h = Höhe über Meeresspiegel (in Meter)
e = Eulersche Zahl (2,718)

Die Formel ist für unsere Zwecke aber meist zu kompliziert. Als Vereinfachung kann man die Faustformel verwenden:

$$\boxed{\text{Pro Kilometer Höhe nimmt der Luftdruck um 0,1 bar ab.}}$$

oder

$$\boxed{p_h = p_0 - 0{,}1 \cdot \left(\frac{h}{1000\,m}\right)}$$

mit p_h = Luftdruck in Höhe h (in bar)
p_0 = Luftdruck auf Meereshöhe (ca. 1 bar)
h = Höhe über Meeresspiegel (in Meter)

Nach dieser Formel würde der Luftdruck in 10 km Höhe auf Null fallen. In Wirklichkeit ist aber noch ein geringer Restdruck vorhanden. Größere Abweichungen von der Faustformel sind erst ab 5000 m Höhe vorhanden - ein Bereich, der auch für Bergseetaucher nicht mehr von Bedeutung ist. Eine Tabelle soll die Unterschiede zeigen:

Höhe h	Höhenbeispiel	Luftdruck nach Barometerformel	Luftdruck nach Faustformel
0 m	Ostsee	1013 mbar	1 bar
500 m	Kaiserstuhl	952 mbar	0,95 bar
1000 m	Brocken	894 mbar	0,9 bar
1500 m	Großer Arber	840 mbar	0,85 bar
2000 m	Scharfreiter	789 mbar	0,8 bar
3000 m	Zugspitze	696 mbar	0,7 bar
5000 m	Montblanc	542 mbar	0,5 bar
6000 m	Kilimandscharo	479 mbar	0,4 bar
9000 m	Mount Everest	329 mbar	0,1 bar

Tabelle 4: Luftdruck in verschiedenen Höhen

Mit diesen geringen Ungenauigkeiten im unteren Bereich können wir als Taucher leben. Deshalb rechne ich in den weiteren Kapiteln nur noch mit der Faustformel.

Der Luftdruck auf Meereshöhe sei vereinfacht 1 bar.

2.1.5.3 Der Wasserdruck

Durch die leichte Verschiebbarkeit der Teilchen untereinander verhalten sich Flüssigkeiten einem auf sie ausgeübten Druck gegenüber ganz anders als feste Körper. Ein starrer Körper überträgt einen Druck, der auf ihn ausgeübt wird, komplett in diese Richtung weiter - wobei der Druck von der Auflagefläche abhängig ist (siehe 2.1.5.1).

Für Flüssigkeiten hingegen gilt das **hydrostatische Grundgesetz**:

Ein auf eine Flüssigkeit ausgeübter Druck pflanzt sich in ihr nach allen Richtungen mit gleicher Stärke fort. Das gilt für jede Stelle, auch innerhalb der Flüssigkeit.

Auf die Erdoberfläche wirkt (auf jede Stelle) der Luftdruck, wie wir oben festgestellt haben. Dieser pflanzt sich in jeder Flüssigkeit bis in die Tiefe fort. Dazu addiert sich der Druck, der durch die eigene Gewichtskraft der Flüssigkeit erzeugt wird. Der Druck nimmt nach unten hin mit demselben Verhältnis, wie die Tiefe zu.

Für Wasser bedeutet das:

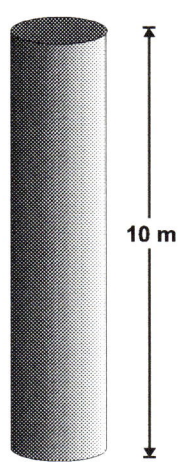

A = 1 cm²

Eine senkrechte Wassersäule mit der Höhe 10 m und einem Querschnitt von 1 cm² enthält einen Liter Wasser ($\hat{=}$ 1 dm³). Durch die Gewichtskraft wird ein Druck von 1 bar ausgeübt:

Wassersäule von 10 m mit Fläche 1 cm²
Inhalt: 1 l Wasser $\hat{=}$ ca. 10 N Gewichtskraft

$$p = \frac{F}{A} \qquad p = \frac{10\,N}{1\,cm^2} \qquad p = 1\,bar$$

Dies gilt für alle Wassersäulen mit beliebiger Fläche! Allgemein gilt:

Eine Wassersäule von 10 m erzeugt 1 bar Druck!

Der **Schweredruck p** in einer bestimmten Tiefe h hängt aber auch von der Dichte der Flüssigkeit ab.
Die Gewichtskraft der Flüssigkeit ist das Produkt aus Volumen und Dichte, wobei das Volumen sich aus Fläche und Tiefe zusammensetzt. Eingesetzt in die Gleichung für Druck, kürzt sich die Fläche heraus. Damit bekommt man eine Formel für den Druck in einer bestimmten Tiefe, unabhängig vom Querschnitt:

$$F = \rho \cdot V \cdot g \qquad F = \rho \cdot A \cdot h \cdot g \qquad p = \frac{F}{A}$$

$$\boxed{p = \rho \cdot h \cdot g}$$

mit: p = Schweredruck
der Flüssigkeit in [bar]
ρ = Dichte der Flüssigkeit
in [kg/m³]
h = Tiefe in [m]
g = Ortsfaktor [10 N/kg]

Um das zu veranschaulichen, möchte ich *die* klassische Dichte-Rechnung für Tauchprüfungen demonstrieren *(Achtung! Jetzt folgen Berechnungen für Fortgeschrittene)*·

Wie groß ist der Schweredruck von 30 m Wassersäule im Süß- und Salzwasser?

Geg: $h = 30\,m \quad g = 9{,}81\,m/s^2$

$\rho_{Süßwasser} = 10^{-3}\,\dfrac{kg}{cm^3} \quad \rho_{Salzwasser} = 1{,}03 \cdot 10^{-3}\,\dfrac{kg}{cm^3}$

Ges: p

$$\begin{aligned}
p\,(Süßwasser) &= \rho \cdot h \cdot g \\
&= 10^{-3}\,\frac{kg}{cm^3} \cdot 30\,m \cdot 9{,}81\,\frac{m}{s^2} \\
&= \frac{10^{-3}\,N \cdot 3 \cdot 10^3\,cm}{cm^3} \cdot 9{,}81 \\
&= 29{,}43\,\frac{N}{cm^2} \\
&= 2{,}94\,bar
\end{aligned}$$

mit:

$m = 10^2\,cm$

$N = \dfrac{kg \cdot m}{s^2}$

$$\begin{aligned}
p\,(Salzwasser) &= \rho \cdot h \cdot g \\
&= 1{,}03 \cdot 10^{-3}\,\frac{kg}{cm^3} \cdot 30\,m \cdot 9{,}81\,\frac{m}{s^2} \\
&= 1{,}03 \cdot \frac{10^{-3}\,N \cdot 3 \cdot 10^3\,cm}{cm^3} \cdot 9{,}81 \\
&= 1{,}03 \cdot 29{,}43\,\frac{N}{cm^2} \\
&= 3{,}03\,bar
\end{aligned}$$

Der Schweredruck von Süßwasser ist in 30 m Tiefe 2,94 bar von Salzwasser aber 3,03 bar !

In diesem Beispiel wollte ich nur die exakte Berechnung des Schweredruckes zeigen - auf keinen Fall möchte ich den Leser mit Mathematik langweilen...

Zur Beruhigung: Für unsere Anwendungen im Bereich Tauchen genügt die Näherung:

g = 10 m/s² und die <u>Dichte</u> von Süß- und Salzwasser sind <u>gleich</u> !

Es gilt die vereinfachte Regel:

> Pro 10 m Wassertiefe steigt der Druck um 1 bar

2.1.5.4 Der Umgebungsdruck

Durch das hydrostatische Gesetz wirkt also der Luftdruck auf die Wasseroberfläche und pflanzt sich in alle Richtungen und Tiefen fort. Hinzu kommt in einer bestimmten Tiefe, wie eben ausführlich besprochen, der Druck der Gewichtskraft des Wassers oder **Wasserdruck**.

Wir können nun den Umgebungsdruck in einer bestimmten Tiefe definieren:

> Umgebungsdruck = Wasserdruck + Luftdruck

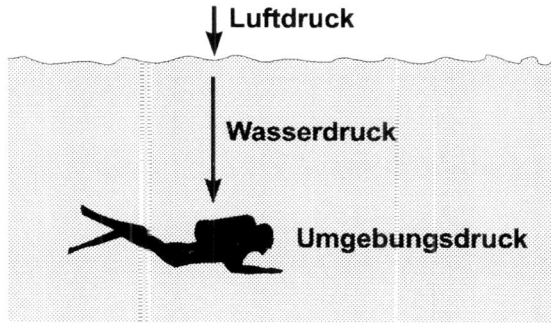

Am einfachsten erkennt man den Zusammenhang wieder anhand einer Tabelle:

Tiefe	Wasserdruck	Luftdruck	Umgebungsdruck
0 m	0 bar	1 bar	1 bar
5 m	0,5 bar	1 bar	1,5 bar
10 m	1 bar	1 bar	2 bar
20 m	2 bar	1 bar	3 bar
25 m	2,5 bar	1 bar	3,5 bar
40 m	4 bar	1 bar	5 bar

Tabelle 5: Umgebungsdruck

Daraus läßt sich eine der wichtigsten Formeln für jeden Tauchsportler ableiten:

$$Umgebungsdruck = \left(\frac{Tauchtiefe}{10\ m} + 1\right) bar$$

Diese Formel wird uns bei fast allen tauchspezifischen Rechnungen begleiten. Wir müssen immer für jede Tauchtiefe wissen, welcher Druck uns umgibt - und somit auf den menschlichen Körper wirkt (mit all seinen Auswirkungen). Aber dazu später mehr...

Zum Verinnerlichen bringe ich dazu zwei kleine Aufgaben mit Lösungsweg:

Wie groß ist der Umgebungsdruck im Hallenbad auf 3,5 m Tiefe ?

1. Was ist gegeben ? Geg: Tauchtiefe $h = 3{,}5\ m$

2. Was wird gesucht ? Ges: Umgebungsdruck p

3. Formel: $p = \left(\dfrac{h}{10\ m} + 1\right) bar$

4. Wert einsetzen: $p = \left(\dfrac{3{,}5\ m}{10\ m} + 1\right) bar$

5. Ergebnis: ***p = 1,35 bar***

Mit welchem Umgebungsdruck wird ein Taucher auf 30 m Tiefe belastet?

Geg: $h = 30\ m$ *Ges:* p

$$p = \left(\frac{h}{10\ m} + 1\right) bar \qquad p = \left(\frac{30\ m}{10\ m} + 1\right) bar \qquad \boldsymbol{p = 4\ bar}$$

Der Druck auf 30 m Tiefe ist viermal so groß, wie der Luftdruck!

2.1.6 Jetzt wird´s heiß: Die Temperatur

Berühren wir einen Gegenstand, empfinden wir ihn durch die "Sensoren" in der Haut als kalt, kühl, lau, warm oder heiß. Damit können wir, allerdings recht ungenau, die Temperatur angeben. Um diese Wärmeeinheit genau zu bestimmen, bedienen wir uns eines Thermometers und lesen den entsprechenden Wert ab. Wie kam man aber auf die Einheiten?
Schon sehr frühzeitig haben die Wissenschaftler versucht, eine Antwort zu finden. Dazu diente ein Versuch mit einem verschlossenen Glasröhrchen mit gefärbter Flüssigkeit (später Quecksilber). Man hielt dieses Röhrchen in schmelzendes Eis, markierte den Punkt und danach in siedendes Wasser. ANDERS CELSIUS hat die beiden Werte im Jahre 1742 als 0 Grad und 100 Grad definiert und den Bereich dazwischen in 100 Schritte eingeteilt. So kam man auf die heute noch gebräuchliche Einheit: **Grad Celsius**

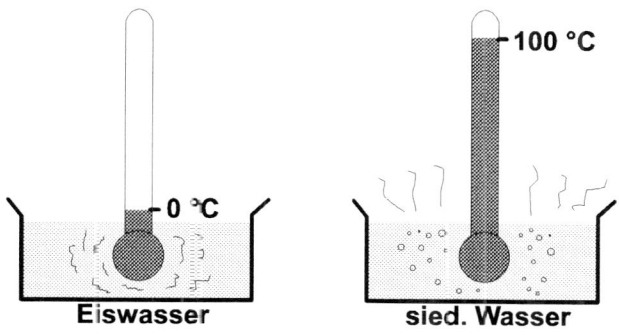

Eiswasser   **sied. Wasser**

Für physikalische Berechnungen reichte diese Einheit aber nicht aus, denn man stellte fest, daß die Temperatur eines Körpers von der Bewegung seiner Moleküle abhängig ist. Diese kleinen Teilchen sind immer in Bewegung: Bei hoher Temperatur schwingen sie schnell, bei niedriger langsamer. Die Bewegungsenergie (**kinetische Energie**) der Moleküle bestimmt die Temperatur des Körpers, Gases oder der Flüssigkeit.

Nun gibt es einen Punkt, an dem sich kein Teilchen mehr bewegt. Dies wird als der **absolute Nullpunkt** bezeichnet. Hier beginnt auch die physikalische Temperatureinheit **KELVIN** (absolute Temperatur) - benannt nach WILLIAM THOMSON LORD KELVIN. In Celsius gerechnet liegt der absolute Nullpunkt bei **-273,15 °C**. Die Einteilung der Grade entspricht der Celsius- Skala: Eine Temperaturerhöhung um 1 °C entspricht einer Erhöhung um 1 Kelvin.

Für viele Berechnungen muß die KELVIN- Temperatur verwendet werden, will man keine fatalen Fehler produzieren !

Wir müssen bei Berechnungen immer unsere "normale Temperatur" in die absolute Temperatur umrechnen:

0 KELVIN ≙ -273,15 ° CELSIUS

$$0 \text{ K} \triangleq -273{,}15 \text{ °C}$$
$$273{,}15 \text{ K} \triangleq 0 \text{ °C}$$

Für unsere Berechnungen genügt aber die Vereinfachung:

Der absolute Nullpunkt = - 273 °C

Dazu müssen wir uns nur eine Formel merken:

$$T = \vartheta + 273 \; [K]$$
$$\vartheta = T - 273 \; [°C]$$

mit: T   = Temperatur in [K]
       ϑ = Temperatur in [°C]

Die physikalische Größe „Temperatur" in °C wird mit dem griechischen Buchstaben *Theta* [ϑ] abgekürzt.

Beispiel:

Wie groß ist die absolute Temperatur bei 25 °C ?

Geg: $\vartheta = 25°C$ \qquad *Ges:* T

$T = \vartheta + 273\ K$ \qquad $T = 25° + 273\ K$ \qquad **$T = 298\ K$**

Für weitere Berechnungen habe ich die wichtigsten Temperaturumrechnungen in Tabellen zusammengefaßt.

Grad Celsius ➔ Kelvin

°C	K
-273	0
-10	263
0	273
10	283
20	293
25	298
30	303
35	308
50	323
100	373

Tabelle 6:

Kelvin ➔ Grad Celsius

K	°C
0	-273
100	-173
273	0
280	7
290	17
300	27
310	37
320	47
400	127
500	227

Temperatur

2.2 Die wichtigsten Gas-Gesetze für Taucher

2.2.1 Der Gasdruck - Ein anschauliches Modell

In Kapitel 2.1 wurde das Zustandekommen von Luft- und Wasserdruck erklärt und Druck als Größe definiert. Jetzt möchte ich den Druck, den ein Gas (z.B. Atemluft, Preßluft) ausübt, anhand eines einfachen Modells beschreiben.

Der Druck von Gasen in einem abgeschlossenen Raum entsteht durch die Bewegung der Moleküle.

Die ungeordnete Bewegung von kleinsten Teilchen in Flüssigkeiten und Gasen wurde 1827 von ROBERT BROWN entdeckt. Er untersuchte die zitternden, unregelmäßigen Richtungsänderungen von Pflanzensporen im Wasser. Die Bewegung von Molekülen nennt man deshalb die **Brownsche Molekularbewegung**.

Wir können uns nun zur Vereinfachung diese Moleküle als Gummibälle vorstellen. Diese sind im abgeschlossenen Raum frei beweglich, können gegeneinander und gegen die Begrenzungswände stoßen. Zwischen den Stößen fliegen sie geradlinig mit einer bestimmten Geschwindigkeit weiter. Der Druck auf das Gefäß ergibt sich aus der Anzahl der Stöße auf die Außenwände. Im unserem Modell üben die Kugeln, außer den elastischen Stößen, keine Kräfte aufeinander aus.

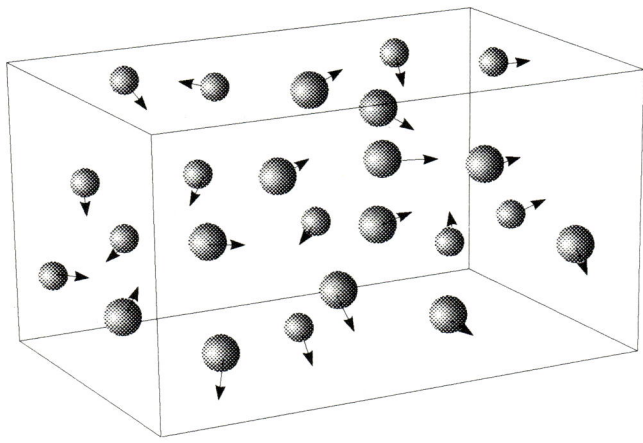

Dieses Modell gilt für **ideale** Gase (d.h. Sie zeigen ein physikalisch exaktes, theoretisches Verhalten).
Die nun folgenden Gesetze beschreiben den Zusammenhang zwischen Temperatur, Volumen und Druck des Gases. Diese sind alle mit Hilfe unserer Modellvorstellung erklärbar und leicht zu durchschauen.
Den Gasdruck kann man mit Hilfe des Modells mechanisch beschreiben:

Der Druck des Gases ist abhängig von den an der Wand erfolgenden Stößen (Impulse) und der Wandfläche in einer bestimmten Zeit.

$$Gasdruck = \frac{Impulse\ auf\ Wand}{Wandfläche \cdot Zeit}$$

Der Druck wirkt auf alle Seiten des Behälters gleichmäßig.

Die Temperatur eines Gases ist demnach eine Folge der Bewegung der Elementarteilchen. Hohe Geschwindigkeit bedeutet große Temperatur, geringe Geschwindigkeit entspricht einer kleineren Temperatur.
Der **absolute Nullpunkt** von 0 Kelvin ist der Punkt, ab dem sich kein Teilchen mehr bewegt.

2.2.2 Das Gesetz von Boyle-Mariotte

2.2.2.1 Die Beziehung Druck und Volumen

ROBERT BOYLE (1662) und EDME MARIOTTE (1679) haben als erste den gesetzmäßigen Zusammenhang zwischen dem Druck und dem Volumen einer Gasmenge aufgezeichnet. Der Druck, den eine gegebene Gasmenge ausübt, steht in umgekehrten Verhältnis zu ihrem Volumen. Diese Aussage gilt bei gleichbleibender Temperatur.
Dieses Gesetz kann jeder mit einem kleinen Versuch nachvollziehen:
Ein Luftballon wird aufgeblasen und verknotet. Drückt man diesen jetzt unter Wasser ändert sich sein Rauminhalt. Je tiefer man den Ballon ins Wasser taucht, desto größer wird der Umgebungsdruck und das Volumen nimmt ab.
Der Rauminhalt steht im umgekehrten Verhältnis zum Umgebungsdruck, wie das Gesetz sagt.
Das heißt: Verdoppelt sich der Druck, halbiert sich das Volumen - bei konstanter Temperatur, usw. ...

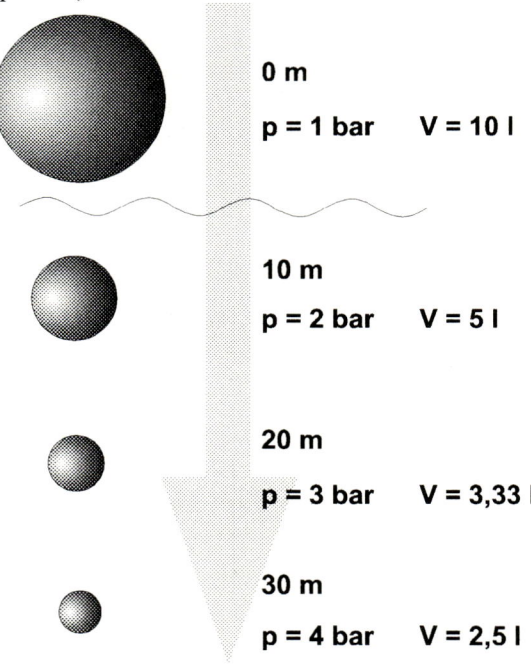

> Bei konstanter Temperatur steht das Volumen einer Gasmenge
> im umgekehrten Verhältnis zu seinem Druck.

oder

> Bei gleichbleibender Temperatur ist
> das Produkt aus Druck und Volumen konstant

Als Formel geschrieben:

$$p \cdot V = konstant$$

mit: p = Druck in [bar] bar
V = Volumen in [l] Liter

oder

$$p_1 \cdot V_1 = p_2 \cdot V_2$$

mit: p_1 = Anfangsdruck
V_1 = Anfangsvolumen
p_2 = Enddruck
V_2 = Endvolumen

Zur Veranschaulichung kann man wieder das **Teilchenmodell** vom Gasdruck verwenden:

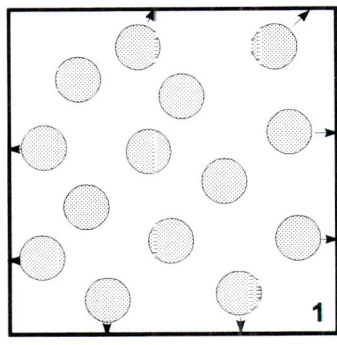
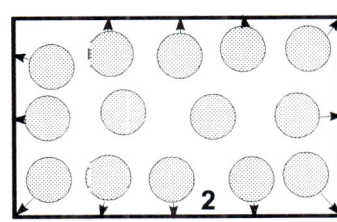

T = konst.
$p_2 > p_1$

In einem Behälter befinden sich eine bestimmte Anzahl "Gummibälle", die umherfliegen und an die Außenwände stoßen. Sie erzeugen so einen bestimmten Gasdruck auf den Behälter.

Die gleiche Anzahl "Bälle" in einem verkleinerten Raum stößt (statistisch gesehen) häufiger an eine Außenwand und sorgt so für eine Erhöhung des Druckes.

Dabei gilt aber, daß die Geschwindigkeit der Teilchen in beiden Fällen gleich bleibt, da die Temperatur konstant ist !

Dieser Zusammenhang wird meist nach einer kleinen Berechnung klar. Ich möchte diese Rechnung schrittweise zum Nachvollziehen demonstrieren - wie eine Art "Kochrezept" für die Formelanwendung.

Beispiel:

Ein Luftballon mit 8 Liter Volumen wird in einer Druckkammer von 1 bar auf 10 bar Druck gesetzt. Dabei bleibt die Temperatur konstant auf 20°C. Wie groß ist das Endvolumen ?

1. Was ist gegeben ?   Geg: $p_1 = 1\ bar$ $V_1 = 8\ l$ $p_2 = 10\ bar$

2. Was wird gesucht ?   Ges: V_2

3. Richtige Formel wählen: $p_1 \cdot V_1 = p_2 \cdot V_2$

4. Formel umstellen: $V_2 = \dfrac{p_1 \cdot V_1}{p_2}$

5. Mit Einheiten einsetzen: $V_2 = \dfrac{1\ bar \cdot 8\ l}{10\ bar}$

6. Ergebnis berechnen: $V_2 = \mathbf{0{,}8\ l}$

Das Volumen sinkt auf 1/10tel seines Anfangswertes

2.2.2.2 Anwendung für Taucher

Da der Taucher einem ständig wechselnden Umgebungsdruck beim Auf- und Abtauchen ausgesetzt ist, gilt das Boyle-Mariotte'sche Gesetz auch für seine Hohlräume (in und am Körper). Wie später im Kapitel "Tauchunfälle - Das Barotrauma" noch klar werden wird, ist das Gesetz das wichtigste für den Sporttaucher. Auf der einen Seite wirkt die Druckänderung auf Hohlräume, wie Lunge, Kopfhöhlen, Löcher unter Zahnplomben, Gasbläschen in Magen und Darm usw. ..., und kann Schmerzen oder sogar ernsthafte Verletzungen hervorrufen. Auf der anderen Seite beeinflußt die Volumenänderung der Hohlräume das Tauchverhalten (Luftbläschen im Neopren, Taucherweste oder Trockentauchanzug).

Ein einfaches Denkmodel macht die Risiken einer unkontrollierten Volumenvergrößerung deutlich:

Ein Tauchanfänger atmet in 10 m Tiefe aus seiner Preßluftflasche. Er gerät durch eine unvorhergesehene Situation in Panik und schießt an die Oberfläche ohne auszuatmen. Der Umgebungsdruck reduziert sich nun von 2 bar auf 1 bar, d.h. das Volumen der Lunge verdoppelt sich. Nun kann sich jeder vorstellen, daß die menschliche Lunge eine Verdoppelung des Rauminhaltes nicht aushalten wird. Es kommt zu einem Lungenriß mit eventueller Gefäßblockade durch Luftembolie. Der verunglückte Taucher schwebt in akuter Lebensgefahr!

Als weitere Anwendung wird das Gesetz für die Berechnung von Luftvorrat und -verbrauch in der Tiefe gebraucht. Dies wird ausführlich im Kapitel "Tauchrechnen" besprochen.

2.2.2.3 Berechnungen

Mit diesem Gas-Gesetz lassen sich einige spezielle Fragen für Taucher lösen und mögliche Risiken beim Tauchgang mit einer kleinen Berechnung abschätzen. Anhand von kurzen Beispielen soll die Vielfalt der Anwendungsmöglichkeiten gezeigt werden.

Ein Schnorcheltaucher atmet im Hallenbad auf 3,5 m Tiefe aus einem Preßlufttauchgerät tief ein (Lungeninhalt: 5 Liter). Dann taucht er auf, ohne auszuatmen. Was kann die Folge sein?

Geg: $p_1 = 1{,}35\ bar\ (3{,}5\ m)$ $V_1 = 5\ l$ $p_2 = 1\ bar\ (0\ m)$
Ges: V_2

$$p_1 \cdot V_1 = p_2 \cdot V_2$$

$$V_2 = \frac{p_1 \cdot V_1}{p_2}$$

$$V_2 = \frac{1{,}35\ bar \cdot 5\ l}{1\ bar}$$

$V_2 = 6{,}75\ l$ **Folge: Evt. Lungenriß !**

Ein Bergungstaucher will, um einen Gegenstand an die Wasseroberfläche zu bringen, einen Hebeballon auf 20 m Tiefe mit 30 Liter Luft füllen. Der Ballon hat ein maximales Volumen von 45 Liter. Bis auf welche Tiefe steigt der Ballon, bevor er platzt?

Geg: $p_1 = 3\ bar\ (20\ m)$ $V_1 = 30\ l$ $V_2 = 45\ l$
Ges: Tiefe (p_2)

$$p_1 \cdot V_1 = p_2 \cdot V_2$$

$$p_2 = \frac{p_1 \cdot V_1}{V_2}$$

$$p_2 = \frac{3\ bar \cdot 30\ l}{45\ l}$$

$p_2 = 2\ bar$ **entspricht: 10 m Wassertiefe**

Folge: Der Ballon zerreißt ab 10 m Tiefe !
(Anm.: Hebeballons sind aus diesem Grund unten offen!)

2.2.3 Das Gesetz von Gay-Lussac

2.2.3.1 Die Beziehung Druck und Temperatur

Ein weiteres wichtiges Gesetz beschreibt LOUIS GAY-LUSSAC (1802). Hierbei sind Druck und Temperatur zueinander proportional, wenn das Volumen gleich bleibt. Erhöht sich die Temperatur in einem abgeschlossenen, starren Behälter, steigt in gleichem Verhältnis der Druck des Gases, solange das Gefäß nicht nachgibt.

Dieser Effekt ist dafür verantwortlich, daß Druckbehälter mit Gasfüllung nicht übermäßiger Sonnenbestrahlung ausgesetzt werden dürfen. Eine Haarspraydose steht durch eine bestimmte Menge Gas unter Druck. Dieser würde nach dem Gesetz von Gay-Lussac steigen, wenn sich die Temperatur durch Sonnenbestrahlung erhöht. Die Folge kann ein Explodieren der Dose sein, wenn sie an die Grenze ihrer Druckfestigkeit kommt.

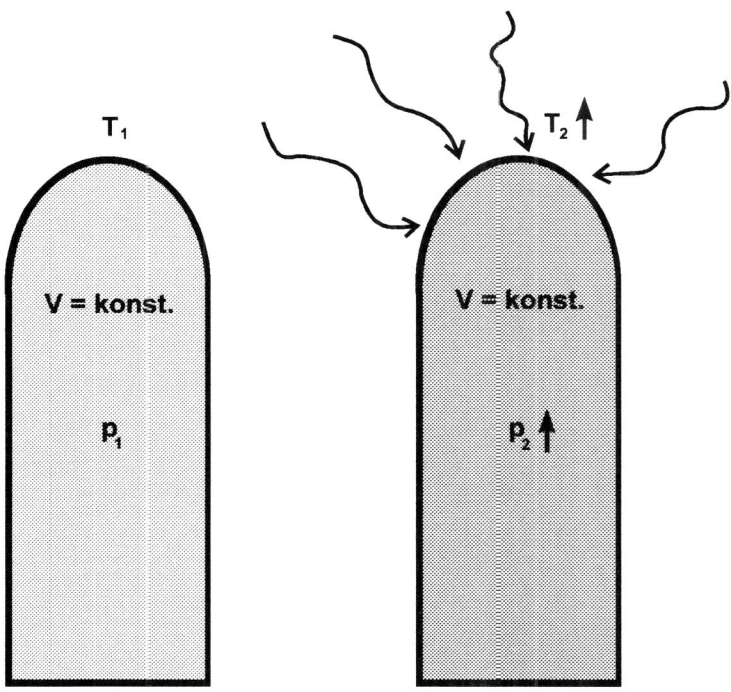

> Der Druck eines abgeschlossenen Gases ist der absoluten Temperatur proportional, solange das Volumen nicht verändert wird.

oder

> Bei gleichbleibendem Volumen ist der Quotient Druck durch Temperatur konstant.

Als Formel geschrieben:

$$\boxed{\frac{p}{T} = konstant}$$

mit: p = Druck in [bar]   bar
T = Temp. in [K]   Kelvin

oder

$$\boxed{\frac{p_1}{T_1} = \frac{p_2}{T_2}}$$

mit:
p_1 = Anfangsdruck
T_1 = Anfangstemperatur
p_2 = Enddruck
T_2 = Endtemperatur

Im **Teilchenmodell** für Gase kann man auch diesen Effekt leicht erklären:

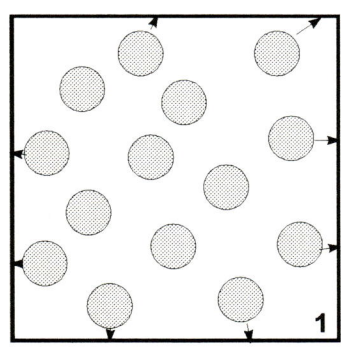 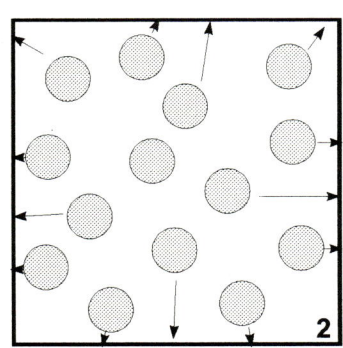

V = konst.
$T_2 > T_1$ $p_2 > p_1$

Es befinden sich in dem abgeschlossenen Behälter in beiden Fällen die gleiche Anzahl "Gummikugeln". Bei Temperaturerhöhung im Fall (2) wird die Bewegungsenergie der "Kügelchen" erhöht - die Geschwindigkeit der Gasteilchen nimmt zu. Und weil sich der Behälter nicht ausdehnen kann, um den Bewegungsdrang der Teilchen nachzugeben, treffen in einer Zeiteinheit die "Kügelchen" mit höherer Impulsenergie auf die Außenwände - der Druck steigt!

Die Besonderheit bei der Formel ist das Rechnen mit der Einheit "Kelvin". Ist in der Fragestellung die Temperatur in Grad Celsius angegeben, muß <u>unbedingt</u> umgerechnet werden, sonst kommt es zu Rechenfehlern. Es sollte jeder die untenstehenden Aufgaben einmal absichtlich mit der "falschen" Einheit durchrechnen und das Ergebnis vergleichen...

Die Beispielrechnung wieder in Form eines "Rezeptes":

In einem starrwandigen geschlossenen Behälter befindet sich reines Helium-Gas. Bei Zimmertemperatur (21°C) steht es unter 1 bar Druck. Um wieviel steigt der Druck, wenn die Temperatur vervierfacht wird?

1. Was ist gegeben ?   Geg: $p_1 = 1\ bar$ $\vartheta_1 = 21°C$ $\vartheta_2 = 84°C$

2. Was wird gesucht ?   Ges: p_2

3. Temperaturen
   in Kelvin

$T = (\vartheta + 273)\ [K]$
$T_1 = (21°C + 273)\ K = \mathbf{294\ K}$
$T_2 = (84°C + 273)\ K = \mathbf{357\ K}$

4. Richtige Formel wählen $\dfrac{p_1}{T_1} = \dfrac{p_2}{T_2}$

5. Formel umstellen: $p_2 = \dfrac{p_1 \cdot T_2}{T_1}$

6. Mit Einheiten einsetzen: $p_2 = \dfrac{1\ bar \cdot 357\ K}{294\ K}$

7. Ergebnis berechnen: $p_2 = 1,2\ bar$

Trotz Temperatur- Erhöhung um das Vierfache, steigt der Druck nur auf das 1.2- fache !

2.2.3.2 Anwendung für Taucher

Für den Sporttaucher findet dieses Gesetz vor allem für die Druckberechnung bei Preßlufttauchgeräten Anwendung. Die Druckflasche wird an Land bei normaler Außentemperatur mit einem Kompressor gefüllt. Danach begibt man sich ins Wasser und die Umgebungstemperatur nimmt ab. Das Gay-Lussac´sche Gesetz ist dafür verantwortlich, daß jetzt der Flaschendruck niedriger ist, als vorher nach dem Füllen an Land!
Auch sollte der Besitzer einer Druckflasche durchrechnen können, was passiert, wenn er die Flasche im direkten Sonnenlicht stehen läßt. Steigt der Druck derart, daß er an die Grenzen des Berstdruckes der Flasche kommt ?

Wie oben schon erwähnt, kann man den größten Denkfehler bei den Berechnungen machen, wenn man statt der absoluten Temperatur mit Celsius-Graden rechnet. Die Formel "Der Druck ist proportional der Temperatur" gilt **nur** für Wärmegrade in **Kelvin**. Eine Verdoppelung in Grad Celsius hat keine Verdoppelung des Druckes zur Folge. Dies relativiert das Problem mit der Druckflasche in der Sonne erheblich, wie das nächste Beispiel zeigen wird.

2.2.3.3 Berechnungen

In einer spanischen Tauchbasis läßt ein Sporttaucher seine 10 Liter-Preßflasche auf 200 bar füllen. Durch die hohe Außentemperatur heizt sich die Flasche auf 40°C auf. Nach dem Sprung ins Meer (15°C) stellt der Taucher überrascht einen gesunkenen Flaschendruck fest. Wieviel Bar sind jetzt noch im PTG?

Geg: $p_1 = 200$ bar $\quad \vartheta_1 = 40°C \quad \vartheta_2 = 15°C$
Ges: p_2

$T = (\vartheta + 273)$ [K]
$T_1 = (40°C + 273)$ K = **313 K**
$T_2 = (15°C + 273)$ K = **288 K**

$$\frac{p_1}{T_1} = \frac{p_2}{T_2}$$

$$p_2 = \frac{p_1 \cdot T_2}{T_1}$$

$$p_2 = \frac{200 \text{ bar} \cdot 288 \text{ K}}{313 \text{ K}}$$

$p_2 = 184$ bar

Durch das kältere Wasser sinkt der Flaschendruck von 200 bar auf 184 bar !

Man kann jetzt theoretisch seine Tauchzeit nur noch mit diesen 184 bar planen. Zur Beruhigung sei aber gesagt, das während des Einatmens die Luft im Körper wieder angewärmt wird und sich dadurch ausdehnt. Das gleicht den anfänglichen "Verlust" von 16 bar wieder aus...

Eine frisch gefüllte 200 bar- Flasche (Temperatur 20°C) wird in der prallen Sonne stehengelassen. Wie sehr muß sie sich erhitzen, um den Prüfdruck von 300 bar zu überschreiten?

Geg: $p_1 = 200\ bar \quad p_2 = 300\ bar \quad \vartheta_1 = 20\ °C$
Ges: ϑ_2

$$T_1 = (20°C + 273)\ K = 293\ K$$

$$\frac{p_1}{T_1} = \frac{p_2}{T_2}$$

$$T_2 = \frac{p_2 \cdot T_1}{p_1}$$

$$T_2 = \frac{300\ bar \cdot 293\ K}{200\ bar}$$

$$T_2 = 440\ K \ \rightarrow\ \vartheta_2 = 167\ °C$$

Erst bei einer Temperaturerhöhung auf 167 °C erreicht die Flasche ihren zulässigen Prüfdruck.
(Anm.: Die Gefahr einer Explosion durch die Sonneneinstrahlung ist deshalb nicht sehr groß!)

2.2.4 Das Gesetz von Charles

2.2.4.1 Die Beziehung Volumen und Temperatur
JACQUES CHARLES (1746-1823) formulierte das Gesetz von der Abhängigkeit des Volumens eines Gases zur Temperatur.
Darin beschreibt er, ähnlich wie Boyle, Mariotte und Gay-Lussac, daß bei Temperaturerhöhung das Gas sich ausdehnt und umgekehrt, wenn der Druck gleichbleiben soll. Anmerken muß man allerdings, daß das Gesetz im Bereich sehr niedriger Temperaturen nicht mehr gültig ist! Aber das ist auch nur für physikalische Experimente im Labor relevant.
Für uns Taucher ist der Sachverhalt nur am Rande wichtig. Das Gesetz ist nur der Vollständigkeit halber aufgeführt und soll den dritten Zusammenhang der Zustände von Gasen veranschaulichen.

Am praktischsten findet das Gesetz von Charles im Gasthermometer Anwendung: Das Prinzip beruht auf der Ausdehnung des Gases bei Temperaturänderung.

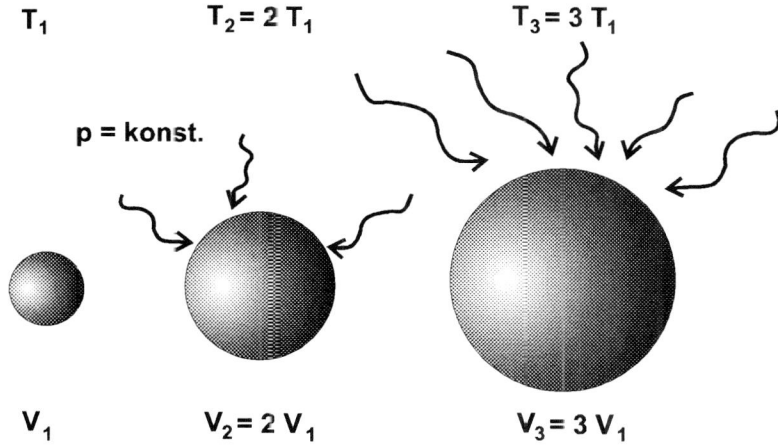

> Das Volumen eines Gases ist der absoluten Temperatur proportional, solange der Druck nicht verändert wird.

oder

> Bei gleichbleibendem Druck ist der Quotient Volumen durch Temperatur konstant.

Als Formel geschrieben:

$$\boxed{\frac{V}{T} = konstant}$$

mit: V = Volumen in [l]   Liter
     T = Temp. in [K]   Kelvin

oder

$$\boxed{\frac{V_1}{T_1} = \frac{V_2}{T_2}}$$

mit: V_1 = Anfangsvolumen
     T_1 = Anfangstemperatur
     V_2 = Endvolumen
     T_2 = Endtemperatur

Im Modell läßt sich auch dieses Gesetz wieder einfach veranschaulichen:

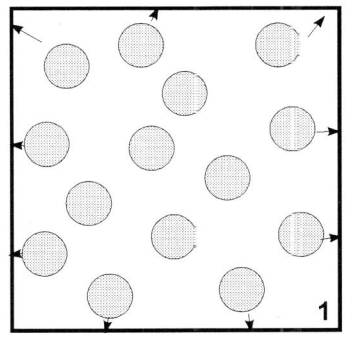 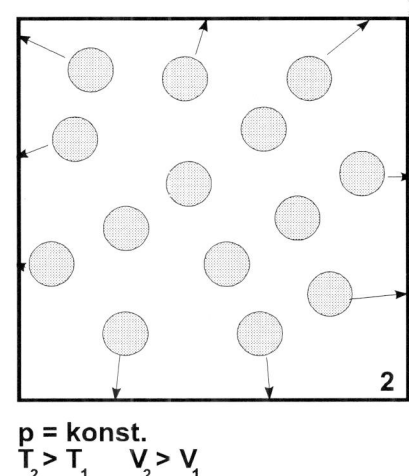

p = konst.
$T_2 > T_1 \quad V_2 > V_1$

Durch die Erhöhung der Temperatur bewegen sich die "Kügelchen" schneller und heftiger. Das hat bei einem starrwandigen Gefäß eine Druckerhöhung zur Folge (Gesetz von Gay-Lussac). Da im jetzigen Fall die Behälterwand aber dehnbar ist, wird diese von den heftigen Stößen der Gummikugeln nach außen "gedrückt". Das Volumen nimmt deshalb zu!
Sinkt die Temperatur wieder, verringert sich auch die Intensität der Stöße auf die Außenwände, das Volumen verkleinert sich wieder.
Diesen Effekt kann man gut im Sommer am Strand beobachten: Man bläst seine Luftmatratze auf und läßt diese einige Zeit in der heißen Sonne liegen. Die innere Erwärmung ist deutlich zu spüren und zusätzlich ist die Matratze plötzlich prall gefüllt - ein Zeichen der Ausdehnung als Folge der Temperaturerhöhung!

Die Beispielrechnung kann das wieder näher verdeutlichen:

Ein Luftballon mit 2 Liter Inhalt wird in die Sonne gelegt. Dadurch erhitzt er sich von 20 °C auf 60 °C. Um wieviel vergrößert sich sein Rauminhalt?

1. <u>Was ist gegeben?</u>   Geg: $V_1 = 2\ l \quad v_1 = 20\,°C \quad v_2 = 60\,°C$

2. Was wird gesucht? Ges: V_2

3. Temperaturen in Kelvin

$T = (\vartheta + 273) \ [K]$
$T_1 = (20°C + 273) \ K = \mathbf{293 \ K}$
$T_2 = (60°C + 273) \ K = \mathbf{333 \ K}$

4. Richtige Formel wählen: $\dfrac{V_1}{T_1} = \dfrac{V_2}{T_2}$

5. Formel umstellen: $V_2 = \dfrac{V_1 \cdot T_2}{T_1}$

6. Mit Einheiten einsetzen: $V_2 = \dfrac{2 \ l \cdot 333 \ K}{293 \ K}$

7. Ergebnis berechnen: $V_2 = \mathbf{2{,}28 \ Liter}$

Der Ballon wächst auf das 1,14- fache seines Anfangsvolumens

2.2.4.2 Anwendung für Taucher

Für Sporttaucher ist dieses Gesetz im praktischen Einsatz kaum von Nutzen. Ab und zu wird vor einem Tauchgang noch an das Gesetz von Boyle-Mariotte gedacht (wenn überhaupt), der Rest ist nebensächlich.

Trotzdem soll für das Grundverständnis der Zustandsänderungen von Gasen und die daraus resultierenden Auswirkungen das Gesetz von Charles nicht fehlen.

Denn jetzt kann man endlich erklären, warum sich ein mit Luft gefülltes Taucherjacket ausdehnt, wenn es in der Sonne liegt.

Oder warum „entweicht" aus einer vorher prall gefüllten Luftmatratze der Inhalt, wenn man sie ins kältere Wasser wirft?

Zwei Vorgänge, die der ausgebildete Taucher jetzt mit Hilfe des Charles'schen Gesetzes erklären kann. Die beiden Fragestellungen können wir auch mit Hilfe kleiner Berechnungen lösen.

Die Formel „Das Volumen ist proportional der Temperatur" gilt auch hier **nur** für Wärmegrade in **Kelvin**.

2.2.4.3 Berechnungen

Nach einem Übungstauchgang im Roten Meer legt der Schüler sein Tarierjacket halb aufgeblasen (7,5 Liter) in die Sonne. Die Temperatur des Jackets beträgt direkt nach dem Tauchen 15 °C. Nach etwa einer Stunde ist es auf 60 °C aufgeheizt. Man erkennt jetzt eine Vergrößerung des Volumens. Auf wieviel Liter ist es gestiegen?

Geg: $V_1 = 7{,}5\ l \qquad \vartheta_1 = 15°C \qquad \vartheta_2 = 60°C$
Ges: V_2

$T = (\vartheta + 273)\ [K]$
$T_1 = (15°C + 273)\ K = \mathbf{288\ K}$
$T_2 = (60°C + 273)\ K = \mathbf{333\ K}$

$$\frac{V_1}{T_1} = \frac{V_2}{T_2}$$

$$V_2 = \frac{V_1 \cdot T_2}{T_1}$$

$$V_2 = \frac{7{,}5\ l \cdot 333\ K}{288\ K}$$

$V_2 = \mathbf{8{,}7\ l}$

Durch die Erwärmung in der Sonne vergrößert sich das Volumen auf 8,7 Liter.

Papa bläst für seinen Sohn eine 10 Liter- Luftmatratze vollständig, prall auf. Es ist 33°C heiß am Strand. Nachdem die Matratze eine Weile im 15°C kalten Meer schwimmt, beschwert sich der Spößling darüber, daß sie "Luft abläßt". Schuld daran ist aber nicht Papa, sondern das Gesetz von Charles! Wie groß ist das Restvolumen der Matratze?

Geg: $V_1 = 10\ l \quad \vartheta_1 = 33°C \quad \vartheta_2 = 15°C$
Ges: V_2

$T = (\vartheta + 273)\ [K]$
$T_1 = (33°C + 273)\ K = \mathbf{306\ K}$
$T_2 = (15°C + 273)\ K = \mathbf{288\ K}$

$$\frac{V_1}{T_1} = \frac{V_2}{T_2}$$

$$V_2 = \frac{V_1 \cdot T_2}{T_1}$$

$$V_2 = \frac{10\ l \cdot 288\ K}{306\ K}$$

$V_2 = 9{,}4\ l$

Im Meerwasser kühlt sich die Matratze so ab, daß das Volumen um 0,6 Liter abnimmt!

2.2.5 Die allgemeine Gasgleichung - Am einfachsten zu merken !

2.2.5.1 Die Beziehung Druck, Volumen und Temperatur

Aus den in 2.2.2 - 2.2.4 beschriebenen Zusammenhängen kann man die allgemeine Zustandsgleichung für ideale Gase formulieren:
Bei einer bestimmten Menge eines Gases ist das Produkt aus Druck und Volumen dividiert durch die absolute Temperatur konstant.

Für die exakten Berechnungen einer Gaszustandsänderung müßte die Formel noch durch die Masse des Gases und eine spezielle Gaskonstante erweitert werden. Dies soll uns aber für unsere Berechnungen nicht weiter interessieren.

Die allgemeine Gasgleichung soll nur anschaulich den Zusammenhang der drei Zustände verdeutlichen. Als Nebeneffekt braucht man sich jetzt nicht mehr drei Formeln merken, sondern nur noch eine. Mit Hilfe dieser allgemeinen Gasgleichung kann man alle bisher angesprochenen Beispiele berechnen. Man läßt bei den Aufgaben immer nur den Wert weg, der am Anfang und am Ende gleich bleibt (z.B. konstante Temperatur beim Gesetz von Boyle-Mariotte).

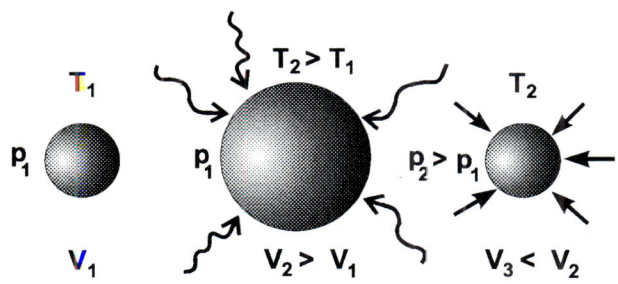

Das Produkt aus Druck und Volumen dividiert durch die absolute Temperatur eines Gases ist konstant.

Als Formel geschrieben:

$$\boxed{\frac{p \cdot V}{T} = konstant}$$

mit: p = Druck in [bar]   bar
V = Volumen in [l]   Liter
T = Temp. in [K]   Kelvin

Für zwei verschiedene Zustände 1 und 2 desselben Gases gilt dann:

$$\boxed{\frac{p_1 \cdot V_1}{T_1} = \frac{p_2 \cdot V_2}{T_2}}$$

mit: p_1 = Anfangsdruck
V_1 = Anfangsvolumen
T_1 = Anfangstemperatur
p_2 = Enddruck
V_2 = Endvolumen
T_2 = Endtemperatur

2.2.5.2 Beispielrechnung

Man kann jetzt mit Hilfe der allgemeinen Gasgleichung die meisten Fragestellungen für Druck, Temperatur und Volumen lösen.

Ein Taucher sinkt von der Wasseroberfläche auf 20 Meter Tiefe. Die Wassertemperatur beträgt auf 0 Meter 20 °C, auf 20 Meter nur noch 10 °C. Um wieviel verkleinert sich sein anfängliches Luftvolumen im Jacket von 6 Liter, wenn er nicht tariert ?

<u>1. Was ist gegeben ?</u>   Geg: $V_1 = 6\,l$ $p_1 = 1\,bar\,(0\,m)$
$p_2 = 3\,bar\,(20\,m)$
$\vartheta_1 = 20\,°C$ → $T_1 = 293\,K$
$\vartheta_2 = 10\,°C$ → $T_2 = 283\,K$

<u>2. Was wird gesucht ?</u>   Ges: V_2

3. Allgemeine Gasgl.: $\quad \dfrac{p_1 \cdot V_1}{T_1} = \dfrac{p_2 \cdot V_2}{T_2}$

4. Formel umstellen: $\quad V_2 = \dfrac{p_1 \cdot V_1}{T_1} \cdot \dfrac{T_2}{p_2}$

5. Mit Einheiten einsetzen: $\quad V_2 = \dfrac{1\,bar \cdot 6\,l \cdot 283\,K}{293\,K \cdot 3\,bar}$

6. Ergebnis berechnen: $\quad V_2 = 1{,}93\ Liter$

Das Volumen des Jackets schrumpft auf 1,93 Liter

Das gleiche Problem könnte man auch mit der Gleichung von Boyle-Mariotte berechnen, wenn die Temperatur konstant wäre. Oder man verwendet die allgemeine Gasgleichung und kürzt die gleichen Temperaturwerte auf beiden Seiten aus der Formel:

Ein Taucher sinkt von der Wasseroberfläche auf 20 Meter Tiefe. Die Wassertemperatur ist für beide Tiefen konstant. Um wieviel verkleinert sich sein anfängliches Luftvolumen im Jacket von 6 Litern?

1. Was ist gegeben ? $\quad$ Geg: $\ V_1 = 6\,l \quad p_1 = 1\,bar\,(0\,m)$
$\qquad\qquad\qquad\qquad\qquad\qquad p_2 = 3\,bar\,(20\,m)$
$\qquad\qquad\qquad\qquad\qquad\qquad T_1 = T_2$

2. Was wird gesucht ? $\quad$ Ges: $\ V_2$

3. Allgemeine Gasgl.: $\quad \dfrac{p_1 \cdot V_1}{T_1} = \dfrac{p_2 \cdot V_2}{T_2}$

4. Formel umstellen: $\quad V_2 = \dfrac{p_1 \cdot V_1}{T_1} \cdot \dfrac{T_2}{p_2}$

5. Temperatur konstant: $\quad T_1 = T_2$

$$V_2 = \dfrac{p_1 \cdot V_1}{p_2} \quad (= \text{Formel von Boyle-Mariotte!})$$

6. Mit Einheiten einsetzen: $\quad V_2 = \dfrac{1\,bar \cdot 6\,l}{3\,bar}$

7. Ergebnis berechnen: $\quad$ **V_2 = *2 Liter***

Das Volumen des Jacket schrumpft auf 2 Liter. Der Unterschied zur ersten Rechnung liegt in der größeren Genauigkeit durch Berücksichtigung der Temperaturen!

2.2.6 Das Gesetz von Dalton

2.2.6.1 Woraus besteht unsere Atemluft?

Vor dem Gesetz von Dalton möchte ich die Zusammensetzung unserer Atemluft beschreiben:
Die Atemluft, die uns umgibt und mit der wir unsere Preßluftflasche zum Tauchen füllen, besteht aus einem Gemisch von Gasen. Sie beinhaltet Stickstoff, Sauerstoff, (in geringer Konzentration) Kohlendioxid und verschiedene Edelgase.

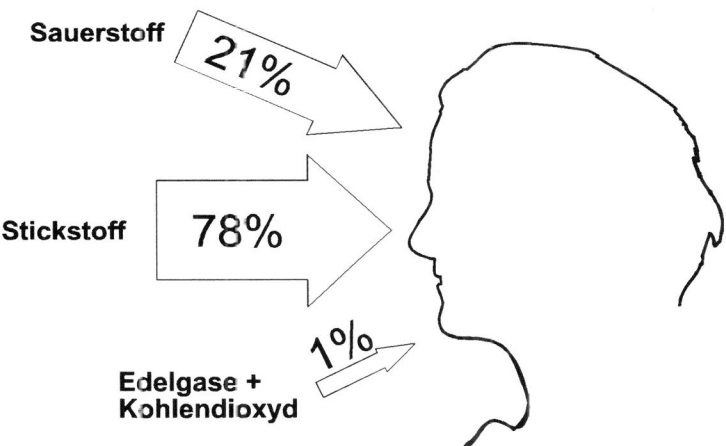

Diese Prozentangaben sind für unsere Berechnungen und als Grundlage zum Tauchen vollkommen ausreichend!

Für Interessierte zeigt die Tabelle eine genaue Aufschlüsselung:

Stoff	Chemisches Zeichen	Prozent
Stickstoff	N_2	78,09 %
Sauerstoff	O_2	20,95 %
Edelgase	H_2 , He , Ne , Ar , Kr , Xe...	0,93 %
Kohlendioxid	CO_2	0,03 %
Tabelle 7: Gase in Atemluft		

2.2.6.2 Teildruck und Gesamtdruck

In chemischen Versuchen wurde nachgewiesen, daß zwei unterschiedliche Gase, die man in einem Behälter zusammenführt, sich in dem Raum gleichmäßig verteilen. Hatten sie vorher unterschiedliche Drücke, stellt sich nun ein Gesamtdruck für beide Gase ein. Aus diesen Experimenten heraus formulierte JOHN DALTON (1803) sein Gesetz: Der Druck eines Gasgemisches ist gleich der Summe der Drücke der einzelnen Gase.

Wie wir oben kennengelernt haben, besteht unsere Atemluft aus 78% Stickstoff, 21% Sauerstoff und 1% Edelgasen. Diese atmen wir bei einem Umgebungsdruck von 1 bar ein. Nach Dalton ist der Druck des Gasgemisches (Atemluft) von 1 bar gleich der Summe der **Teildrücke**. Man kann die Teildrücke (**Partialdrücke**) errechnen, indem man den Gesamtdruck mit dem prozentualen Anteil des entsprechenden Gases multipliziert:

Luftzusammensetzung bei 1 bar Druck:

0,78 bar Stickstoff   *0,21 bar Sauerstoff*   *0,01 bar Edelgase.*

Diese Teildrücke lassen sich nicht mit einem normalen Druckmeßgerät feststellen, da chemische Zusammensetzungen nicht unterschieden werden können.

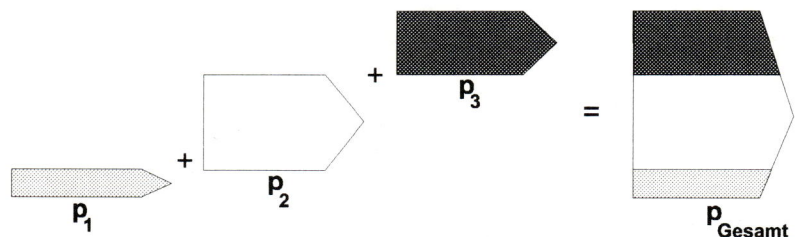

> Der Gesamtdruck eines Gasgemisches ist gleich der Summe der Drücke der einzelnen Bestandteile.

oder

> Die Partialdrücke eines Gases steigen in gleichem Verhältnis, wie der Gesamtdruck

Als Formel geschrieben:

$$p = p_1 + p_2 + p_3 + \ldots p_n$$

mit: p = Gesamtdruck in [bar]
p_n = Teildruck in [bar]

dabei gilt:

$$p_i = \frac{m_i}{100\%} \cdot p$$

mit: p = Gesamtdruck
p_1 bis p_n = Teildrücke (Nr.: 1,2,3,...n)
p_i = Teildruck (Nr.: i)
m_i = Mengenanteil in Prozent von Gas i

Das bislang verwendete Teilchenmodell zeigt die Mischung zweier unterschiedlicher Gase:

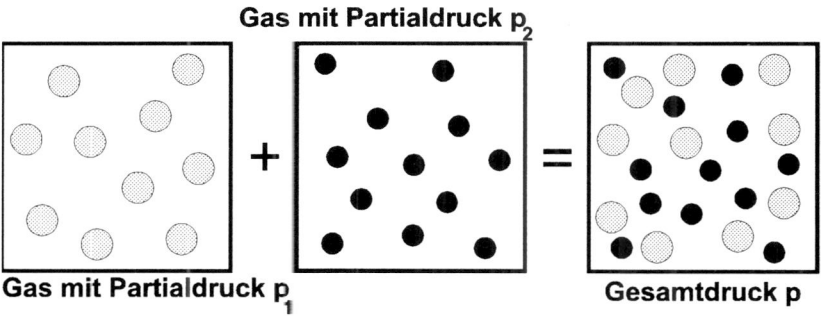

Da sich bei der Mischung der beiden Gase die Anzahl der beweglichen Teilchen erhöht, steigt somit die Anzahl der Stöße gegen die Behälterwand. Der Gesamtdruck ist jetzt die Summe der vorherigen Partialdrücke.

In einem Behälter bei 1 bar Druck befindet sich 10% Stickstoff (N_2) und 90% Helium (He). Wie groß sind die Partialdrücke?

1. Was ist gegeben? Geg: $p = 1$ bar $m(N_2) = 10\%$ $m(He) = 90\%$

2. Was wird gesucht? Ges: $p(N_2)$; $p(He)$

3. Formel für Teildrücke: $p_i = \dfrac{m_i}{100\%} \cdot p$

4. Für Stickstoff: $p(N_2) = \dfrac{m(N_2)}{100\%} \cdot p$

5. Mit Einheiten einsetzen: $p(N_2) = \dfrac{10\%}{100\%} \cdot 1\,bar$

6. Ergebnis berechnen: **$p(N_2) = 0{,}1$ bar**

7. Für Helium: $p(He) = \dfrac{m(He)}{100\%} \cdot p$

8. Mit Einheiten einsetzen: $p(He) = \dfrac{90\%}{100\%} \cdot 1\,bar$

9. Ergebnis berechnen: **$p(He) = 0{,}9$ bar**

10. Gesetz von Dalton: $p = p(N_2) + p(He)$

Endergebnis: 1 bar = 0,1 bar + 0,9 bar - stimmt !

Würde man jetzt in obigen Beispiel den Gesamtdruck von 1 bar auf 2 bar erhöhen, müssen sich auch die einzelnen Partialdrücke verdoppeln! Wer es nicht glaubt: Bitte nachrechnen...

2.2.6.3 Anwendung für Taucher

Da wir Taucher einem erhöhten Umgebungsdruck ausgesetzt sind und aus einer Druckflasche atmen (entweder Preßluft oder andere Gasgemische), sind wir dem Dalton'schen Gesetzen besonders ausgeliefert: Die Partialdrücke der einzelnen Atemgase erhöhen sich mit der Tauchtiefe.

Und jetzt das Unangenehme: Manche Gase werden ab einem bestimmten Teildruck für den Menschen giftig! Das heißt, mit zunehmender Tiefe steigt der Partialdruck und damit das Risiko einer Vergiftung - auch mit normaler Atemluft (Siehe Medizinteil: Isopressionsphase - Vergiftung durch Gase).

Weiterhin spielt der Partialdruck eine große Rolle bei der Sättigung des menschlichen Gewebes mit Stickstoff (siehe: Dekompressionsphase - die Caissonkrankheit).

Zum Nachschlagen für weitere Berechnungen haben ich die Partialdrücke der Atemluft für verschiedene Tiefen zusammengestellt:

Tiefe	Gesamt-druck	N_2-Teildruck	O2-Teildruck	Rest-Teildruck
0 m	1 bar	0,78 bar	0,21 bar	0,01 bar
5 m	1,5 bar	1,17 bar	0,315 bar	0,015 bar
10 m	2 bar	1,56 bar	0,42 bar	0,02 bar
20 m	3 bar	2,34 bar	0,63 bar	0,03 bar
30 m	4 bar	3,12 bar	0,84 bar	0,04 bar
40 m	5 bar	3,9 bar	1,05 bar	0,05 bar
50 m	6 bar	4,68 bar	1,26 bar	0,06 bar
80 m	9 bar	7,02 bar	1,89 bar	0,09 bar

Tabelle 8: Zusammensetzung der Atemluft

2.2.6.4 Berechnungen

Bei dem Gesetz von Dalton gibt es für den Taucher oder bei Tauchprüfungen eigentlich wenig zu rechen. Man sollte sich allerdings immer im klaren darüber sein, mit welchem Gasgemisch man taucht (normalerweise nur Preßluft, in Zukunft öfter mit Gemischen) und bei welchen Partialdruck eine Gefährdung eintreten kann.

Wie man aus medizinischen Versuchen weiß, wird Sauerstoff ab einem Teildruck von 1,7 bar für den Menschen giftig. Wo liegt die Tiefengrenze für einen Preßlufttaucher?

Geg: $p(O_2) = 1,7\ bar$ Ges: Tiefe h

Sauerstoffgehalt in Atemluft: 21%

Partialdruck steigt in gleichem Verhältnis wie der Gesamtdruck:
d.h. 1,7 bar entsprechen 21% vom Gesamtdruck p

$$p_i = \frac{m_i}{100\%} \cdot p \qquad m\ (Sauerstoff) = 21\ \%$$

$$p = \frac{100\%}{21\%} \cdot 1{,}7\ bar \qquad p = 8{,}1\ bar\ Umgebungsdruck$$

8,1 bar entsprechen *71 m Tauchtiefe*!

D.h. der Sauerstoff der Atemluft wird in einer Tiefe von 71 m für den Preßlufttaucher giftig!

2.2.7 Das Gesetz von Henry

2.2.7.1 Löslichkeit von Gasen in Flüssigkeiten

Wollten Sie schon immer wissen, wie die Kohlensäure in das Mineralwasser kommt?
Der englische Arzt WILLIAM HENRY (1803) hat mit Gasen und Flüssigkeiten experimentiert und am Ende ein für Taucher sehr bedeutsames Gesetz formuliert: Die Menge des in einer bestimmten Flüssigkeit gelösten Gases steht in direktem Verhältnis zu dem Druck des Gases über ihr. Aber was heißt das?
Flüssigkeiten sind fähig, Gase, die mit ihnen in Berührung stehen, in sich aufzunehmen. Man nennt diesen Vorgang **Absorption**. Die Gasteilchen stoßen gegen die Wasseroberfläche und dringen solange ein, bis ein sogenannter **Sättigungszustand** erreicht ist. Nun steht die gelöste Gasmenge in direktem Verhältnis zu dem über der Wasseroberfläche wirkenden Druck. Wird der Gasdruck erhöht, erhöht sich auch die Menge der Gasteilchen in der Flüssigkeit.

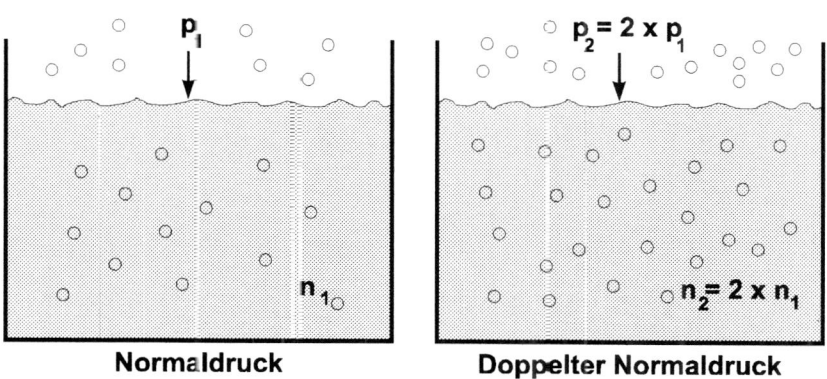

Normaldruck **Doppelter Normaldruck**

mit: n = Teilchenzahldichte der gelösten Gasmoleküle

So wird auch die Kohlensäure dem Mineralwasser beigesetzt: Kohlendioxid wird mit höherem Druck (größer als Umgebungsdruck) über das Wasser gebracht. Die Gasteilchen lösen sich im Wasser, dabei bildet sich Kohlensäure. Es stellt sich der Sättigungszustand ein, die Flasche wird verstöpselt.

> Die Menge des in einer bestimmten Flüssigkeit gelösten Gases steht in direktem Verhältnis zum Partialdruck des Gases an der Flüssigkeitsoberfläche (bei gleichbleibender Temperatur)

oder

> Erhöht sich der Gasdruck über einer Flüssigkeit um das x- fache, wird die x- fache Menge Gasteilchen in der Flüssigkeit gelöst.

Dabei wird die gelöste Gasmenge von einigen Faktoren beeinflußt:

- Größe der Flüssigkeitsoberfläche
- Größe des Druckes
- Dauer der Druckeinwirkung
- Art der Flüssigkeit
- Temperatur der Flüssigkeit
- Löslichkeitskoeffizient des Gases

D.h.: Je größer die Oberfläche, je größer der Druck, je länger die Einwirkzeit und je kälter die Flüssigkeit, desto mehr Gas nimmt die Flüssigkeit auf!

2.2.7.2 Anwendung für Taucher

Nach dem oben beschriebenen Gesetz sättigt sich auch die Blutflüssigkeit des Menschen ständig mit Gasen der Atemluft. Auch die nicht an chemischen Reaktionen des Körpers beteiligten Gase (**Inertgase**), z.B. Stickstoff (N_2) werden im Blut gelöst und verteilt.

Beim Tauchen erhöht sich der Druck des Atemgases, d.h. mehr Gasteilchen werden im Blut gelöst. Der Körper sättigt sich nun innerhalb einiger Zeit, in der man Luft mit erhöhtem Druck atmet. Das Gas bleibt nur solange im Körper gelöst, wie der Umgebungsdruck gleich bleibt.

Steigt der Taucher jetzt aber schlagartig nach oben, sinkt der Umgebungsdruck und es kommt zu einem „Sprudelflascheneffekt":

Beim Öffnen einer Mineralwasserflasche „entweicht" der darin vorhandene Überdruck, die Löslichkeit des Wassers für Kohlendioxyd nimmt ab; das überschüssige Gas perlt aus, bis das Verhältnis zwischen gelöster Gasmenge und neuem Umgebungsdruck wieder stimmt.

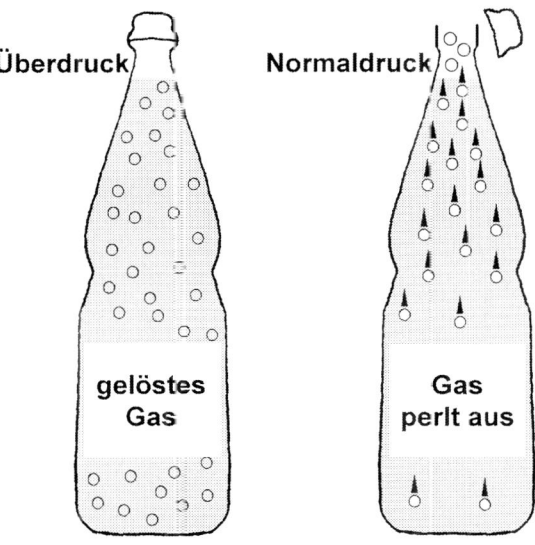

Der „Sprudelflaschen- Effekt"

Ähnliches passiert im Körper des Tauchers: Der im Blut gelöste Stickstoff perlt beim Auftauchen aus. Diese nun entstandenen Gasbläschen können, je nachdem, wo sie sich im Körper befinden, schweren Schaden anrichten (Blutbahnen verstopfen, Gewebe zerreißen, Nervenbahnen blockieren - siehe auch Tauchmedizin Kapitel 6.3). Es kann für den Taucher LEBENSGEFAHR bestehen!
Vermeiden kann man dies durch eine kontrollierte Minderung des Umgebungsdruckes: langsames Auftauchen, Einhalten von Dekompressionsstops laut Austauchtabelle oder Computer). Somit kann das gelöste Gas noch rechtzeitig zur Lunge transportiert und normal abgeatmet werden, ohne Schäden zu hinterlassen!

2.3 Schwimmen, schweben, sinken

2.3.1 Das Prinzip des Archimedes

Der Mathematiker und Physiker ARCHIMEDES hat sich schon 300 v.Chr. mit den Zuständen von in Flüssigkeit getauchten Körpern beschäftigt. Angeblich hat er mit den Versuchen begonnen, als er sich in eine volle Badewanne gesetzt und das Wasser zum Überlaufen gebracht hat. Später formulierte er dann sein Gesetz:
Ein in eine Flüssigkeit getauchter Körper verliert scheinbar soviel an Gewicht, wie das Gewicht der von ihm verdrängten Flüssigkeitsmenge beträgt.
Nun „verliert" ein Körper kein Gewicht, sondern durch die **Auftriebskräfte** im Wasser wird seine **Abtriebskraft** (die Gewichtskraft) verringert. Es wirkt also eine Kraft nach unten, die Gewichtskraft und eine Kraft nach oben, die Auftriebskraft - errechenbar durch das Gewicht des verdrängten Wassers. Beide Kräfte wirken in entgegengesetzte Richtungen und beeinflussen sich gegenseitig.

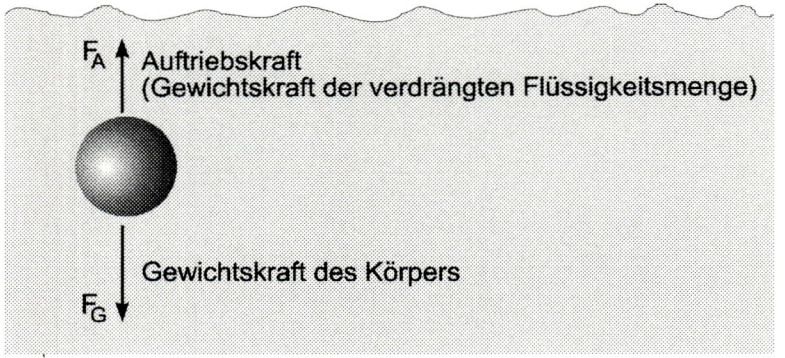

Ein Körper verliert in einer Flüssigkeit scheinbar soviel an Gewichtskraft, wie die von ihm verdrängte Flüssigkeit wiegt.

oder

> Ein Körper wird scheinbar um soviel leichter,
> wie die Flüssigkeit wiegt, die der Körper verdrängt.

Als Formel ausgedrückt:

Kraft, die auf der eingetauchten Körper wirkt	=	Gewichtskraft des Körpers abzüglich Gewichtskraft der verdrängten Wassermenge

$$F = F_G - F_A$$

mit: F = Resultierende Kraft in [N]
F_G = Gewichtskraft des Körpers
F_A = Auftriebskraft in [N]
($\hat{=}$ Gewichtskraft des verdrängten Wassers)

$$F = m \cdot g$$

mit m = Masse in [kg]
g = Ortsfaktor 10 N/kg

Definition:
1 Liter Wasser (Salz- oder Süßwasser) hat eine Masse von 1 kg !

Eine Beispielrechnung zeigt die Anwendung der Formel:

Ein Bleistück mit 2,5 kg Masse hat ein Volumen von 0,2 dm³. Welche Kraft wirkt auf das Bleigewicht im Wasser ?

Geg: $m = 2,5$ kg $V = 0,2$ dm³ $\hat{=}$ 0,2 l
Ges: F

$F_G = m \cdot g$ $F_G = 2,5$ kg $\cdot$ 10 N/kg   **$F_G = 25$ N**

$F_A = m$(verdrängtes Wasser) $\cdot g$ *0,2 l Wasser entsprechen 0,2 kg*

$F_A = 0,2$ kg $\cdot$ 10 N/kg   **$F_A = 2$ N**

$F = F_G - F_A$

$F = 25\ N - 2\ N$ $\qquad\qquad$ *$F = 23\ N$*

Auf das Gewichtsstück wirkt eine Kraft von 23 N im Wasser nach unten.

2.3.2 Abtriebskraft

Ist die Gewichtskraft des eingetauchten Körpers größer, als die des verdrängten Wassers, sinkt der Körper.
Es bleibt eine positive Kraft übrig, die nach unten wirkt!

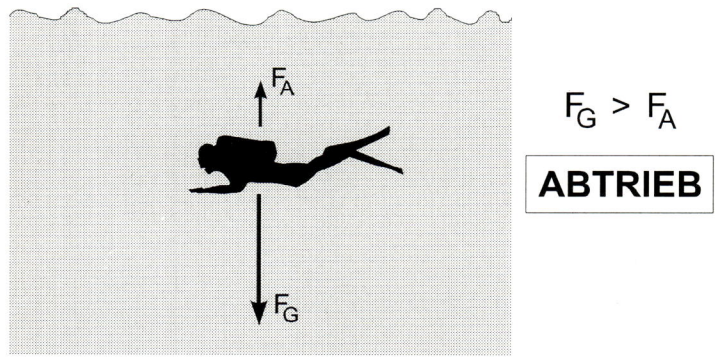

Bsp.: Gegeben sei das Bleigewicht mit 2,5 kg (F_G = 25 N) und sein Volumen mit 0,2 l (F_A = 2 N)

$F = F_G - F_A$ $\qquad$ $F = 25\ N - 2\ N$

$F = 23\ N$ $\quad$ *positiver Wert* ➔ *ABTRIEBSKRAFT !*

2.3.3 Auftriebskraft

Ist die Gewichtskraft des eingetauchten Körpers kleiner, als die des verdrängten Wassers, steigt der Körper auf und schwimmt an der Oberfläche. Es bleibt eine negative Kraft übrig, die nach oben wirkt!

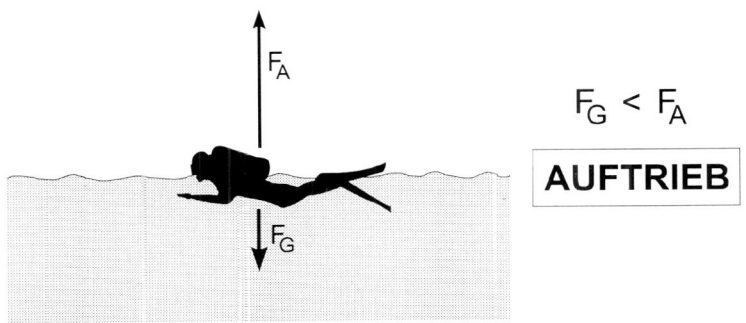

Bsp.: *Gegeben sei ein Leichtholzstück mit 2,5 kg (F_G = 25 N). Es hat ein Volumen von 3 dm³ (3 l).*

F_A = m(verdrängtes Wasser) · g   *3 l Wasser wiegen 3 kg*

F_A = 3 kg · 10 N/kg   **F_A = 30 N**

F = F_G - F_A F = 25 N - 30 N

F = - 5 N   *negativer Wert* ➔ *AUFTRIEBSKRAFT !*

2.3.4 Hydrostatisches Gleichgewicht

Ist die Gewichtskraft des eingetauchten Körpers gleich der des verdrängten Wassers, schwebt der Körper.

Die Kräfte (Auftrieb = Abtrieb) heben sich gegenseitig auf. Man nennt diesen Zustand das **hydrostatische Gleichgewicht**. Der Taucher ist **tariert**.

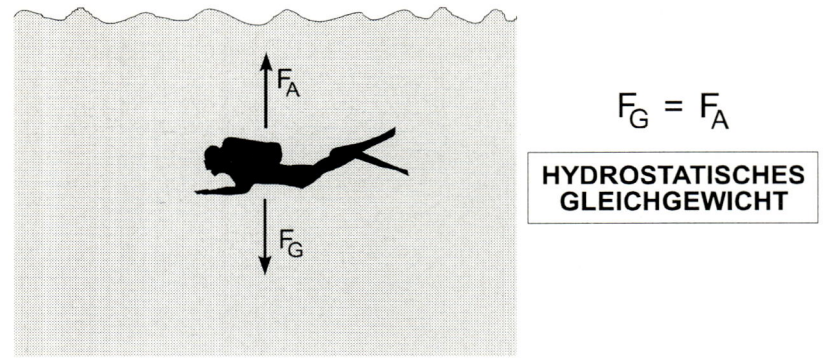

Bsp.: Ein Gerätetaucher in kompletter Ausrüstung wiegt 100 kg. Er verdrängt eine Wassermenge von 100 Liter.

$F_G = 100\ kg \cdot 10\ N/kg$ $\qquad\qquad$ **$F_G = 1000\ N$**

$F_A = 100\ kg \cdot 10\ N/kg$ $\qquad\qquad$ **$F_A = 1000\ N$**

$F = F_G - F_A$ $\qquad$ $F = 1000\ N - 1000\ N$ $\qquad$ **$F = 0\ N$**

Kräfte heben sich auf ➔ *Hydrostatisches Gleichgewicht !*

2.3.5 Anwendung für Taucher

Wie man schon in den Berechnungen sehen konnte, ist das Prinzip des Archimedes eine bedeutsame Grundlage für die Bewegung unter Wasser. Die Kräfte (Auftrieb und Abtrieb) sind dafür verantwortlich, ob wir an der Wasseroberfäche schwimmen oder in die Tiefe sinken. Anzustreben für die Bewegung unter Wasser ist der Schwebezustand, das „Hydrostatische Gleichgewicht". Haben wir es geschafft, die beiden Kräfte aufzuheben, sind wir **tariert**. Bei schlechter Tarierung werden wir entweder nach oben oder nach unten getrieben und müssen die Schwimmlage, soweit das möglich ist, mit Körperkraft - als Flossenschlag - korrigieren. Das kostet aber Energie und Luft - und davon haben wir unter Wasser leider nie genug...

Der Taucher führt eine Reihe Ausrüstungsgegenstände mit, die den Auftrieb oder Abtrieb begünstigen:

Objekt	Wirkung im Wasser
Taucher (nackt):	Da der menschliche Körper zu 90% aus Wasser besteht, wird er für die Kräfteberechnung *vernachlässigt*
Tauchflasche:	Je nach Material und Luftfüllung: *Auf- oder Abtrieb*
Bleigewichte:	schwer, bei geringen Volumen: *Abtrieb*
Tauchanzug:	Neopren mit eingeschlossenen Luftbläschen : *Auftrieb*
Tarierweste:	Mit Luft befüllbar: *Auftrieb*
Flossen:	Je nach Material: *Auf- oder Abtrieb*
Zusätzliche Ausrüstung:	Messer, Taschenlampe, Kompaß, Meßgeräte: Meistens *Abtrieb*

Tabelle 9: Auf- und Abtrieb

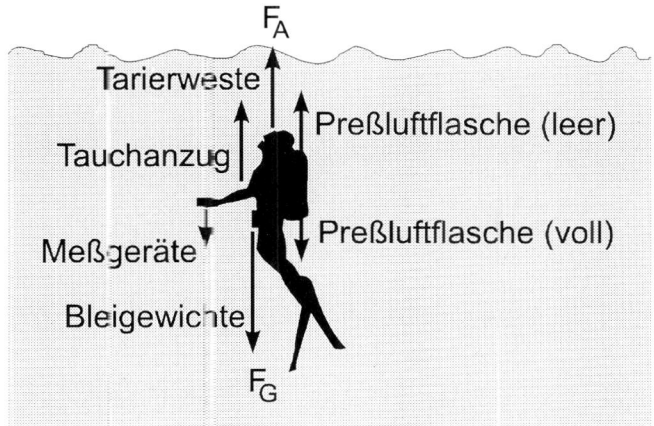

Nun haben wir jede Menge Ausrüstungsteile, die uns in die Tiefe ziehen oder an die Wasseroberfläche drücken. Jetzt kommt der Mensch ins Spiel: Ein gut ausgebildeter Sporttaucher braucht keinen Flossenschlag, um in verschiedene Tiefen zu schweben. Er reguliert das Zusammenspiel der Kräfte mit der Luft im Tarierjacket, die er nach Bedarf ein- oder auslassen kann. Die Feintarierung wird durch das Ein- oder Ausatmen mit der Volumenänderung der Lunge (und somit des Brustkorbes) geregelt.

Die Auswirkungen all diese Aktionen können wir uns auch rechnerisch vor Augen führen:

2.3.6 Berechnungen

Für die weiteren Berechnungen verwende ich die Vereinfachungen:

$g = 10$ N/kg ; 1 Liter Salz- oder Süßwasser haben eine Masse von 1 kg

Am Ende werde ich zur Demonstration Berechnungen mit dem Einfluß der unterschiedlichen Dichte von Salz- und Süßwasser anstellen. Das ist aber nur für Fortgeschrittene interessant...

a) Ein Schnorcheltaucher mit 80 kg Masse verdrängt, normal eingeatmet, 80 Liter Wasser.

$F_G = m \cdot g = 80$ *kg* $\cdot$ *10 N/kg =* **800 N**
80 Liter $\triangleq$ *80 kg verdrängtes Wasser*
$F_A = m \cdot g = 80$ *kg* $\cdot$ *10 N/kg =* **820 N**

$F_A = F_G$ ***Der Schnorcheltaucher befindet sich im hydrostatischen Gleichgewicht !***

b) Er will jetzt auf 5 m Tiefe abtauchen und atmet dazu tief ein. Sein Brustkorb vergrößert sich, er verdrängt jetzt 82 Liter Wasser.

$F_G = 800$ *N*
$F_A = m \cdot g = 82$ *kg* $\cdot$ *10 N/kg = 820 N*

$F_A > F_G$ ***Der Schnorcheltaucher schwimmt !***

c) Der Schnorchler kann jetzt entweder mit Flossenschlag abtauchen oder er nimmt einen Bleigurt von 3 kg mit. Das Volumen des Bleigewichts kann vernachlässigt werden, der Taucher verdrängt weiterhin 82 kg.

$F_G = 800\ N + 30\ N\ (Blei) = \mathbf{830\ N}$
$F_A = \mathbf{820\ N}$

$\mathbf{F_G > F_A}$ **Jetzt sinkt der Schnorcheltaucher !**

Nun ein Beispiel für Gerätetaucher:

Ein Gerätetaucher will sich an der Wasseroberfläche richtig tarieren. Wieviel Blei muß er mitnehmen ?
Geg:
 - Der Körper des Tauchers befindet sich im hydrostatischen Gleichgewicht
 - Der Neoprenanzug besteht aus ca. 7 Liter Luftbläschen
 (Gewicht des Materials vernachlässigbar)
 - Sein Drucklufttauchgerät (12 Liter Stahlflasche) hat mit Luft eine Masse von ca. 18 kg und verdrängt 14 Liter Wasser
 - Sein Tarierjacket hat leer einen Auftrieb von 20 N.

$F_G = m(Flasche) \cdot g = 18\ kg \cdot 10\ N/kg = \mathbf{180\ N}$

$F_A = F_A\ (Flasche) + F_A\ (Neoprenanzug) + F_A\ (Tarierweste)$
$F_A = 140\ N + 70\ N + 20\ N = \mathbf{230\ N}$

$F = F_G - F_A$ $F = 180\ N - 230\ N$ $\mathbf{F = -50\ N\ \ AUFTRIEB\ !}$

Um ins hydrostatische Gleichgewicht zu gelangen muß der Taucher 50 N Abtriebskraft hinzufügen. Das entspricht 5 kg Blei !

Für die Experten unter uns, möchte ich die Kräfteberechnungen mit Volumen und Dichte demonstrieren. Diese Art von Aufgaben findet man aber erst in fortgeschrittenen Tauchprüfungen (Gold, ***...)

Wieviel Auf- oder Abtrieb hat ein 15 l- Aluminium- PTG (m = 20 kg) vollgefüllt (mit 200 bar Luft) und leer ?

Geg: PTG 15 l mit m = 20 kg ρ(Alu) = 2,7 kg/l
                                          ρ(Luft) = 1,2 kg/m³

   1) Luftmenge: 200 bar · 15 l = 3000 barl
   2) Luftmenge: 0 bar · 15 l = 0 barl

Ges: Auf- oder Abtrieb

1) Laut Dichte der Luft wiegen 1 m³ ≙ 1,2 kg (entspricht 1000 l)
3000 barl Luft wiegen deshalb 3,6 kg

Gewicht des PTG (voll): 20 kg + 3,6 kg = 23,6 kg
F_G = 236 N

<u>Auftriebskräfte:</u>

$m = \rho \cdot V$ $V = m / \rho$ (siehe 2.1.4)

a) *Volumen des Aluminiummantels der Flasche:* $V = \dfrac{m}{\rho} = \dfrac{20\ kg}{2{,}7\ \dfrac{kg}{l}} = 7{,}4\ l$

b) *Volumen des Hohlraumes der Flasche:* $V = 15\ l$

c) *Volumen gesamt:* $V = 7{,}4\ l + 15\ l = 22{,}4\ l$

Die Flasche verdrängt 22,4 Liter Wasser (= 22,4 kg)
$F_A = m \cdot g = \mathbf{224\ N}$

$F = F_G - F_A \qquad F = 236\ N - 224\ N$

$$F = +12\ N \quad \mathbf{ABTRIEB\ !}$$

Die mit Luft gefüllte Aluminiumflasche sinkt !

2) Gewicht PTG leer: 20 kg + 0 kg (Luft) = 20 kg

$F_G = \mathbf{200\ N}$

F_A bleibt **224 N**

$F = F_G - F_A \qquad F = 200\ N - 224\ N$

$$F = -24\ N \quad \mathbf{AUFTRIEB\ !}$$

Die leere Aluminiumflasche steigt nach oben !

Abschließend berechnen wir noch den Unterschied der Auftriebskräfte in Salz- und Süßwasser:

Ein Gerätetaucher ist mit seiner kompletten Ausrüstung in einem Süßwassersee richtig tariert. Wieviel Blei braucht er mehr oder weniger im Salzwasser (im Meer)?

Geg: Masse (kompletter Taucher): 110 kg
      ρ (Süßwasser) = 1 kg/l ρ (Salzwasser) = 1,03 kg/l

Ges: Wieviel Blei braucht der Taucher ?

Im Süßwasser *ist er im hydrostatischen Gleichgewicht:* $F_G = F_A$
$F_G = 1100\ N$ → $\mathbf{F_A = 1100\ N}$

Masse des verdrängten Süßwassers: 110 kg

Volumen des verdrängten Süßwassers: $V = m/\rho$
$V = 110\ kg/(1\ kg/l)$ $V = 110\ l$

Im Salzwasser:
$V = 110\ l$ $m = \rho \cdot V = 1{,}03\ kg/l \cdot 110\ l = 113\ kg$

Masse des verdrängten Salzwassers: 113 kg

$\mathbf{F_A} = m \cdot g = 113\ kg \cdot 10\ N/kg = \mathbf{1130\ N}$

$F = F_G - F_A$ $F = 1100\ N - 1130\ N$ $\mathbf{F = -30\ N}$ ***AUFTRIEB !***

d.h. im Salzwasser hat der Taucher mit der selben Ausrüstung 30 N mehr Auftrieb. Er muß daher, um richtig tariert zu sein, **3 kg Blei mehr** anlegen !

Ein kleiner Tip für Prüfungsfragen: Werden Körper mit komplizierten Volumen und Dichten angeben, und wird man gefragt ob der Körper schwimmt oder sinkt, kann man den Rechenweg verkürzen:
Man muß lediglich prüfen, ob die angegebene Dichte größer oder kleiner als die Dichte des Wassers ist. Ist die Dichte größer sinkt das Objekt, ist sie kleiner schwimmt es.

Dichte Blei ≙ 11,3 kg/l   >   Dichte Wasser ≙ 1 kg/l   → Blei sinkt !

Dichte Holz ≙ 0,7 kg/l   <   Dichte Wasser ≙ 1 kg/l   → Holz schwimmt !

Alles klar ? Wer es nicht glaubt muß den ausführlichen Weg rechnen....

2.3.7 Ständig tarieren - wozu ?

Viele Anfänger haben mit dem ständigen **Tarieren** unter Wasser ihre liebe Not. Aber wozu muß ich mich auf jeder Tiefe neu tarieren ? Vergesse ich mich rechtzeitig ins Gleichgewicht zu bringen „stürze" ich zu schnell in die Tiefe. Beim Aufstieg das selbe Dilemma: Ohne Nachtarierung, sprich Luftablassen, werden ich immer schneller.
Wer das Kapitel bisher aufmerksam verfolgt hat kann dazu natürlich eine Antwort geben. Ich möchte diese Problematik einmal rechnerisch demonstrieren, damit auch die theoretische Grundlage vorhanden ist (Für Leute, die nicht gerne rechnen habe ich die Schlußfolgerungen am Ende noch einmal zusammengefaßt !)

Unser Gerätetaucher aus dem zweiten Beispiel beginnt jetzt mit dem Tauchgang, nachdem er sich an der Oberfläche richtig tariert hat.
a) Er taucht ab auf 5 m.
Geg:
- Der Körper des Tauchers befindet sich im hydrostatischen Gleichgewicht
- Der Neoprenanzug besteht aus ca. 7 Liter Luftbläschen
(Masse des Materials vernachlässigbar)
- Sein Drucklufttauchgerät (12 Liter Stahlflasche) hat mit Luft ca. 18 kg Masse und verdrängt 14 Liter Wasser
- Sein Tarierjacket hat leer einen Auftrieb von 20 N.
- Er hat einen Bleigurt von 5 kg

$F_G = F_G$ *(Flasche)* $+ F_G$ *(Blei)*
$\boldsymbol{F_G} = $ *(18 kg · 10 N/kg) + (5 kg · 10 N/kg) =* **230 N**
$F_A = F_A$ *(Flasche)* $+ F_A$ *(Neoprenanzug)* $+ F_A$ *(Tarierweste)*
$\boldsymbol{F_A} = $ *140 N + 70 N + 20 N =* **230 N**
$\boldsymbol{F_G = F_A}$

<u>*Nun taucht er auf 5 m Tiefe*</u> *(Umgebungsdruck steigt auf 1,5 bar - siehe Gesetz von Boyle-Mariotte):*
Die Luftbläschen seines Neoprenanzugs pressen sich auf 7 l / 1,5 = 4,7 l zusammen.
Jetzt hat sein Anzug nur noch einen Auftrieb von 47 N.

$F_A = F_A$ *(Flasche)* $+ F_A$ *(Neoprenanzug)* $+ F_A$ *(Tarierweste)*
$\boldsymbol{F_A} = $ *140 N + 47 N + 20 N =* **207 N**

Nun ist die Auftriebskraft geringer als die Abtriebskraft, der Taucher beginnt zu sinken. Um richtig zu tarieren muß man jetzt mit seinem Jacket für 23 N (230 N - 207 N) Auftrieb sorgen: d.h. Volumenvergrößerung durch Einblasen von 2,3 Liter Luft (bei Umgebungsdruck).

b) Er taucht weiter bis auf <u>20 m Tiefe</u>, in der er sich eine Zeit aufhalten will (Umgebungsdruck steigt auf 3 bar).
Die Luftbläschen seines Neoprenanzugs pressen sich auf 7 l / 3 = 2,3 l zusammen.
Der Auftrieb des Anzuges beträgt nur noch 23 N.

Weiterhin wird die Luft in seinem Tarier- Jacket zusammengepreßt:
$V_2 = \dfrac{V_1 \cdot p_1}{p_2}$ = (2,3 l · 1,5 bar) / 3 bar = 1,15 l Volumen des Jackets auf 20m

Auftriebskraft des Tarierjackets liegt jetzt bei 11,5 N

$F_A = F_A$ (Flasche) + F_A (Neoprenanzug) + F_A (Tarierweste) + F_A (Luft)
F_A = 140 N + 23 N + 20 N + 11,5 N= 194,5 N
F_G = F_G (Flasche) + F_G (Blei) = **230 N**

$F_G > F_A$ **ABTRIEB** !

Der Taucher muß nun wieder 230 N - 194,5 N = 35,5 N mit Luft ausgleichen, d.h. 3,5 Liter Luft in das Jacket blasen !

c) Nach einer halben Stunde auf 20 m hat er soviel Luft verbraucht, daß die Flasche nur noch 16 kg wiegt.

F_G = F_G (Flasche) + F_G (Blei) = 160 N + 50 N = **210 N**
$F_A = F_A$ (Flasche) + F_A (Neoprenanzug) + F_A (Tarierweste) + F_A (Luft)
F_A = 140 N + 23 N + 20 N + 47 N= 230 N

Durch den Luftverbrauch wird die Flasche leichter, die Abtriebskraft sinkt.
Da nun **F_G < F_A**   erfolgt **AUFTRIEB** !

Das muß der Taucher wiederum durch Luftablassen ausgleichen:
230 N - 210 N = 20 N entspricht einem Volumen von 2 l.
Der Taucher läßt 2 Liter Luft aus dem Jacket.
Inhalt Jacket: 2,7 Liter Luft

d) Jetzt beginnt der Aufstieg. Ab 10 m wird der Taucher immer schneller warum?

Durch das Gesetz von Boyle-Mariotte vergrößert sich das Volumen bei geringerem Umgebungsdruck durch Ausdehnung der Luft:

$V_2 = \dfrac{V_1 \cdot p_1}{p_2}$ = (2,7 l · 3 bar) / 2 bar = 4,05 l Volumen des Jacket auf 10m.

Gleichzeitig erhöht sich das Volumen des Neoprenanzugs wieder auf:
7 l / 2 = 3,5 l. Der Auftrieb des Anzuges beträgt wieder 35 N.

Verständlicherweise steigt nun die Auftriebskraft:
F_G = 210 N
F_A = F_A (Flasche) + F_A (Neoprenanzug) + F_A (Tarierweste) + F_A (Luft)
F_A = 140 N + 35 N + 20 N + 40,5 N = 235,5 N

Der Taucher muß nun soviel Luft ablassen, daß die Auftriebskraft auch 210 N beträgt: 235,5 N - 210 N = 25,5 N (entspricht 2,55 Liter Luft), wenn er nicht unkontrolliert zur Oberfläche schießen will.

Zusammenfassung:

Beim **Abtauchen** pressen sich die in das Neopren eingeschlossenen Luftbläschen zusammen (nach Boyle-Mariotte), so daß der bisher tarierte Taucher Luft in das Jacket (= Volumenänderung, mehr Wasser wird verdrängt) blasen muß, um wieder Auftrieb zu gewinnen. Tiefer getaucht preßt sich nun auch noch die Luft in der Tarierweste zusammen, das wieder durch Nachtarieren ausgeglichen werden muß.

Beim **Auftauchen** das umgekehrte Spiel: Die Luft in der Weste und die Bläschen des Neoprenanzugs dehnen sich aus; d.h. je höher man kommt, desto mehr Auftrieb bekommt man. Wenn man nun nicht rechtzeitig Luft aus dem Jacket läßt, läuft man Gefahr an die Oberfläche zu „schießen".
Nach einiger Zeit im Wasser verbraucht man außerdem Atemluft aus der Preßluftflasche, die dadurch logischerweise leichter wird (pro 1000 Liter - 1,2 kg). Durch das veränderte Gewicht haben wir weniger Abtrieb.
Bei jeder Tiefenänderung muß man also Nachtarieren, will man nicht die Kontrolle über den Tauchgang verlieren...

Kleinere Höhenunterschiede kann man als geübter Taucher gut mit der Lunge ausgleichen: Tief eingeatmet vergrößert sich der Brustkorb, mehr Wasser wird verdrängt - die Auftriebskraft erhöht sich. Flache Atmung vermeidet dies.

2.4 Einige Besonderheiten der Praxis

2.4.1 Warum vereist mein Lungenautomat ?
- Der Joule-Thomson-Effekt

Ein Ärgernis für jeden Taucher in kalten Gewässern, das schnell zu einer lebensbedrohlichen Situation werden kann (Panikaufstieg), läßt sich leicht physikalisch erklären. Der **Joule-Thomson-Effekt** beschreibt die Auswirkungen bei der **Dekompression** (Entspannung) von realen Gasen bei Strömung durch eine Drossel (Engstelle). Die Grundlagen hierfür wurden 1854 von JAMES JOULE und WILLIAM THOMSON geschaffen.

Im Gegensatz zu den Aussagen der allgemeinen Gasgleichung (2.2.5), die nur für ideale Gase gilt, erwärmen sich Gase in der Regel bei Verdichtung und kühlen bei Entspannung ab.

Anziehungskräfte

Alle Gasmoleküle üben untereinander eine gegenseitige Anziehung aus.
Die kleinen Teilchen verhalten sich genauso wie Planeten im Weltraum (Anziehungskraft der Erde, des Mondes...). Bei Ausdehnung eines Gases wird nun gegen diese Anziehungskraft (zwischenmolekulare Kräfte) gearbeitet.

Dies läßt sich gut vorstellen, indem man die Teilchen mit einer Feder verbunden sieht, die man nun auseinanderziehen will. Je mehr die Feder gespannt wird, desto mehr Kraft muß aufgewendet werden.

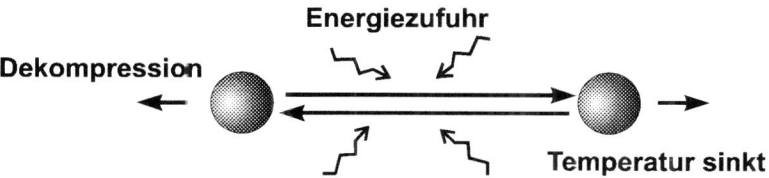
Dekompression — **Energiezufuhr** — **Temperatur sinkt**

Bei der Volumenausdehnung eines Gases entfernen sich die Moleküle voneinander. Um die gegenseitigen Anziehungskräfte zu überwinden, muß Energie aufgewendet werden. Diese wird von der kinetischen Energie (Bewegungsenergie) der Teilchen „beschafft". Weniger Bewegung der Gasmoleküle bedeutet ein Absinken der Temperatur (siehe 2.1.6). Die Umgebung kühlt ab.

In der Praxis kühlt Luft bei Entspannung um 0,25 K pro 1 bar ab. Eine 200 bar- Flasche, die geöffnet und leergeströmt wird, kühlt sich so um 50 K ab ($\hat{=}$ Anfangstemperatur abzüglich 50 °C).

Das gleiche passiert in der 1. Stufe (Druckminderer) des Lungenautomaten. Hier wird der Flaschendruck (200 bar) beim Einatmen auf einen Mitteldruck von ca. 10 bar reduziert. Der Automat kühlt dabei ab. Ist die Außentemperatur außerdem gering (kalter Bergsee, große Tiefe, Eistauchen...) und wird dazu noch viel Luft gebraucht (schnelle Atmung, Tiefe, Partner am Oktopus (Zweites Mundstück)...) kann es schnell zu einer Vereisung des Druckminderers kommen - obwohl die Wassertemperatur über 0° C liegt. Das Wasser in den Kammern des Automaten vereist, der Kolben friert in geöffneter Stellung fest. Dadurch wird kein Mitteldruck mehr erzeugt, der gesamte Flaschendruck strömt zum Mundstück (2. Stufe), das nun „abbläst" (d.h. Luft abläßt). In wenigen Minuten kann so die Flasche leer werden - Luft, die dem Taucher in großen Tiefen mit Sicherheit fehlt.

Wird ein Gas zusammengepreßt (komprimiert) wirken von außen Kräfte auf die Moleküle und unterstützen die Anziehungskräfte. Dadurch benötigen die Teilchen jetzt weniger Energie und übernehmen den Überschuß als Bewegungsenergie. Wärme wird an die Umgebung abgegeben.

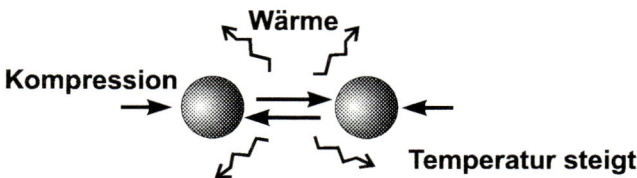

Zusätzlich bewirkt auch eine sehr schnelle Volumenverkleinerung eines Gases eine Erhöhung der kinetischen Energie (= Wärme). Dies ist beim Füllen von Tauchflaschen am Kompressor oder beim Überströmen zu beobachten. Die Preßluftflasche erwärmt sich. Je schneller sie gefüllt wird, desto höher steigt die Temperatur. Deshalb wird in Kompressoranlagen die Atemluft auch in mehreren Stufen verdichtet, da sonst die Temperatur zu stark ansteigen würde. Zwischen jeder Stufe befinden sich Kühler, um die Temperatur wieder zu senken (siehe 4.6).

Vermeiden kann man die Abkühlung eines Gases wegen des Joule-Thomson-Effekts beim Tauchen nicht, aber man kann sich darauf einstellen: Durch
- Vereisungssichere Automaten (Öl- oder Fettfüllung statt Wasser)
- Ruhige Atmung
- Kein sinnloses Luftverbrauchen (ständig Luftdusche)
- In kalten Gewässern vorausschauend tauchen (Keine Deko- Tauchgänge)

> Der Joule-Thomson-Effekt beschreibt die Abkühlung eines Gases bei gedrosselter Entspannung. Die Abstandsvergrößerung der Moleküle bewirkt eine Senkung der Temperatur durch Verringerung der Bewegungsenergie.

2.4.2 Flüssigkeiten in Gasen - woher kommt der Durst nach dem Tauchen ?

Auch bei diesem physikalischen Phänomen müssen wir uns von der idealen Gasvorstellung lösen. Unsere Atemluft enthält zu einem ganz bestimmten Anteil Wasserdampf, der durch Verdunstung oder Verdampfung entsteht. Dessen Partialdruck (Anteil am Gesamtgemisch) kann bis zu einem bestimmten temperaturabhängigen Höchstwert ansteigen, dem sog. **Sättigungsdampfdruck**. Bei jeder Temperatur kann in einem Luftvolumen nur eine bestimmte Höchstmenge Wasserdampf enthalten sein.

> Der Dampfdruck und damit die Menge im Gas gelöster Flüssigkeit wächst mit der Temperatur, ist aber nicht von der Gasmenge, sondern nur vom Volumen abhängig.

Die Menge Wasserdampf in einer 10 Liter Druckflasche ist immer gleich, egal ob sie nun 1 bar, 10 bar oder 100 bar hat (bei gleicher Temperatur). Wird also eine bestimmte Menge Luft komprimiert (bei konstanter Temperatur), wird der überschüssige Wasserdampf in der Luft zu Wasser kondensiert, da der Sättigungsdampfdruck nicht steigen kann. Werden also z.B. 2000 Liter Luft auf 10 Liter zusammengedrückt, muß die Menge gelöstem Wasserdampf auch auf 10/2000tel sinken. Der Rest wird wieder zu Wasser.

Die Tabelle zeigt die genauen Sättigungsdruck und Sättigungsmengen für Wasserdampf:

Temperatur	Sättigungsdampfdruck	Sättigungsmenge
5 °C	8,72 mbar	6,8 g/m³
10 °C	12,27 mbar	9,4 g/m³
15 °C	17,04 mbar	12,8 g/m³
20 °C	23,37 mbar	17,3 g/m³
25 °C	31,68 mbar	23,1 g/m³
30 °C	42,42 mbar	30,4 g/m³
37 °C	62,77 mbar	43,9 g/m³

Tabelle 10: Sättigungswerte von Wasserdampf

Aus dieser Aufstellung lassen sich alle für uns relevanten Werte ablesen. Hier kann man auch sehr schön sehen, warum in tropischen Ländern bei hoher Außentemperatur die **Luftfeuchtigkeit** so sehr ansteigen kann. Die relative Luftfeuchtigkeit berechnet sich übrigens aus dem Verhältnis der momentan in der Luft vorhandenen Dampfmenge und dem maximal möglichen Wert der Sättigungsmenge - aber das nur am Rande...

Eine kleine Berechnung läßt uns das Ganze etwas einfacher verstehen:

Eine 10 Liter- Preßluftflasche soll mit einem Kompressor mit 200 bar gefüllt werden. Wieviel Wasserdampf kondensiert zu Wasser bei einer gleichbleibenden Temperatur von 20 °C ?

Geg: *10 Liter Druckflasche*
200 bar · 10 l = 2000 barl Luftmenge
Sättigungsmenge bei 20 °C ≙ 17,32 g/m³ ≙ 17,32 g pro 1000 l
Ges: *m (Rest)*

In 1000 Liter Luft sind 17,32 g Wasserdampf enthalten
2000 l enthalten **34,64 g** *Wasserdampf*

Der Kompressor komprimiert diese Luftmenge auf ein Volumen von 10 l (unter 200 bar Druck).
*In 10 Liter Luft dürfen nur 17,32 g / 100 = **0,17 g** Wasserdampf enthalten sein !*

*D.h.: Es bleiben 34,64 g - 0,17 g = **34,47 g** Dampf übrig, der zu Wasser kondensiert und beim Füllen ausgeschieden wird !*

Der umgekehrte Fall bringt uns zu der Fragestellung in der Kapitelüberschrift: *„Woher kommt der Durst nach dem Tauchen?"*

Unter Wasser atmen wir nur die komprimierte Luft aus der Preßluftflasche. Diese wird im Atemregler entspannt und im Rachenraum angewärmt. Die Ausatemluft wird mit Flüssigkeit des Körpers angereichert, bis wieder der Sättigungsdampfdruck, diesmal für 37 °C, erreicht ist. Wird die im obigen Beispiel gefüllte Flasche leergeatmet, entspannen wir 2000 Liter Luft, die wieder angefeuchtet werden muß. Durch die höhere Körpertemperatur brauchen wir sogar mehr Feuchtigkeit (Sättigungsmenge bei 37 °C: 43,9 g/m^3 d.h. 43,9 g pro 1000 Liter), als anfangs beim Kompressor ausgeschieden wurde: 87,8 g - 0,17 g ≙ **87,6 g** pro 2000 l Luft. Weil dem Taucher nun deswegen Wasser zur Luftbefeuchtung entzogen wird, haben wir nach dem Tauchgang immer so einen trockenen Mund und riesigen Durst...
Als Nebeneffekt kostet es dem Körper noch einiges an Energie, um die Luft anzufeuchten, d.h. das Wasser im Körper zu verdunsten. Wir verbrauchen deshalb zusätzlich mehr Kalorien, was auch unseren Hunger nach dem Tauchen erklärt.

2.4.3 Realer Fülldruck von Preßluftflaschen

So, jetzt haben wir das Dilemma: Bis jetzt war alles in schönster Ordnung - gerade haben wir mit den idealen Gasgleichungen alles berechnen können. Nun kommt das Unangenehme. Leider verhalten sich Gase in Wirklichkeit nicht so ideal. Eine mit 300 bar gefüllte 10 Liter- Flasche hat in der Realität keinen Inhalt von 3000 barl, sondern nur ca. 2700 barl !
Diese Erkenntnis haben wir JOHANNES VAN DER WAALS (1837 - 1923) zu verdanken, der das Verhalten der realen Gase mit einem Gesetz beschrieb - dem **Van-der-Waals-Gesetz**.
Dieses hier aufzuführen, würde zu weit gehen und ist für unsere Berechnungen nicht relevant. Wichtig ist nur, daß wir wissen, daß sich reale Gase etwas anders verhalten, als unsere idealisierten Modelle.
In der Van-der-Waals-Gleichung werden z.B. die Anziehungskräfte der Moleküle, Eigenvolumen der Moleküle und einige Konstanten zu der allgemeinen Gasgleichung hinzugefügt.
Zur Vereinfachung wurde ein Korrekturfaktor, der sogenannte **Kompressibilitätsfaktor**, errechnet:

Ideal: $Q = p \cdot V$ Real: $Q = \dfrac{p \cdot V}{x}$ mit Korrekturfaktor x

Druck	Korrekturfaktor x für reale Gase		
	für T = 0 °C	für T = 25 °C	für T = 50 °C
50 bar	0,98	0,99	1,00
100 bar	0,97	0,99	1,01
150 bar	0,98	1,01	1,02
200 bar	1,01	1,03	1,05
300 bar	1,10	1,11	1,12
450 bar	1,27	1,27	1,26

Tabelle 11: Van-der-Waals -Korrekturfaktor

Damit kann ohne großen Aufwand umgerechnet werden:

Wie ist die reale Luftmenge einer 15 Liter Flasche bei 50 bar und 300 bar Fülldruck? T = 25 °C
Geg: V = 15 l   (1) p = 50 bar   (2) p = 300 bar
Ges: reale Luftmenge Q

$Q = p \cdot V$

(1) $Q = 50\ bar \cdot 15\ l = 750\ barl$
Korrekturfaktor = 0,99 (aus Tabelle)
Q(real) $= Q / 0,99 = 750\ barl / 0,99 =$ **758 barl**

(2) $Q = 300\ bar \cdot 15\ l = 4500\ barl$
Korrekturfaktor = 1,11 (aus Tabelle)
Q(real) $= Q / 1,11 = 4500\ barl / 1,11 =$ **4054 barl**

Während sich der Inhalt einer unter 50 bar Druck gefüllten Flasche kaum ändert, hat die 300 bar- Flasche 10% weniger Luftinhalt, als ideal angenommen.

Mit dieser Tabelle zeigt sich, daß eine 300- bar- Flasche für Taucher nicht das hält, was sie verspricht. Die Luftausbeute fällt geringer aus, als erwartet. Dadurch rentiert sich der höhere Anschaffungspreis nicht unbedingt.

2.5 Das Sehen unter Wasser

Schon ARCHIMEDES (ja, der in der Badewanne) hat sich mit den Gesetzen der geometrischen Optik befaßt (obwohl er nicht wußte, was Licht wirklich ist...). Er experimentierte mit Linsen und Spiegeln, zeichnete seine Erfahrungen auf. Diese und von anderen Physikern formulierte Grundgesetze können wir für unser Verständnis über das Sehen unter Wasser gut gebrauchen.

2.5.1 Was ist Licht ?

Im physikalischen Sinne ist Licht eine elektromagnetische Strahlung, die wir mit unserem Auge erkennen können. Ähnlich wie die Radiowelle bewegt sich die Lichtausstrahlung durch den Raum - nur in einem anderen Frequenzbereich. Die elektromagnetischen Wellen verfolgen uns in allen Lebensbereichen: Vom Morsesignal bis zur Röntgenstrahlung. Da die Frequenzen in den oberen Bereichen sehr große Werte annehmen, sprechen die Optiker nur noch von **Wellenlängen**. Deshalb möchte ich kurz diesen Begriff ohne Formeln beschreiben:

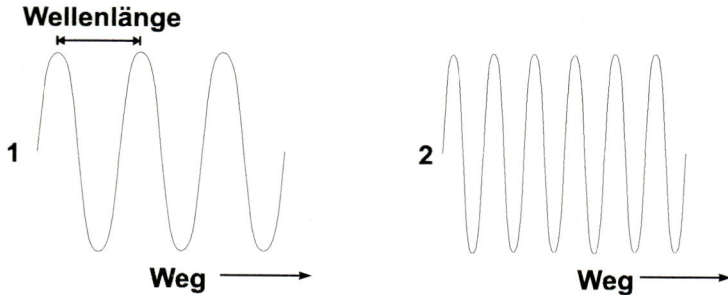

Die Strahlung ist wie eine räumliche Welle, die sich geradlinig nach vorne ausbreitet. Grafik 2 ist z.B. kurzwelliger als 1. Eine UKW- Radiowelle mit der Frequenz von 100 MHz hat eine Wellenlänge von 3 Meter, sichtbares Licht liegt im Bereich um 0,5 µm (1 Mikrometer ≙ 0,001 mm ≙ 1000 nm).

Sichtbares Licht

infra-rot	rot	orange	gelb	grün	blau	violett	ultra-violett
	770 nm	630 nm	580 nm	560 nm	480 nm	420 nm	390 nm

Gelbes Licht liegt als Beispiel im Wellenlängenbereich von 580 - 560 nm. Oberhalb 770 nm beginnt die **Wärmestrahlung (Infrarotstrahlung)**, unterhalb 390 nm liegt die **UV- Strahlung**, bis hin zur kosmischen Strahlung. Dieses ultraviolette „Licht" (nicht sichtbar) ist u.a. für die negativen Auswirkungen bei zu langem Sonnenbaden verantwortlich.

Man kann das Licht aber leider nicht als reine Welle behandeln. In Wirklichkeit lassen sich auch Teilchen in der Lichtwelle nachweisen, die sogenannten **Photonen**, die sich mit Lichtgeschwindigkeit bewegen. Das soll aber für unsere weiteren Betrachtungen nicht relevant sein. Wer tiefer in diese Thematik einsteigen möchte, wende sich bitte an einen Quantenphysiker...

2.5.2 Grundbegriffe der Optik

Um die wichtigsten Grundgesetze der Optik kennenzulernen, betrachten wir einfach einen Lichtstrahl, der auf die Wasseroberfläche auftrifft:

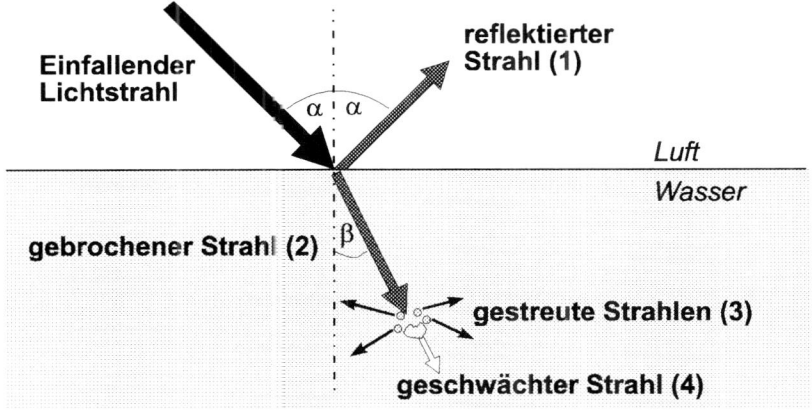

(1) Reflexion

Wie beim Spiegel wird der Lichtstrahl auf der Wasseroberfläche (bei einem bestimmten Einfallswinkel) reflektiert. Hier gilt das Reflexionsgesetz:

> Einfallswinkel = Ausfallswinkel

Diesen Effekt beobachten wir, wenn wir vom Ufer auf eine glatte Wasseroberfläche schauen und wir uns wie im Spiegel sehen.

(2) **Brechung (Refraktion)**

Beim Übergang von einem Medium auf das andere (hier: Luft auf Wasser) wird der Lichtstrahl (im Wasser) gebrochen. Der Brechwinkel ist abhängig von den sog. Brechzahlen (n) der Medien.

Brechzahl n für Luft:	1,00027
Brechzahl n für Wasser:	1,33333

Im gleichen Verhältnis nimmt die **Lichtgeschwindigkeit** im Wasser ab. Sie sinkt auf das 1/1,333- fache (75%).

(3) **Streuung**

Beim Passieren des Wassers „stößt" der Strahl auch an die Wassermoleküle oder Schwebeteilchen und wird so in andere Richtungen abgelenkt. Dabei werden kurzwelligere Strahlen durchschnittlich öfter gestreut.
Der Tageshimmel zum Beispiel erscheint uns nur deshalb blau, weil der kurzwelligere Anteil des sichtbaren Sonnenlichtes (blau ca. 450 nm) an den Luftmolekülen wesentlich stärker gestreut wird, als der langwelligere (rot ca. 700 nm)

(4) **Schwächung (Absorption)**

Ein Teil des eindringenden Lichtes wird von den Wasserteilchen absorbiert. Je tiefer der Strahl in das Medium eindringt, um so mehr wird er geschwächt. Deshalb wird es in größeren Wassertiefen immer dunkler, da die Intensität des einfallenden Sonnenlichtes zunehmend abnimmt. Auch die Absorption ist abhängig von der Wellenlänge. Das bedeutet, daß die einzelnen Farben unterschiedlich weit ins Wasser eindringen können. So verschwindet Rot fast komplett bei 5 m, während der Blauanteil des Lichtes bis auf eine Tiefe von 60 - 80 m zu sehen ist.

2.5.3 Praktische Auswirkungen unter Wasser

Durch die oben beschriebenen Gesetze hat das Sehen unter Wasser einige Besonderheiten:

Durch die **Streuung** an kleinsten Schwebeteilchen (z.B. Plankton) und den Lichtmangel ist die Sichtweite unter Wasser stark eingeschränkt. Unter günstigen Verhältnissen in klarem Meerwasser kann der Taucher deshalb nur bis ca. 50 m weit sehen, in heimischen Seen schrumpft dieser Wert oft auf 1 bis 5 m.

Die unterschiedliche **Schwächung** der Farben ist dafür verantwortlich, das schon ab 5 - 10 m Tiefe kein Rot mehr erkannt wird. Der Rotanteil des Sonnenlichtes wird gefiltert, so daß die eigentlich roten Fische und Korallen für uns blau-grau erscheinen. Es sei denn, wir leuchten sie aus der Nähe mit einer Taschenlampe an. Auch Blut (im Falle einer Verletzung) wird vom Tauchpartner in größeren Tiefen als blaue Flüssigkeit gesehen. Deshalb ist eine Kenntnis dieses Effekts so wichtig !

Die Farbe Blau hingegen erkennen wir gut noch über die 60 m-Grenze hinaus (wenn durch die Streuung an kleinen Partikeln überhaupt noch Sonnenlicht ankommt...)

Durch unterschiedliche Einfallswinkel der Sonne im Laufe des Tages, macht sich das Gesetz der **Reflexion** bemerkbar:

Trifft Sonnenlicht senkrecht ins Wasser (Mittag) wird weniger gespiegelt, es ist unter Wasser heller. Früh und abends, bei flachem Lichteinfall, wird mehr Licht an der Wasseroberfläche reflektiert, unter Wasser ist es nun dunkler.

Den seltsamsten Effekt beschert uns aber das Gesetz der **Brechung**: Das Licht geht vom Medium Wasser über in das Medium Luft, die im Gesichtsraum der Tauchermaske vorhanden ist. Die Lichtstrahlen brechen sich am Übergang, dadurch erscheint uns ein Objekt im Wasser **näher** und **größer**. Da die Brechzahl des Wassers 1,333 mal (= 4/3) so groß ist, wie die der Luft, können wir die Abbildungsregel für Unterwasserobjekte aufstellen:

> Ein Objekt unter Wasser erscheint uns:
> **4/3 größer und 3/4 näher**

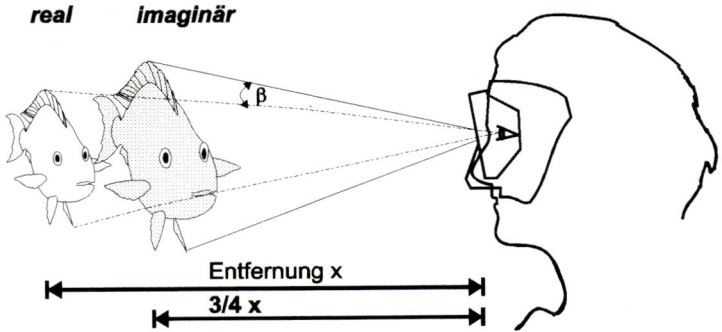

Zwei Rechenbeispiele zeigen die Auswirkungen des Brechungsgesetzes:

Eine Koralle unter Wasser hat eine Höhe von 1 m und ist 4 m vom Taucher entfernt. Wie groß und wie nah erscheint sie ihm ?

Geg: h = 1 m   x = 4 m   Ges: h, x (Unterwasser)

*h (Unterwasser) = 4/3 · 1 m = **1,33 m**
x (Unterwasser) = 3/4 · 4 m = **3 m***

Die Koralle scheint 1,33 m groß und in 3 m Entfernung zu sein

Ein Taucher erzählt am Stammtisch von seinem 2 m großen Hai, der nur in 5 m Entfernung an ihm vorbei geschwommen ist. Welche Größe und Entfernung hatte der Fisch in Wirklichkeit?

Geg: l *(imaginär)* $= 2$ m $\quad x$ *(imaginär)* $= 5$ m
Ges: l, x *(real)*

l *(real)* $= \dfrac{2\ m}{4/3} = 2\ m \cdot 3/4 =$ **1,5 m**

x *(real)* $= \dfrac{5\ m}{3/4} = 5\ m \cdot 4/3 =$ **6,66 m**

Der Taucher hat nur einen 1,5 m großen Hai in 6,6 m Entfernung beobachtet

2.6 Das Hören unter Wasser

Wieder befaßten sich als erste die griechischen Gelehrten auch mit den Gesetzmäßigkeiten der Schallausbreitung. PYTHAGORAS und ARISTOTELES beschäftigten sich mit den Tönen und dem Transport von Schall. Für unser Tauchwissen müssen wir jedoch nur die Besonderheiten der Schallausbreitung unter Wasser kennenlernen.

2.6.1 Was ist Schall ?

Wenn in einem Medium (Wasser, Luft...) ein Objekt mit einer bestimmten Frequenz schwingt, gehen davon **Schallwellen** aus. Dabei hört man einen Ton, wenn eine gleichmäßige, sinusförmige Welle entsteht (schwingende Gitarrenseite), ein Geräusch, wenn eine unregelmäßige Schwingung entsteht.

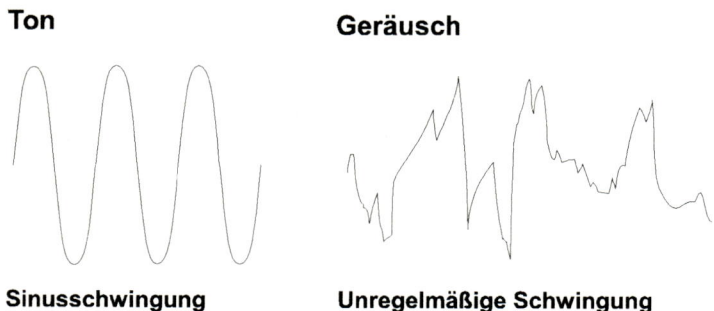

Dabei liegen die hörbaren Frequenzen im Bereich von 16 - 20000 Hz (Kammerton a = 440 Hz), je nach Lautstärke und Hörempfinden des einzelnen. Ein **Hertz** (Hz) ist dabei eine Schwingung pro Sekunde. Ultraschall beginnt im unhörbaren Bereich oberhalb von 20000 Hz.

Die Schallwelle wird vom umgebenden Medium übertragen und hat eine bestimmte Geschwindigkeit. Die **Schallgeschwindigkeit** in der Luft ist etwa ¼ so groß, wie im Wasser, d.h. Schall pflanzt sich im Wasser 4 x schneller fort.

Schallgeschwindigkeit an Luft:	345 m/s
Schallgeschwindigkeit im Süßwasser:	1485 m/s
Schallgeschwindigkeit im Meerwasser:	1530 m/s

Das liegt daran, daß sich eine Welle viel einfacher in einem Medium übertragen läßt, in dem sich die Moleküle berühren (Wasser) - im Gegensatz zu Gasen.

2.6.2 Wie höre ich beim Tauchen ?

Diese unterschiedlichen Geschwindigkeiten haben natürlich auch Einfluß auf das Hörvermögen unter Wasser:
Die Ohren des Menschen liegen ca. 15 cm auseinander. An der Luft trifft die Schallwelle deshalb leicht zeitlich versetzt auf die Trommelfelle.

Eine von links ankommende Schallwelle kommt erst $\frac{15\,cm}{345\,m/s} = 0{,}0004\,sec$ später am rechten Ohr an. Durch diesen kleinen Zeitunterschied kann der Mensch die Richtung der Schallquelle orten. Da sich nun im Wasser der Schall ca. 4 x schneller ausbreitet, sinkt der Wert auf $0{,}0001\,sec$, den das Ohr nicht mehr genau auflösen kann. Deshalb ist die Richtungsbestimmung unter Wasser fast nicht mehr möglich. Ein gehörtes Motorboot kann sich in einer völlig anderen Richtung befinden, als vermutet.

Deshalb: **Aufgepaßt beim Auftauchen - nicht auf das Gehör verlassen !**

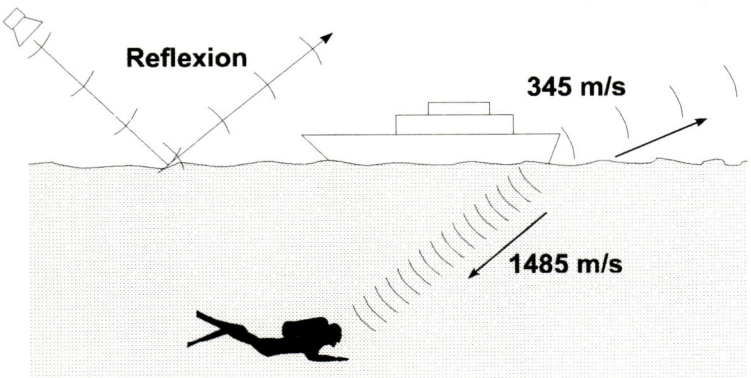

Eine Schallquelle außerhalb des Wassers hören wir beim Tauchen nur deshalb nicht, weil in diesem Frequenzbereich die Schallwellen zum größten Teil an der Wasseroberfläche reflektiert werden (siehe auch 2.5.2).

Da die Schallgeschwindigkeit im Wasser viermal so groß wie in der Luft ist, schätzt man beim Tauchen die Richtung einer Geräuschquelle oft falsch ein.

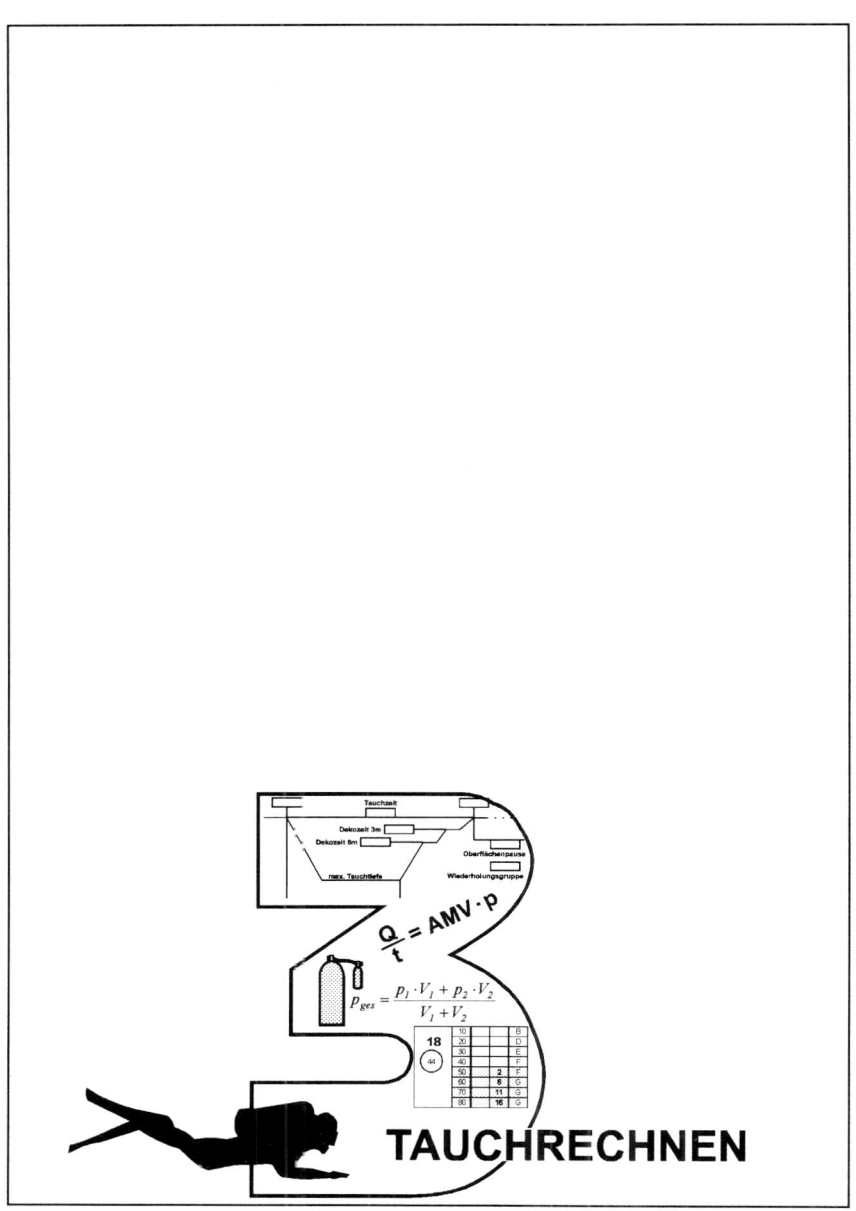

Oh je - wieder rechnen! Aber diesmal orientieren wir uns eng an der Praxis. Zu Beginn werde ich die wichtigsten Begriffe für die Tauchberechnungen ausführlich erklären, danach gehen wir zu den praktischen Berechnungen. Wozu das alles? Es gibt doch Tauchcomputer!

Das ist schon richtig. Auch ich selbst verwende einen Deko-Rechner und möchte ihn nicht mehr missen. Aber vor jeden Tauchgang schätze ich kurz meine maximale Tauchzeit anhand Luftvorrat und angestrebter Tiefe ab. Zusätzlich habe ich immer eine Austauchtabelle in der Jacket-Tasche dabei, um bei Ausfall des Computers mögliche Dekompressionszeiten einhalten zu können. Ich gehe gerne auf Nummer sicher...

3.1 Einige wichtige Grundbegriffe

3.1.1 Luftmenge

Die Luftmenge oder Gasmenge ist ein Begriff, der so, wie wir ihn verwenden werden, nicht in der Physik vorkommt. Bei den Gasgesetzen gibt es den Begriff „Stoffmenge" (Einheit: mol), der die Anzahl der Teilchen in einem Gas angibt. Da wir aber schlecht die Luft-Moleküle in der Preßluftflasche zählen können, hat man die Größe **Luftmenge** geschaffen:

Die Luftmenge ist das Produkt aus (momentanen) Druck und Volumen des Atemgases. Die Einheit ist **Barliter** [barl].

$$\boxed{Luftmenge = Druck \cdot Volumen}$$

$$\boxed{Q = p \cdot V}$$

mit: Q = Luftmenge in [barl]
    p = Druck des Gases in [bar]
    V = Volumen in [Liter]

Dabei hat man definiert, daß 1 Barliter die Luftmenge von 1 Liter trockener Luft bei 1 bar Druck und 18° C ist. Die Luft hat hier eine Dichte von 1,2 kg pro 1000 Liter ($\rho = 1{,}2$ kg/m³).

3.1.2 Atemminutenvolumen

Das **Atemzugvolumen** ist ein typischer Fachbegriff aus dem Tauchen. Er klingt zwar etwas kompliziert, ist aber leicht zu erklären.
Ein Mensch atmet pro Minute ungefähr 10 - 16 mal. Ein Atemzug beinhaltet dabei im Durchschnitt ca. 0,5 Liter Luft. Diesen Luftinhalt bezeichnet man als Atemzugvolumen.
Daraus läßt sich das sogn. **Atemminutenvolumen** (AMV) ableiten:

10 Atemzüge pro Minute · 0,5 Liter = 5 Liter / min
16 Atemzüge pro Minute · 0,5 Liter = 8 Liter / min

Ein normaler Erwachsener braucht also 5 - 8 Liter / min Atemluft in Ruhe.

$$Atemminutenvolumen = Atemfrequenz \cdot Atemzugvolumen$$

mit: Atemminutenvolumen in [Liter / Minute]
Atemfrequenz in [1 / Minute]
Atemzugvolumen in [Liter]

Der Wert von 5 - 8 l / min kann in Streßsituationen oder unter starker körperlicher Belastung bis auf das 20- fache (bis ca. 150 l / min) ansteigen.
Als Beispiel stelle man sich vor, man muß gegen eine starke Strömung anschwimmen. Oder man bekommt einen Schreck bei einer nicht geplanten Hai-Begegnung unter Wasser. In beiden Fällen wird sowohl der Pulsschlag, als auch die Atemfrequenz steigen.
Deshalb geht man bei den meisten Berechnungen von einem Standardwert für Sporttaucher aus:

$$AMV = 25 \ l \ / \ min$$

Man darf das Atemminutenvolumen aber nicht mit der benötigten Luftmenge Q verwechseln. Diese ist von der Tiefe abhängig und wird in Barliter gemessen !
Das AMV hängt ausschließlich von der physischen und psychischen Belastung und der Atemtechnik des Tauchers ab und bezieht sich auf Oberflächendruck 1 bar.

3.1.3 Die Tauchzeit

3.1.3.1 Abtauchen, Grundzeit, Auftauchen

Es gibt beim Tauchen ein paar spezielle Definitionen der Zeiten unter Wasser, die man am einfachsten an einem Diagramm erklärt:

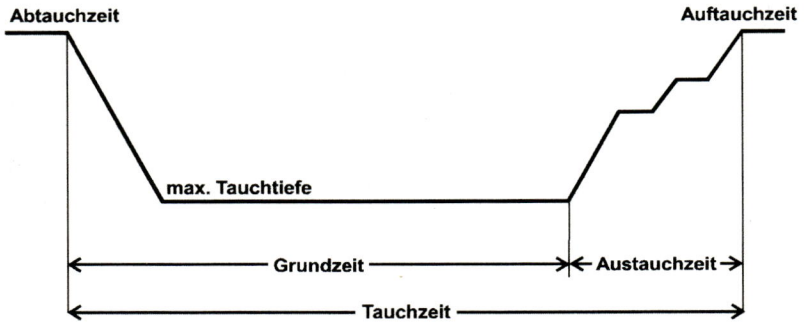

Aus diesem einfachen Tauchprofil können wir die Zeiten ablesen, die wir für die weiteren Berechnungen benötigen:

Abtauchzeit
ist der Zeitpunkt (Uhrzeit), an dem wir die Wasseroberfläche verlassen.

Grundzeit
ist die Zeit vom Verlassen der Oberfläche bis zum Beginn des Austauchens.

Austauchzeit
ist die Zeit vom Verlassen der Tauchtiefe bis zum Erreichen der Oberfläche inklusive aller Auftauchpausen.

Tauchzeit
ist die gesamte Zeit unter Wasser (Abtauchzeit bis Auftauchzeit)

Auftauchzeit
ist der Zeitpunkt (Uhrzeit), an dem wir die Wasseroberfläche wieder erreichen.

Aufstiegszeit
ist die Netto-Zeit des Aufstieges. Errechnet sich aus Aufstiegsgeschwindigkeit und Tauchtiefe.
Bsp.: 25 m : 10 m/min = 2,5 min Aufstiegszeit

3.1.3.2 Nullzeit, Dekompressionszeit

Wie im Kapitel 6.3 beschrieben, sättigt sich der Körper während des Tauchens mit Stickstoff. Dieser kann beim Auftauchen ausperlen, wenn er nicht abgeatmet wird. Dadurch besteht die Gefahr einer Dekompressionskrankheit. Die Stickstoffsättigung ist aber u.a. von der Einwirkzeit unter Druck abhängig, deshalb gibt es einen Grenzwert - die **Nullzeit** -, bei dem man gefahrlos direkt auftauchen kann.

Nullzeit
ist die Grundzeit, die ein Taucher maximal in Anspruch nehmen kann ohne Dekompressionspausen beim Aufstieg einhalten zu müssen.
z.B. 72 min bei maximaler Tauchtiefe von 15 Meter.

Dieser Wert steht in den Austauchtabellen bei der jeweiligen Tauchtiefe oder wird vom Computer angezeigt. Da das Stickstoffsättigungsverhalten aber bei jedem Menschen unterschiedlich ist, kann man den Wert nicht als absolut hinnehmen. Man sollte deshalb die Nullzeit nie bis an die Grenze ausreizen und beim Austauchen trotzdem einen kurzen Sicherheitsstop zum Entsättigen auf 3 - 5 Meter einhalten.

Hat man die Nullzeit überschritten, muß man die Austauchtabelle zu Rate ziehen (oder der Deko- Rechner zeigt die Zeiten an). Um einen Dekompressionsunfall zu vermeiden, sollten tunlichst die angegebenen Sicherheitsstops (Deko- Stops) auf bestimmten Tiefen eingehalten werden.

Dekompressionszeit / Dekozeit
ist die Zeit auf bestimmten Tiefen (3 m, 6 m, 9 m), die laut Tabelle oder Computer zum Entsättigen eingehalten werden muß.
z.B. 5 min auf 3 Meter, die zur Austauchzeit zählen.

3.1.3.3 Vereinfachungen für die Berechnungen

Im Laufe des Physik-Kapitels habe ich schon einige Vereinfachungen einfließen lassen, die wir nun bei den Berechnungen anwenden dürfen. An dieser Stelle möchte ich noch einmal alle Vereinbarungen auflisten:

- Tauchzeiten werden immer auf ganze Zahlen auf- oder abgerundet (jeweils zur sicheren Seite hin).
- Tauchtiefen werden immer auf ganze Zahlen aufgerundet.
- Ortsfaktor oder Fallbeschleunigung der Erde: $g = 10$ N/kg oder 10 m/s².
- 1 kg eines Materials hat eine Gewichtskraft von 10 N.
- Die Dichte von Süß- und Salzwasser ist gleich: $\rho = 1$ kg/l.
- Pro Kilometer Höhe nimmt der Luftdruck um 0,1 bar ab.
- Pro Meter Tiefe nimmt der Wasserdruck um 0,1 bar zu.
- Der absolute Nullpunkt liegt bei - 273 °C.
- Pro Liter verdrängtes Wasser „verliert" ein Körper 10 N Gewichtskraft.
- Für Luftverbrauchsberechnungen wird die gesamte Tauchzeit auf der maximalen Tiefe angenommen. So verschiebt sich die Rechnung automatisch in den sicheren Bereich. Der Luftverbrauch der Dekostops wird separat dazu gerechnet.
- Die Reserveluft wird nie in die Berechnungen einbezogen.

3.2 Atemluft-Berechnungen

3.2.1 Berechnung des Luftvorrats

Bevor wir ins Wasser steigen, müssen wir zuerst den Luftvorrat berechnen, den wir in der Preßluftflasche mitführen. Dieser Wert ist die Grundlage für alle Tauchzeitberechnungen, da wir nur solange unter Wasser bleiben können, wie Luft vorhanden ist.

Der **Luftvorrat** im Preßlufttauchgerät (PTG) ist die mitgeführte **Luftmenge**, die sich aus Druck und Volumen errechnet.

> Der Luftvorrat entspricht der mitgeführten Luftmenge in der Preßluftflasche.

Da wir am Druckmesser des PTG den momentanen Druck in der Flasche ablesen können und wissen, welches Volumen sie hat, kann man ganz einfach die momentane Luftmenge ermitteln. Das läßt sich wieder mit einem Beispiel veranschaulichen

An der Tauchbasis im Urlaub bekommen wir ein 10 Liter PTG. Der Druckmesser zeigt einen Fülldruck von 190 bar. Welchen Luftvorrat haben wir für den Tauchgang?

Geg: $V = 10\ l \quad p = 190\ bar$
Ges: Q

$Q = p \cdot V$
$Q = 190\ bar \cdot 10\ l$
$\boldsymbol{Q = 1900\ barl}$

Wir haben eine Luftmenge von 1900 barl zum Tauchen dabei!

Nach dem ersten Tauchgang haben wir noch 80 bar auf dem Druckmesser stehen. Wie groß ist die Luftmenge für einen zweiten Tauchgang ?

Geg: $V = 10\ l$ $p = 80\ bar$
Ges: Q

$Q = p \cdot V$
$Q = 80\ bar \cdot 10\ l$
$Q = 800\ barl$

Wir haben jetzt nur noch eine Luftmenge von 800 barl in der Flasche !

Üblicherweise finden nur vier Arten von Preßluftflaschen beim Tauchen Anwendung: 10 Liter, 12 Liter, 15 Liter und 2 x 7 Liter.

In der Tabelle zeige ich deshalb für diese vier Typen den Luftvorrat für verschiedene Fülldrücke auf, damit man einen direkten Vergleich hat.

	10 l - PTG	12 l - PTG	2 x 7 l - PTG	15 l - PTG
200 bar	2000 barl	2400 barl	2800 barl	3000 barl
100 bar	1000 barl	1200 barl	1400 barl	1500 barl
50 bar	500 barl	600 barl	700 barl	750 barl

Tabelle 12: Luftvorrat verschiedener PTG

Damit drängt sich geradezu die Erkenntnis auf: Je größer die Flache, umso besser !
Ich kann mit einer 15 l - Flasche zwar länger tauchen, aber ich muß sie an Land auch schleppen! Deshalb bevorzuge ich als Kompromiß das 12 l - PTG, aber das muß jeder selbst herausfinden...

Anmerken möchte ich an dieser Stelle noch kurz, daß es sich bei den Tabellenwerten um Idealwerte handelt! Die reale Luftmenge ist leider nicht so groß. Dazu mehr im Kapitel 2.4.3.

3.2.2 Die Reserve

Wir rechnen in Zukunft immer mit einem Luftvorrat abzüglich der Reserve! Um im Notfall noch auf einen Rest Luft zurückgreifen zu können, ist eine **Reserve von 20%** des maximalen Fülldruckes vorgesehen. Entweder spricht die automatische Reserveschaltung bei diesem Druck an, oder der Zeiger des Druckmessers wandert in den roten Bereich.

Eine 10 Liter- Flasche mit 200 bar maximalem Fülldruck hat deshalb eine Luftreserve von 20% von 2000 barl ≙ 400 barl.

Für unsere Berechnung des Luftvorrates bedeutet das:

> Zur Verfügung stehender Luftvorrat = Luftmenge in Flasche - Reserve

Für das Beispiel aus 3.2.1 bedeutet das:

An der Tauchbasis im Urlaub bekommen wir ein 10 Liter PTG. Der Druckmesser zeigt einen Fülldruck von 190 bar. Der maximal zulässige Fülldruck ist 200 bar. Welchen Luftvorrat haben wir für den Tauchgang nach Abzug der Reserve?

Geg: $V = 10\ l$ $p = 190\ bar$ $p_{max} = 200\ bar$
Ges: Q

$Q = p \cdot V - Q_{Reserve}$
$Q_{Reserve} = 20\ \%\ von\ (p_{max} \cdot V)$
$Q_{Reserve} = 0{,}2 \cdot 200\ bar \cdot 10\ l$
$\mathbf{Q_{Reserve} = 400\ barl}$

$Q = 190\ bar \cdot 10\ l - 400\ barl$
$\mathbf{Q = 1500\ barl}$

Uns steht eine Luftmenge von 1500 barl zur Verfügung!

Nach dem ersten Tauchgang haben wir nun noch 80 bar auf dem Druckmesser stehen. Wie groß ist die Luftmenge für einen zweiten Tauchgang, bei Berücksichtigung der Reserve?

Geg: $V = 10\ l$ $p = 80\ bar$ $Q_{Reserve} = 400\ bar l$
Ges: Q

$Q = p \cdot V - Q_{Reserve}$
$Q = 80\ bar \cdot 10\ l - 400\ bar l$
$Q = 400\ bar l$

Wir haben jetzt nur noch 400 barl zum Tauchen übrig !

Man kann aber auch vor der Luftmengenberechnung 20% vom Fülldruck der Flasche abziehen und mit dem neuen Wert weiterrechnen.
Bsp.: Eine Flasche mit 200 bar Fülldruck abzüglich 20% Reserve (40 bar) gibt 160 bar. Mit diesem Wert rechnen wir dann weiter.

> Wir berechnen den zur Verfügung stehenden Luftvorrat immer abzüglich Reserve! Die Luftreserve beträgt 20% vom maximalen Fülldruck der Flasche.

3.2.3 Berechnung des Luftverbrauches

Der Luftverbrauch richtet sich auf der einen Seite nach unserem **Atemminutenvolumen**, auf der anderen Seite nach dem **Umgebungsdruck**. In großer Tiefe haben wir einen größeren Luftverbrauch, da der Umgebungsdruck größer als an der Wasseroberfläche ist. Genauso hat ein schnell atmender Tauchanfänger einen höheren Luftverbrauch als ein „alter Hase". Auch durch Arbeit, Streß oder Angst steigt schnell das AMV auf höhere Werte, so daß unsere vorher geplante Tauchzeitberechnung hinfällig werden kann.

Die in einer gewissen Tiefe benötigte Luftmenge Q aus der Preßluftflasche errechnet sich ganz einfach aus dem momentanen Atemminutenvolumen des Tauchers multipliziert mit dem Umgebungsdruck und der Zeit.

$$\boxed{Luftverbrauch = Atemminutenvolumen \cdot Umgebungsdruck \cdot Zeit}$$

Als Formel geschrieben:

$$\boxed{Q_V = AMV \cdot p \cdot t}$$

mit: Q_V = Luftverbrauch in [barl]
 AMV = Atemminutenvolumen in [l / min]
 p = Umgebungsdruck in [bar]
 t = Aufenthaltsdauer [min]

Beispiele:

Welchen Luftverbrauch hat ein Mensch mit AMV = 10 l / min an Land in einer Zeit von 5 min ?

Geg: $AMV = 10\ l/min \quad p = 1\ bar \quad t = 5\ min$
Ges: verbrauchte Luftmenge Q_V

$Q_V = AMV \cdot p \cdot t$
$Q_V = 10\ l/min \cdot 1\ bar \cdot 5\ min$
$Q_V = 50\ barl$ in 5 Minuten

Wieviel Luft braucht ein Taucher mit AMV = 25 l / min auf einer Tiefe von 10 m pro Minute?

Geg: AMV = 25 l / min   p = 2 bar (≙ 10 Meter Tiefe)   t = 1 min
Ges: *verbrauchte Luftmenge* Q_V

$Q_V = AMV \cdot p \cdot t$
$Q_V = 25\ l / min \cdot 2\ bar \cdot 1\ min$
Q_V = 50 barl   in einer Minute

Der Taucher hat einen Luftverbrauch von 50 barl pro Minute in einer Tiefe von 10 Meter!

Welches Atemminutenvolumen hat ein Taucher mit einem Luftverbrauch von 100 Barliter pro Minute auf 25 Meter?

Geg: Q_V = 100 barl   p = 3,5 bar (≙ 25 Meter Tiefe)   t = 1 min
Ges: AMV

$Q_V = AMV \cdot p \cdot t$
$AMV = \dfrac{Q_V}{p \cdot t}$ $AMV = \dfrac{100\ barl}{3,5\ bar \cdot 1\ min}$
AMV = 28, 6 l / min

Dieser Taucher hat ein momentanes Atemminutenvolumen von 28, 6 Liter in der Minute.

Der Luftverbrauch richtet sich nach dem momentanen Atemminutenvolumen und dem Umgebungsdruck in einer betrachteten Zeitspanne. Dabei ist das AMV von vielen physischen und psychischen Faktoren abhängig.

3.3 Tauchgangs- Berechnung

3.3.1 Berechnung der Tauchzeit

In den Luftberechnungen Kapitel 3.2 haben wir ausführlich den Luftvorrat und den Luftverbrauch in der Tiefe kennengelernt. Aus diesen zwei Werten können wir nun sehr leicht unsere maximale Tauchzeit berechnen.

$$\boxed{maximale\ Tauchzeit = \frac{mitgeführter\ Luftvorrat}{Luftverbrauch\ pro\ Minute}}$$

Als Formel geschrieben:

$$\boxed{t_{Tauch} = \frac{Q_{mit}}{Q_V / t}}$$

mit: t_{Tauch} = maximale Tauchzeit [min]
Q_{mit} = mitgef. Luftvorrat in [barl]
Q_V = Luftverbrauch in [barl]
t = Zeiteinheit [min]

In einem Beispiel möchte ich die Rechenschritte demonstrieren:

Ein Urlauber bekommt eine mit 200 bar gefüllte 12 l- Flasche und möchte zum Tauchen gehen. Er hat ein AMV von 25 l/min und plant auf maximal 20 Meter zu Tauchen. Wie lange reicht seine Luft für diesen Tauchgang - bei Vernachlässigung der Auf- und Abstiegszeit ?

1. Was ist gegeben ? Geg: $V = 12$ Liter $p_1 = 200$ bar
   $AMV = 25$ l/min $p_2 = 3$ bar ($\hat{=} 20$ m)

2. Was wird gesucht ? Ges: Tauchzeit (t_{Tauch})

3. mitgeführten Luftvorrat errechnen:

$$Q_{mit} = p_1 \cdot V$$
$$Q_{mit} = 200 \, bar \cdot 12 \, l$$
$$\mathbf{Q_{mit} = 2400 \, barl}$$

4. Reserve abziehen:

$$Q_{mit} = 2400 \, barl - 20\%$$
$$\mathbf{Q_{mit} = 1920 \, barl}$$

5. Luftverbrauch pro Minute errechnen:

Formel umstellen:
$$Q_V = AMV \cdot p \cdot t$$
$$Q_V / t = 25 \, l/min \cdot 3 \, bar$$
$$\mathbf{Q_V / t = 75 \, barl / min}$$

6. Tauchzeit:

$$t_{Tauch} = \frac{Q_{mit}}{Q_V / t}$$
$$t_{Tauch} = \frac{1920 \, barl}{75 \, barl / min}$$
$$\mathbf{t_{Tauch} = 25 \, min}$$

Ohne Beachtung der Austauchtabelle könnte der Taucher maximal 25 Minuten mit seinem Luftvorrat auskommen !

Diese Schritte sind ganz leicht einzuprägen, wenn man sich nur merkt:
Wieviel Luft habe ich dabei? Was brauche ich pro Minute auf der gewünschten Tiefe? Beide Werte miteinander dividieren, das Ergebnis ist die Tauchzeit! Für Formelliebhaber können wir auch alles in eine kompakte „Tauchzeit-Formel" packen:

Tauchzeit- Formel:

$$t_{Tauch} = \frac{Q_{mit}}{AMV \cdot p_{Tiefe}}$$

mit: t_{Tauch} = maximale Tauchzeit [min]
       Q_{mit} = mitgef. Luftvorrat in [barl]
       AMV = Luftverbrauch in [l/min]
       p_{Tiefe} = Druck in [bar]

Persönlich bevorzuge ich eine andere Schreibweise der Tauchzeit- Formel, weil ich sie mir so besser merken kann:

$$\frac{Q}{t} = AMV \cdot p$$

„**Q durch t ist AMV mal p**" - das reimt sich und prägt sich gut ein...

> Die maximale Tauchzeit ist der Quotient aus der mitgeführten Luftmenge und dem Luftverbrauch pro Minute (=Atemminutenvolumen mal Druck) in einer gewissen Tiefe.

Übungen:

Wie lange kann ich im Hallenbad auf 5 m Tiefe tauchen, wenn mein 10 l-PTG nur noch 80 bar Restdruck hat (bei Vernachlässigung der Reserve). AMV = 25 l/min

Geg.: $Q = 80 \text{ bar} \cdot 10 \text{ l}$ $AMV = 25 \text{ l/min}$ $p = 1,5 \text{ bar (5 m)}$
Ges.: t

$$\frac{Q}{t} = AMV \cdot p \quad \text{umstellen:} \quad t = \frac{Q}{AMV \cdot p}$$

$$t = \frac{800 \text{ barl}}{25 \text{ l/min} \cdot 1,5 \text{ bar}}$$

$t = 21$ min

Nach 21 Minuten hätte ich das PTG leer geatmet.

Wieviel Restdruck brauche ich in der Flasche (10 l) für meinen Wiederholungstauchgang, wenn ich noch einmal 30 min auf maximal 10 Meter gehen möchte? AMV = 25 l/min

Geg.: $t = 30 \text{ min}$ $AMV = 25 \text{ l/min}$ $p = 2 \text{ bar (10 m)}$
Ges.: Q

$$\frac{Q}{t} = AMV \cdot p \quad \text{umstellen:} \quad Q = AMV \cdot p \cdot t$$
$$Q = 25 \text{ l/min} \cdot 2 \text{ bar} \cdot 30 \text{ min}$$
$$Q = 1500 \text{ barl}$$

Reserve berücksichtigen: Bei 10 l- PTG ist Reserve 400 barl

$Q = 1900$ barl

Ich brauche für diesen Tauchgang einen Flaschendruck von 190 bar, der bei einem Zweittauchgang aber kaum übrig ist !

3.3.2 Was ist ein Tauchprofil?

Für die weiteren Berechnungen müssen wir uns zunächst mit dem Begriff des Tauchprofils auseinandersetzen. In der Zeichnung sehen wir den Tiefenverlauf eines Tauchganges in Bezug auf die Zeit. Wir tragen also in einem Diagramm nach rechts die Zeit ein und nach unten die Tiefe unseres Tauchganges. Diese Zeichnung soll für alle weiteren Tauchzeitberechnungen unsere Basis sein. Üblicherweise ist sie vereinfacht, und folgt nur ungefähr dem realen Verlauf des Tauchganges - aber zur sicheren Seite hin. Es tauchen nun einige neue Begriffe auf, die wir für spätere Tauchgangs- Berechnungen brauchen:

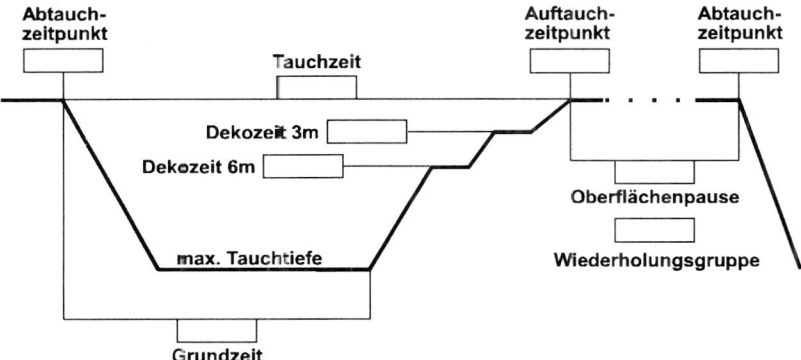

Der **reale Tauchverlauf** sieht etwas anders aus:

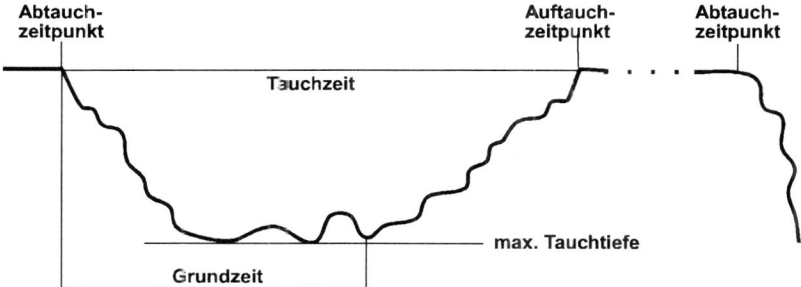

Um immer auf der sicheren Seite zu sein, nehmen wir nur die maximale Tiefe für alle weiteren Berechnungen. Die Grundzeit endet in dem Augenblick, in dem wir mit dem Aufstieg beginnen.

> Das Tauchprofil zeigt einen idealisierten Tiefenverlauf des Tauchgangs mit Zeitangaben. Hier werden die wichtigsten Daten für die Tauchberechnungen anschaulich festgehalten.

3.3.3 Tauchen in der Nullzeit - der Normalfall !

Wie in der Begriffsklärung (Kapitel 3.1) schon definiert, handelt es sich bei der **Nullzeit** um die **Grundzeit**, nach der wir ohne Einhaltung von Dekompressionsstops direkt auftauchen können.

Deshalb planen wir in der Regel alle unsere Tauchgänge als „Nullzeit-Tauchgänge", um jedes Risiko einer Dekompressionskrankheit aus dem Wege zu gehen. Zusätzlich wird ein kurzer Sicherheitsstop beim Auftauchen auf 3 - 5 m Tiefe empfohlen.

Wie kommen wir aber nun zur Nullzeit ?

Dazu gibt es drei Möglichkeiten:
- Information vom Tauchcomputer / Dekompressiometer
- Ablesen aus Austauchtabelle
- Abschätzen durch Nullzeit-Faustformel (veraltet !)

3.3.3.1 Nullzeit vom Tauchcomputer

Die erste Möglichkeit ist wohl die einfachste und mittlerweile am weitesten verbreitete Methode. Der mitgeführte Tauchcomputer gibt uns während des Tauchganges alle relevanten Informationen, die er aktuell aus dem momentanen Tauchprofil errechnet. Dazu werden komplizierte Modelle vom menschlichen Stickstoff-Sättigungsverhalten herangezogen und versucht alle möglichen Besonderheiten (Jo-Jo-Profil, Kälte...) mit einzurechnen (neuere Modelle). Auf der Anzeige können wir jetzt die verbleibende Nullzeit ablesen, die sich wie beim „Countdown" ständig verringert.

Aber leider gibt es noch nicht *den* Computer für jeden Taucher. Wie wir im Kapitel „Tauchmedizin" erfahren werden, „sättigt" sich jeder Mensch unterschiedlich, so daß ein Rechner nur idealisierte Durchschnittswerte verwenden kann.
Also bitte: Keinem Rechner „blind" vertrauen !
Ist der Tauchgang sehr anstrengend, weil wir gegen die Strömung schwimmen oder das Wasser besonders kalt ist, dürfen wir den angegebenen Nullzeitwert nicht mehr als Sicherheitsgrenze sehen. In diesen Fällen möchte ich davon abraten, die Nullzeit bis zum Ende auszunützen. Beginnen Sie 5 - 10 Minuten vor Ablauf der Nullzeit mit dem Aufstieg und denken Sie an einen Sicherheitsstop. Nur dann sind Sie auf der sicheren Seite !
Anmerken möchte ich allerdings, daß es mittlerweile Computer mit ausgefeilten Programmen gibt, die Kälte und Atemfrequenz über eine Verbindung mit der 1. Stufe des Lungenautomaten erkennen und diese Werte mit in die Berechnungen einbeziehen. Aber dennoch bleibt es nur ein Rechenmodell eines Durchschnittstauchers...

3.3.3.2 Ablesen aus der Austauchtabelle

Dazu nehmen wir eine aktuelle Austauchtabelle zur Hand (siehe Anhang 7.5 - DECO '92). Unter der jeweiligen Tauchtiefe steht kleiner gedruckt ein Zahlenwert in Minuten, unsere Nullzeit (hier: 44 min bei 18 Meter)

Entweder planen wir vor dem Tauchgang eine maximale Tiefe, an die wir uns natürlich tunlichst halten werden, und lesen die maximale Grundzeit vorher ab. Oder wir haben während des Tauchens eine wasserfeste Austauchtabelle dabei, die wir unter Wasser ablesen um die Nullzeit bestimmen zu können.

Tiefe →	18	10		B
		20		D
		30		E
	44	40		F
Nullzeit		50	2	F
in Minuten		60	6	G
		70	11	G
		80	16	G

Zum Ablesen der Tabelle gelten einige Grundregeln:

- Liegt unsere Grundzeit noch in der angegebenen Nullzeit, können wir ohne Dekompressionsstops austauchen (mit höchstens 10 m/min Aufstiegsgeschwindigkeit).

- Liegt die Tauchtiefe zwischen zwei Tabellenwerten, lesen wir bei der größeren Tiefe ab (Bsp.: 16 Meter Tiefe... Nullzeit bei 18 Meter ablesen).
- Bei Gewässern mit sehr niedrigen Temperaturen lesen wir sicherheitshalber in der nächst höheren Tiefenstufe die Nullzeit ab.
- Bei großer Anstrengung unter Wasser (schwere Arbeit, Strömung...) rechnen wir 50% zur Grundzeit dazu und lesen den neuen Wert ab (z.B.: momentane Grundzeit bei großer Anstrengung: 10 min....Tabellenwert für 15 min suchen).

Zum Abschätzen der Rest- Nullzeit rechen wir einfach den Tabellenwert mal 2/3. So bekommen wir eine verkürzte Nullzeit für anstrengende Tauchgänge (Bsp.: Statt 44 min auf 18 m....nur noch $44 \cdot 2/3 = 29$ min auf 18 m bei großer Anstrengung).

3.3.3.3 Nullzeit-Faustformel „Neunziger- Regel"

Diese Faustformel wurde lange Zeit gelehrt und darf der Vollständigkeit halber hier nicht fehlen - obwohl sie heute kaum mehr verwendet wird. Die Formel diente früher dem groben Abschätzen der Nullzeit, wenn keine Tabelle greifbar war. Wie wir aber in der Gegenüberstellung sehen werden, ist der Wert viel zu ungenau. Da aber hin und wieder noch von der „Neunziger-Regel" gesprochen wird, möchte ich sie meinen Lesern nicht vorenthalten:

$$\boxed{Nullzeit = (90 - doppelte\ maximale\ Tauchtiefe) - 10}$$

Bsp.: Welche Nullzeit haben wir in einer Tiefe von 25 Meter nach der Faustformel?

Nullzeit = 90 min - (2 · 25) min - 10 min
Nullzeit = 30 min

Am Besten zeigt eine Gegenüberstellung mit dem Nullzeitwert aus der Austauchtabelle den zweifelhaften Nutzen der Faustformel:

Tiefe	Tabelle	90 - (2 x Tiefe) - 10
15 m	72 min	50 min
20 m	51 min	40 min
25 m	18 min	30 min
30 m	14 min	20 min
35 m	10 min	10 min
40 m	7 min	0 min

Tabelle 15: Nullzeiten

Fazit: Der Wert ist gerade im mittleren Tauchbereich viel zu hoch (auch nach Abzug der 10 Minuten Sicherheit), so daß auf den so errechneten Nullzeitwert kein Verlaß ist!
Aus diesem Grunde verwenden wir die Faustformel *nicht* !

3.3.3.4 Beispielrechnungen

Als Beispiel demonstriere ich schrittweise die Berechnung eines Tauchganges mit Zuhilfenahme der Austauchtabelle DECO '92. Dabei soll in der Nullzeit getaucht werden.

1. Zeitpunkt des Abtauchens festhalten / Drehring der Uhr einstellen
   Abtauchen um 11.00 Uhr

2. Bei Erreichen der maximalen Tiefe Nullzeit bestimmen:
   Tiefe 25 Meter
   Ablesen bei nächster Zeitstufe:
   hier bei 27 m ·
   max. Grundzeit = 18 Minuten

27	5			B
	10			C
	15			D
18 ·	20		1	E
	25		4	F
	30		8	F
	35	2	11	G
	40	4	14	G
	45	6	18	G
	50	9	20	G

3. Beginn des Austauchens innerhalb der Nullzeit:
   Beginn Austauchen: 11.16 Uhr

4. **Langsamer Aufstieg (10 m/min) + Sicherheitsstop (2 min auf 3 m)**
   Austauchzeit: 2,5 min + 2 min = 5 min

5. **Auftauchzeit:**
   Auftauchen um 11.21 Uhr
   Gesamt- Tauchzeit: 21 Minuten

Weiteres Übungsbeispiel:

Wir planen an Land die Erforschung eines Bootswracks in 16 Meter Tiefe. Der klare See ist sehr kalt. Wie groß ist unsere maximale Grundzeit?

Geg.: Tiefe = 16 m, kaltes Gewässer   Ges.: Nullzeit

Wegen kaltem Wasser lesen wir nicht bei 18 m, sondern bei 21 m in der Austauchtabelle nach. Hier: Nullzeit = 31 min

Nach maximal 31 Minuten muß mit dem Austauchen begonnen werden!

Für Prüfungsaufgaben wird zusätzlich zur Nullzeit noch nach dem Luftvorrat und Verbrauch gefragt. Das läßt sich durch Verwendung der Tauchzeitformel in Kombination mit der Tabelle leicht lösen.

Beispiel Tauchgangsberechnung in Nullzeit:

Ein Taucher möchte vor Elba in 28 Meter Tiefe die schwarzen Gorgonien fotografieren und dazu die (maximal mögliche) Nullzeit ausnützen. Reicht ihm dazu sein Luftvorrat von 1500 barl in der 10 l- Flasche, bei einem AMV von 25 l/min ?

Geg.: Tiefe = 28 m   3,8 bar Q_{mit} = 1500 barl   AMV = 25 l/min
Ges.: Nullzeit, Luft

   Nullzeit in Tabelle ablesen: (hier bei 30 m: 14 min)
   Nullzeit = 14 min

Tauchzeit = Grundzeit + Austauchzeit
Austauchzeit = 28 m : 10 m/min = 2,8 min $\hat{=}$ 3 min
t = 14 min + 3 min
t = 17 min

Luftvorrat Q_{mit} = 1500 barl abzüglich Reserve
Q = Q_{mit} - 20% von maximaler Luftmenge
Q = 1500 barl - 400 barl
Q = 1100 barl

Prüfung der maximalen Tauchzeit:
$$t = \frac{Q}{AMV \cdot p}$$
$$t = \frac{1100 \; barl}{25 \; l/min \cdot 3,8 \; bar}$$
t = 11 min

Da der Luftvorrat nur für 11 Minuten Gesamttauchzeit reicht, kann die Nullzeit auf 28 Meter nicht ausgenützt werden.

Wie lange darf er sich, inkl. Abtauchzeit, auf der Tiefe von 28 Meter aufhalten, wenn sein Luftvorrat nur für eine Gesamttauchzeit von 11 Minuten reicht (bei Berücksichtigung eines kurzen 1 min- Sicherheitsstops)?

Geg.: t = 11 min   Tiefe = 28 Meter
Ges.: Grundzeit

Zur Verdeutlichung zeichnen wir uns ein Tauchprofil:

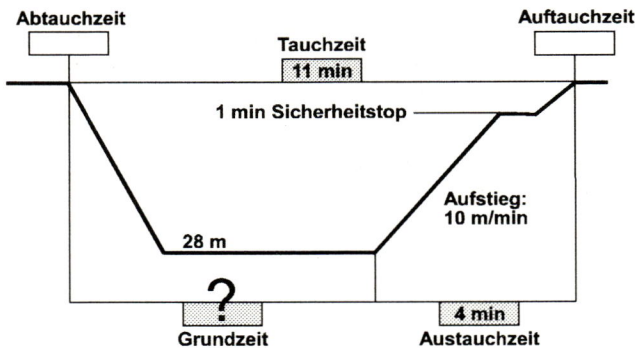

Tauchzeit = Grundzeit + Austauchzeit
Austauchzeit = Aufstiegszeit (10 m/min) + Sicherheitsstop
Austauchzeit = 2,8 min + 1 min ≈ 4 min

Grundzeit = Tauchzeit - Austauchzeit
Grundzeit = 11 min - 4 min
Grundzeit = 7 min

Der Taucher kann mit seinem Luftvorrat 7 Minuten inkl. Abtauchzeit auf 28 Meter verbringen.

Die Nullzeit ist die Grundzeit, die ein Taucher maximal in Anspruch nehmen kann ohne Dekompressionspausen beim Aufstieg einhalten zu müssen. Sie ist mit Hilfe einer aktuellen Austauchtabelle oder Computer zu bestimmen.

3.3.4 Tauchen mit Dekompressionsstop - die Ausnahme !

Was ist nun, wenn die Nullzeit beim Tauchen überschritten wird ?
Der Körper ist dann so sehr mit Stickstoff gesättigt, daß wir nicht mehr direkt aus der Tiefe an die Wasseroberfläche auftauchen dürfen (siehe auch Kapitel 6.3.1 und 2.2.7). Wir müssen dazu auf gewissen Tiefen Sicherheitsstops, die **Dekompressionspausen**, einhalten. Die Tiefe und Dauer kann man wieder aus der Tabelle ablesen oder der Computeranzeige entnehmen.

3.3.4.1 Dekompressionspausen vom Tauchcomputer

Wir tauchen ein beliebiges Profil und der Computer warnt uns, wenn wir die Nullzeit überschritten haben. Dann schaltet er in den Deko- Modus um und gibt Informationen über die einzuhaltenden Pausen an. „Dive and forget" - einfacher geht es nicht...
Aber an dieser Stelle möchte ich noch einmal warnen: Auch wenn der Tauchcomputer noch so modern ist und die besten Rechenmodelle besitzt, so läßt sich doch nicht jeder Mensch gleich berechnen. Und kein Hersteller wird jemals die Garantie geben, daß es mit seinem Tauchcomputer niemals ein Dekompressionsunfall geben kann. Deshalb: Mitdenken, zusätzliche Sicherheitsstops berücksichtigen, bei Kälte und Anstrengung eine extra Reserve einplanen !

3.3.4.2 Dekompressionspausen aus der Austauchtabelle

Diese Methode gehört zum wichtigsten Rüstzeug eines jeden Tauchers. Der Umgang mit der Austauchtabelle muß beherrscht werden. Es gibt Tauchbasen, die Taucher nur mit Rechner und Tabelle mit ins Wasser nehmen.

Wir blicken dazu wieder auf die Austauchtabelle DECO '92 im Anhang:

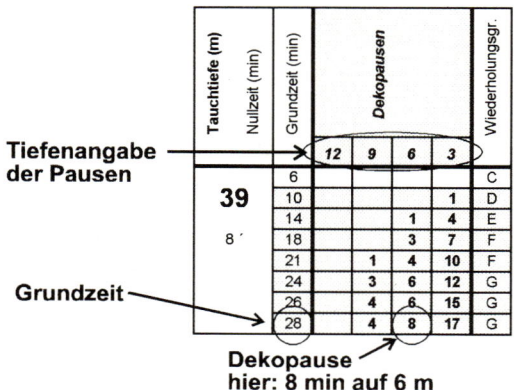

In der Spalte Grundzeit lesen wir unsere Zeit (inkl. Abtauchzeit) auf der entsprechenden maximalen Tiefe ab. In der Zeile rechts daneben stehen die Zeiten für die Dekompressionspausen auf verschiedenen Tiefen. Dahinter steht ein Buchstabe (**Wiederholungsgruppe**), den wir uns merken.

Z.B.: Nach dem Verweilen auf der maximalen Tiefe von 39 Metern, haben wir eine Grundzeit von 28 Minuten (bevor wir mit dem Austauchen beginnen). Lesen Sie die Dekompressionspausen aus der Tabelle.

Bei Grundzeit von 28 Minuten auf 39 m:
1. Dekostop von 4 min auf 9 m
2. Dekostop von 8 min auf 6 m
3. Dekostop von 17 min auf 3 m

Wiederholungsgruppe G

Die Gesamttauchzeit verlängert sich nun um die Zeiten der Dekompressionspausen. Der Buchstabe der Wiederholungsgruppe ist für uns von Bedeutung, wenn wir in der nächsten Zeit einen weiteren Tauchgang machen (dazu mehr unter 3.3.5) oder den Heimflug aus dem Tauchurlaub antreten wollen.

Dazu schauen wir in die Tabelle für Oberflächenpausen und können hinter dem entsprechenden Buchstaben die Wartezeit auslesen, vor der wir nicht Fliegen dürfen.

Wiederholungs-gruppe	Oberflächenpause (h.min)							✈
G	.5	.30	1.00	2.00	3.00	4.00	6.00	36 h
F		.15	.30	1.30	2.15	3.00	4.00	30 h
E			.15	.30	1.00	2.00	3.00	24 h
D				.15	.30	1.00	2.00	18 h
C					.15	.45	2.00	12 h
B						.30	1.30	6 h

↑ **Buchstabe aus Deko-Tabelle**   ↑ **Flugverbotszeiten**

Unser Beispiel: *Bei Wiederholungsgruppe „G" darf in den nächsten 36 Stunden nicht geflogen werden !*

Da wir an Land immer noch eine Restsättigung haben und diese größer ist, je tiefer und länger wir tauchen waren, müssen wir an das Flugverbot für die angegebene Zeit denken. Da der Kabinendruck unter dem Druck von 1 bar liegt, kann es auch hier noch zu einem ungewollten Ausperlen von Stickstoff kommen. Und während des Fluges kann uns keiner helfen...

Auch beim Ablesen der Dekompressionspausen gilt wieder das Sicherheitsprinzip:

- ◆ Liegt die Tauchtiefe zwischen zwei Tabellenwerten, lesen wir bei der größeren Tiefe ab (Bsp.: 37 Meter Tiefe ... bei 39 Meter ablesen).
- ◆ Bei Gewässer mit sehr niedrigen Temperaturen lesen wir in der nächst höheren Zeitstufe die Zeiten ab.

- Bei großer Anstrengung unter Wasser (schwere Arbeit, Strömung...) rechnen wir 50% zur Grundzeit dazu und lesen den neuen Wert ab (z.B.: momentane Grundzeit bei großer Anstrengung: 10 min....Tabellenwert für 15 min suchen).
- Liegt die Grundzeit zwischen zwei Tabellenwerten, lesen wir bei der längeren ab (z.B.: Grundzeit 22 Minuten auf 39 m... Ablesen bei 24 min).

3.3.4.3 Beispielrechnung

Als Beispiel zeige ich wieder schrittweise die Berechnung eines Tauchganges mit der Austauchtabelle DECO '92:

1. <u>Zeitpunkt des Abtauchens festhalten / Drehring der Uhr einstellen</u>
Abtauchen um 11.00 Uhr

2. <u>Bei Beginn des Austauchens die Grundzeit bestimmen:</u>
Beginn des Austauchens: 11.31 Uhr
Grundzeit = 31 Minuten

3. <u>Ablesen der Dekompressionspausen aus der Tabelle:</u>
Tiefe 25 Meter
Ablesen bei nächster Zeitstufe:
hier bei 27 m :
Nullzeit (18 Minuten) überschritten
Grundzeit = 31 Minuten
Ablesen bei 35 Minuten:
1. Dekostop: 2 min auf 6 m
2. Dekostop: 11 min auf 3 m

Tauchtiefe (m)	Nullzeit (min)	Grundzeit (min)	Dekopausen			Wiederholungsgr.
			9	6	3	
27	18´	5				B
		10				C
		15				D
		20			1	E
		25			4	F
		30			8	F
		35		2	11	G
		40		4	14	G
		45		6	18	G
		50		9	20	G

4. <u>Langsamer Aufstieg (10 m/min) + Dekostops (2 min + 11 min)</u>
Austauchzeit: 2,5 min + 13 min ≙ 16 min

5. <u>Auftauchzeit:</u>
Auftauchen um 11.47 Uhr
Gesamt- Tauchzeit: 47 Minuten

6. Buchstabe der Wiederholungsgruppe = G
Nachlesen in Tabelle für Oberflächenpause:
„G" heißt 36 Stunden Flugverbot !

Für die Berechnung des Luftverbrauchs nehmen wir die Grundzeit und Zeit für Aufstieg unter dem Druck der maximalen Tiefe an. Dazu addieren wir den Verbrauch der Dekozeiten unter dem jeweiligen Druck auf den einzelnen Dekostufen.

Benötigte Luftmenge = Luftverbrauch (Grundzeit + Aufstiegszeit)
+ Luftverbrauch (Dekompressionspausen)

Am besten kann man den Sachverhalt wieder mit einer Rechnung demonstrieren:

Zu obigem Deko- Tauchgang von 11.00 - 11.47 Uhr soll geprüft werden, ob der mitgeführte Luftvorrat (15 l PTG mit 200 bar) ausreicht.
AMV = 25 l/min.

Geg.: Q_{mit} = 3000 barl   AMV = 25 l/min   max. Tiefe = 25 m
   Grundzeit = 31 Minuten   Aufstiegszeit: 2,5 min (10 m/min)
   1. Dekostop: 2 min auf 6 m
   2. Dekostop: 11 min auf 3 m

Ges.:   Luftverbrauch < Luftvorrat ?

1. Eintrag aller bekannten Werte in Tauchprofil

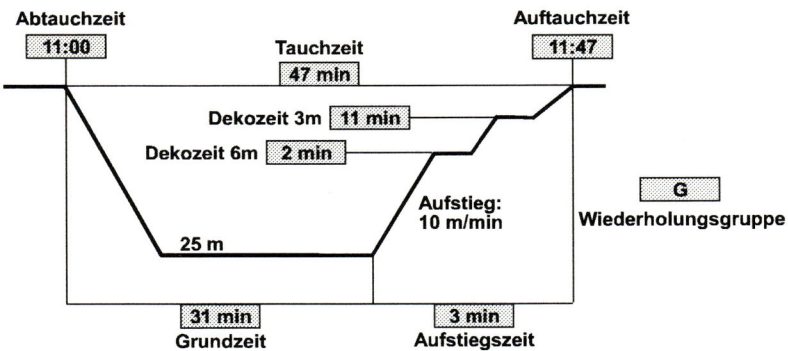

2. Berechnen der benötigten Luftmenge für Grundzeit + Aufstiegszeit

t = Grundzeit + Aufstiegszeit
t = 31 min + 3 min (2,5 min) t = 34 min
$Q_1 = AMV \cdot p \cdot t$ mit: p = 3,5 bar (25 m als max. Tiefe)
Q_1 = 25 l/min · 3,5 bar · 34 min
Q_1 = 2975 barl

3. Berechnen der benötigten Luftmenge für Dekompressionspausen

1. Stop: 2 min auf 6 m
$Q_2 = AMV \cdot p \cdot t$ mit: p = 1,6 bar (6 m)
Q_2 = 25 l/min · 1,6 bar · 2 min
Q_2 = 80 barl

2. Stop: 11 min auf 3 m
$Q_3 = AMV \cdot p \cdot t$ mit: p = 1,3 bar (3 m)
Q_3 = 25 l/min · 1,3 bar · 11 min
Q_3 = 358 barl

4. Gesamt- Luftverbrauch
$Q_V = Q_1 + Q_2 + Q_3$
$Q_V = 2975 \; barl + 80 \; barl + 358 \; barl$
$Q_V = 3413 \; barl$

5. Mitgeführte Luftmenge
$Q_{mit} = 3000 \; barl \; abzüglich \; Reserve \; (20\%)$
$Q_{mit} = 3000 \; barl - 600 \; barl$
$Q_{mit} = 2400 \; barl$

6. Prüfen ob Luftvorrat reicht
$Q_{mit} - Q_V$
$2400 \; barl - 3413 \; barl = -1013 \; barl$

Es fehlen 1013 barl ! Auch mit Reserve würde die Luft für diesen Tauchgang nicht ausreichen !

Berechnen Sie nun die Grundzeit, die der Taucher maximal auf 25 m ausnützen kann, wenn er einen Luftvorrat von 3000 barl Luft hat.

Geg.: Tiefe = 25 Meter Q_{mit} = 3000 barl abzüglich Reserve = 2400 barl
Ges.: Grundzeit

Prüfung maximaler Tauchzeit ohne Dekostops:
$$t = \frac{Q}{AMV \cdot p} \qquad t = \frac{2400 \; barl}{25 \; l/min \cdot 3{,}5 \; bar}$$
$t = 27 \; min$

Tauchzeit = Grundzeit + Aufstiegszeit (10 m/min)
Grundzeit = Tauchzeit - Aufstiegszeit
Grundzeit = 27 min - 3 min
Grundzeit = 24 min

Prüfung ob Deko- Pflicht:
Da 24 min auf 25 m zusätzlich einen Dekostop von 4 min voraussetzt, reicht die Luft nicht aus. Deshalb muß die nächst tiefere Grundtauchzeitstufe überprüft werden:
20 min mit Dekostop (1 min auf 3 m)

Luftverbrauch = Luftverbrauch (Grundzeit + Aufstiegszeit) + Luftverbrauch (Dekompressionspausen)

Q = 25 l/min · 3,5 bar · (20 min + 3 min)
+ 25 l/min · 1,3 bar · 1 min
Q = 2045 barl < Luftvorrat (2400 barl)

Es kann mit dem Luftvorrat 20 min auf 25 m getaucht werden !

Dekompressionszeit ist die Zeit auf bestimmten Tiefen (3 m, 6 m, 9 m), die laut Tabelle oder Computer zum Entsättigen eingehalten werden muß. Der Aufenthalt auf diesen angegebenen Tiefenstufen muß unbedingt befolgt und darf nicht verkürzt werden! Die Pausen sind bei der Luftvorrats- Berechnung zu berücksichtigen.

3.3.5 Wiederholungstauchgang

Wird innerhalb einer bestimmten Zeit ein zweiter Tauchgang durchgeführt, so wird dieser als Wiederholungstauchgang bezeichnet. Da im Körper noch eine Stickstoff- Restsättigung vorherrscht, wird ein fiktiver Zeitzuschlag auf die Grundzeit addiert, mit dem man auf längere Austauchzeiten kommt. Wie groß der Zeitzuschlag ist, hängt von der Dauer des ersten Tauchganges und von der Länge der Pause zwischen dem Tauchen (**Oberflächenpause**) ab. Nach dem ersten Tauchgang haben wir einen Buchstaben, die **Wiederholungsgruppe**, aus der Tabelle gelesen. Mit diesem und der Zeit der Oberflächenpause wird der Zeitzuschlag abgelesen:

Tabelle für Oberflächenpausen und Wiederholungstauchgänge:

Wiederholungs-gruppe	Oberflächenpause (h.min)							→
G	.15	.30	1.00	2.00	3.00	4.00	6.00	36 h
F		.15	.30	1.30	2.15	3.00	4.00	30 h
E			.15	.30	1.00	2.00	3.00	24 h
D				.15	.30	1.00	2.00	18 h
C					.15	.45	2.00	12 h
B						.30	1.30	6 h

Tiefe des Wiederholungstauchganges (m)						
9	163	158	149	134	103	70
12	80	79	75	56	28	19
15	61	50	47	32	13	10
18	39	37	34	22	11	8
21	31	29	27	17	9	7
24	26	24	23	14	8	6
27	23	21	19	12	8	5
30	20	18	17	10	7	5
33	18	16	15	9	6	4
36	16	15	13	7	5	4
39	14	13	12	6	5	3
42	13	12	11	5	5	3
45	12	11	10	5	4	3
48	11	10	9	4	4	3
51	11	9	8	3	3	2
54	10	8	7	3	3	2
57	9	7	6	2	2	2
60	8	7	6	2	2	2
63	7	6	5	2	2	2

Zeitzuschlag zur Grundzeit (min)

Haben wir z.B. nach dem ersten Tauchgang die Wiederholungsgruppe „E" und wollen nach 50 min wieder tauchen, können wir für die angestrebte Tauchtiefe den Zeitzuschlag ablesen. Hier: bei 15 m...+ 32 min.

Wir müssen nun beim zweiten Tauchgang einfach 32 Minuten zur tatsächlichen Grundzeit addieren, und mit dem neuen Wert die Tabelle für die Austauchzeiten ablesen.

Dabei gelten folgende Regeln:

- Ist eine Oberflächenpause genau so lang, wie ein Wert in der Tabelle, wird immer in der Spalte davor abgelesen (Bsp.: Oberflächenpause 1.00 h ...ablesen zwischen 0.30 h und 1.00 h)
- Ist die Oberflächenpause gleich oder kürzer als der kleinste Wert in der Tabelle, gilt der Tauchgang als nicht unterbrochen. Die Grundzeiten müssen addiert und die größte Tauchtiefe zur Berechnung herangezogen werden.
- Liegt die Tauchtiefe des Wiederholungstauchganges zwischen zwei Tabellenwerten in der Zeitzuschlagstabelle, nehmen wir den Wert für die größere Tiefe (Bsp.: Tiefe 13 m ... ablesen bei 15 m)
- Nach Beendigung des Wiederholungstauchganges ergibt sich eine neue Wiederholungsgruppe aus der Dekotabelle des letzten Tauchganges.
- Die Zeit des Flugverbots ergibt sich aus der neuen Wiederholungsgruppe des letzten Tauchganges.
- Wiederholungstauchgänge sollten immer in geringerer Tiefe als der vorangegangene Tauchgang stattfinden.

Wir nehmen nun wieder die Tabelle DECO '92 zur Hand und gehen vom vorangegangenen Beispiel aus. Dazu zeichnen wir erst ein Tauchprofil und beschriften es mit allen relevanten Daten, die schon bekannt sind. Für die neu zu bestimmenden Werte lassen wir die Felder frei:

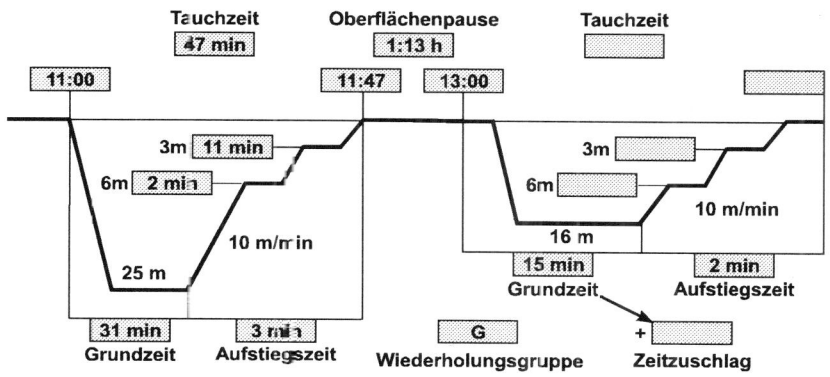

1. Zeitpunkt des geplanten 2. Abtauchens festhalten
   Abtauchen um 13.00 Uhr

2. Geplante Grundzeit / geplante Tiefe
   Grundzeit = 15 Minuten   Tiefe = 16 Meter

3. Oberflächenpause feststellen / Zeitzuschlag aus Tabelle lesen:
   *Oberflächenpause = 1:13 h , Wiederholungsgruppe G
   Aus Tabelle „Zeitzuschlag zur Grundzeit":
   Ergibt: + 34 min*

4. Ablesen der Dekopausen aus Tabelle:
   *Tiefe 16 m - Ablesen bei 18 m
   Grundzeit = 15 min + 34 min*
   Grundzeit = 49 min
   *Ablesen bei 50 Minuten:
   1. Dekostop: 2 min auf 3 m*

5. Langsamer Aufstieg (10 m/min) + Dekostop (2 min)
   Austauchzeit: 2 min + 2 min = 4 min

6. Auftauchzeit:
   Gesamt- Tauchzeit: **15 min** *+ 4 min = 19 min*
   (Berechnung mit realer Grundzeit!)
   Auftauchen um 13.19 Uhr

7. Neuer Buchstabe der Wiederholungsgruppe = F
   Nachlesen in Tabelle für Oberflächenpause:
   „F" heißt 30 Stunden Flugverbot!

Die Luftverbrauchsrechnung wird hier wieder genauso, wie bei einem einzelnen Deko-Tauchgang durchgeführt. Wir berechnen den Luftverbrauch bei jedem Tauchgang extra. Dabei müssen wir nur auf eines achten: Der fiktive Zeitzuschlag beim Wiederholungstauchgang wird *nicht* mit in die Tauchzeit- und somit in die Luftverbrauchsrechnung einbezogen.

Als Wiederholungstauchgänge werden alle Tauchgänge bezeichnet, für die sich ein fiktiver Zeitzuschlag auf die Grundzeit (aus der Tabelle) ergibt.

3.3.6 Bergsee-Tauchen

Was macht es für einen Unterschied in einem Bergsee oder im Meer zu tauchen? Abgesehen von der Wassertemperatur und der Sicht gibt es noch einen ganz erheblichen Unterschied, den wir nicht vernachlässigen dürfen: Mit zunehmender Höhe nimmt der Luftdruck ab. Da sich der Umgebungsdruck unter Wasser aus Wasserdruck + Luftdruck zusammensetzt, ergeben sich für den Taucher völlig andere Bedingungen.

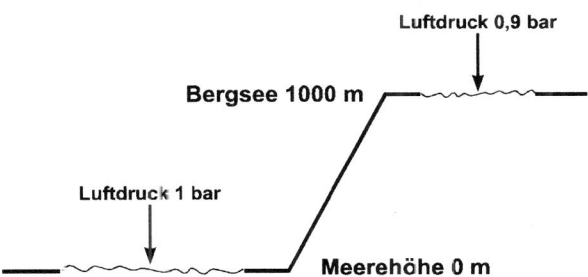

Durch die Änderung des Umgebungsdruckes in der Tauchtiefe und den anfangs geringeren Luftdruck ändert sich das Partialdruckgefälle von Stickstoff im Körper. Eine andere Berechnungsgrundlage für die Austauchstufen wird notwendig, d.h. eine strengere Dekompressionstabelle muß eingesetzt werden.

Dazu haben wir wieder drei Möglichkeiten:
- Information vom Tauchcomputer / Dekompressiometer
- Ablesen aus Bergsee-Austauchtabelle
- Berechnung eines Bergsee-Umrechnungsfaktors für Standard-Tabelle

3.3.6.1 Tauchcomputer

Die meisten Tauchcomputer können für das Tauchen in höheren Lagen umgestellt werden. Die genaue Vorgehensweise für die Einstellung des Bergsee-Programms kann man der Bedienungsanleitung entnehmen.

3.3.6.2 Bergsee-Austauchtabellen

Für die manuelle Berechnung werden heutzutage nur noch spezielle Bergsee-Austauchtabellen herangezogen. Im Anhang 7.5 ist zusätzlich zur Standardtabelle die DECO '92 für 701 - 1500 m über N.N. abgedruckt. Möchte jemand in noch höheren Lagen (über 1500 m) tauchen gehen, so kann er dafür spezielle Tabellen im Fachhandel beziehen.
Für das Arbeiten mit der Bergsee-Tabelle gelten die gleichen Regeln, wie für die Standard- Tabelle (siehe 3.3.4.2).

3.3.6.3 Berechnung eines Bergsee-Umrechnungsfaktors

Diese Art der Bergsee-Berechnung waren vor einigen Jahren Grundlagenwissen für die Tauchausbildung. Mittlerweile greift man aber nur noch auf die speziellen Tabellen zurück. Hat man einmal keine entsprechende Bergseetabelle zur Hand, kann man sich dennoch mit einer kleinen Berechnung behelfen:

Wir gehen von der Faustformel für die Luftdruckberechnung aus (siehe auch Kapitel 2.1.5.2):

> Pro Kilometer Höhe nimmt der Luftdruck um 0,1 bar ab.

Der Umrechnungsfaktor - ich nenne ihn „**Bergseefaktor BF**" - errechnet sich aus dem Druckverhältnis Höhe NN zu momentaner Höhe:

$$Bergseefaktor = \frac{Luftdruck\ Höhe\ NN}{Luftdruck\ mom.\ Höhe}$$

als Formel:

$$BF = \frac{p_{NN}}{p}$$

mit: BF = Bergseefaktor [ohne Einheit]
p_{NN} = Luftdruck NN [bar]
p = mom. Luftdruck in [bar]

Bsp.: *Wie groß ist der Umrechnungsfaktor für einen See in 2500 m Höhe ?*

Druck auf 2500 m lt. Faustformel: 0,75 bar
Druck NN: 1 bar

BF = 1 / 0,75   **BF = 1,333**

Mit diesem Faktor wird nun die reale Tauchtiefe für das Ablesen in der normalen Dekotabelle (0 - 700 m) korrigiert:

Tiefe fiktiv = Tiefe real · BF

Die neue Tiefe, für die die Tauchtabelle abgelesen werden muß, wird also immer größer sein; damit sinkt die Nullzeit und es ergeben sich längere Austauchzeiten. Mit diesem Trick haben wir auf einfachem Wege die normale Dekotabelle für das Bergseetauchen modifiziert.

Bsp.: *Unter welcher fiktiven Tiefe lesen wir in der Dekotabelle nach, wenn wir planen auf 30 m zu tauchen? BF = 1,333*

Tiefe fiktiv = 30 m · 1,333 = 40 m

Unter dieser neuen Tiefe müssen wir die Austauchstufen und -zeiten aus der Dekotabelle (0- 700 m) entnehmen. Da wir von einem niedrigeren Luftdruck ausgehen, ändern sich auch die Tiefen der Dekostufen (Anm.: In den speziellen Bergseetabellen werden die normalen Stufen - 3m, 6m, 9m... trotzdem beibehalten und die Zeiten entsprechend angepaßt):

Bsp.: *Wir müssen nach unserer Austauchtabelle einen Dekostop in 6 m und einen in 3m einhalten. Wie sind die korrekten Tiefen ?*

Tiefe real = Tiefe fiktiv : BF
Dekostufe 1 = 6 m : 1,333 = 4,5 m
Dekostufe 2 = 3 m : 1,333 = 2,3 m

Das alles erscheint anfangs etwas verwirrend. Ein ausführliches Beispiel erläutert das ganze:

Wir wollen in einem klaren Bergsee in 2000m Höhe tauchen gehen und den Tauchgang vorher planen. Da wir nur eine normale Dekotabelle für 0 - 700 m im Gepäck haben, müssen wir uns mit einer Umrechnung behelfen. Wir planen eine Tiefe von 30 m ein und wollen genau 15 Minuten als Grundzeit ausnützen.

1. Bergseefaktor für die Umrechnung bestimmen:
   2000 m ≙ 0,8 bar Luftdruck
   BF** = 1 bar / 0,8 bar = **1,25

2. Fiktive Tiefe errechnen:
   reale Tiefe = 30 Meter
   *fiktive Tiefe = 30 m · 1,25 = **38 m***

3. Dekopausen aus Tabelle lesen
   Grundzeit 15 min, Tiefe = 38 m
   Ablesen bei 39 m, 18 min:
   1. Dekostop: 3 min auf 6 m
   2. Dekostop: 7 min auf 3 m

4. Errechnen der realen Dekostufen:
   *1. Stop: **3 min** auf 6m / 1,25 = **4,8 m***
   *2. Stop: **7 min** auf 3 m / 1,25 = **2,4 m***

Tauchtiefe (m)	Nullzeit (min)	Grundzeit (min)	Dekopausen				Wiederholungsgr.
			12	9	6	3	
39	8	6					C
		10				1	D
		14			1	4	E
		18			3	7	F
		21		1	4	10	F
		24		3	6	12	G
		26		4	6	15	G
		28		4	8	17	G

DECO '92   0 - 700 m ü.NN

Die Berechnung der Tauchzeit und des Luftverbrauches ist darin nicht einbezogen. Zur Berechnung werden dafür immer die realen Werte herangezogen.

3.4 Überströmen

Das Überströmen habe ich mit Absicht am Ende in dieses Kapitel hinzugefügt, da es in der Praxis sehr häufig verwendet wird. Jeder, der eine Westenflasche als Notfall-Auftriebsmittel benutzt, wendet diese Technik zum Füllen der kleinen Flasche an.

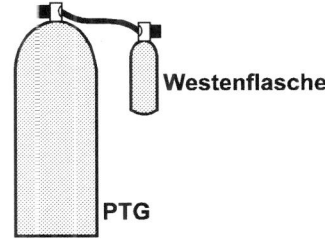

Dabei stellt sich bei Verbindung zweier Druckflaschen ein Druckausgleich nach dem Öffnen ein. Die Westenflasche wird an das PTG angeschlossen und beide Flaschenventile geöffnet. Nach dem Überströmen ist der Druck in beiden Flaschen gleich groß. Dadurch verliert die große Flasche etwas an Luftmenge, die kleinere gewinnt Luft hinzu. Diesen Effekt machen sich auch größere Füllstationen zu nutze, die am Anfang aus einer großen Reservoir-Flasche überströmen lassen, bevor der Kompressor zu arbeiten beginnt. Damit spart man Zeit und der Kompressor kann außerhalb der Stoßzeiten „in Ruhe" wieder den Reservoir-Tank füllen.

Am Anfang wird die Luftmenge Q in beiden Druckflaschen errechnet und addiert. Diese Gesamt-Luftmenge wird durch die Summe der Volumen beider Flaschen geteilt, das Ergebnis ist der neue Druck in beiden Flaschen. Dieser Druck mit den Volumen multipliziert ergibt die neuen Luftmengen.

Das läßt sich am leichtesten mit einem Beispiel erklären:

Vor dem Tauchgang möchte ich meine 0,5 Liter Westenflasche am 12 Liter PTG füllen. Das PTG ist mit 200 bar frisch gefüllt worden, die Westenflasche ist bis auf 10 bar leer. Welche Luftmenge steht mir nach dem Überströmen in beiden Flaschen zur Verfügung ?

1. <u>Was ist gegeben ?</u>　　Geg:　$V_1 = 12\ Liter$　$p_1 = 200\ bar$
　　　　　　　　　　　　　　　　　$V_2 = 0,5\ Liter$　$p_2 = 10\ bar$

2. <u>Was wird gesucht ?</u>　　Ges:　Q_1, Q_2

3. Gesamt- Luftmenge errechnen:

$$Q_{ges} = p_1 \cdot V_1 + p_2 \cdot V_2$$
$$Q_{ges} = 200 \; bar \cdot 12 \; l + 10 \; bar \cdot 0,5 \; l$$
$$\mathbf{Q_{ges} = 2405 \; barl}$$

4. Druck nach Überströmen:

$$p_{ges} = \frac{Q_{ges}}{V_1 + V_2} \qquad p_{ges} = \frac{2405 \; barl}{12 \; l + 0,5 \; l}$$

$$\mathbf{p_{ges} = 192,4 \; bar}$$

5. Luftmenge in den beiden Flaschen:

$$Q_1 = p_{ges} \cdot V_1$$
$$Q_1 = 192,4 \; bar \cdot 12 \; l$$
$$\mathbf{Q_1 = 2309 \; barl}$$

$$Q_2 = p_{ges} \cdot V_2$$
$$Q_2 = 192,4 \; bar \cdot 0,5 \; l$$
$$\mathbf{Q_2 = 96 \; barl}$$

6. Gegenprobe:

$$Q_{ges} = Q_1 + Q_2$$
$$\mathbf{Q_{ges} = 2405 \; barl} \qquad \textbf{stimmt !}$$

Die Gesamt-Luftmenge bleibt gleich. Durch den Druckausgleich verliert die große Flasche Luft, welche die kleinere gewinnt.

Daraus können wir eine „Überström-Formel" formulieren:

$$\text{Druck nach Überströmen} = \frac{\text{Summe der Luftmengen}}{\text{Summe der Volumina}}$$

Als Formel geschrieben:

$$p_{ges} = \frac{p_1 \cdot V_1 + p_2 \cdot V_2}{V_1 + V_2}$$

mit: p_{ges} = Druck nach Überströmen
p_1 = Druck der 1. Flasche in [bar]
V_1 = 1. Volumen in [l]
p_2 = Druck der 2. Flasche in [bar]
V_2 = 2. Volumen in [l]

Zur Übung noch ein kleines Beispiel:

Zwei 15- Liter PTG sollen an einem 100 Liter- Reservoir-Druckbehälter (200 bar) gefüllt werden. Die 1. Flasche hat noch 100 bar, die zweite nur noch 50 bar Restdruck. Welchen neuen Druck haben die Flaschen nach dem Überströmen?

<u>Zuerst schließen wir die vollere Flasche (mit 100 bar) an den Reservoir-Behälter:</u>

Geg: $V_1 = 100$ Liter $p_1 = 200$ bar $V_2 = 15$ Liter $p_2 = 100$ bar
Ges: p_{ges}

$$p_{ges} = \frac{p_1 \cdot V_1 + p_2 \cdot V_2}{V_1 + V_2}$$

$$p_{ges} = \frac{200 \text{ bar} \cdot 100 \text{ l} + 100 \text{ bar} \cdot 15 \text{ l}}{100 \text{ l} + 15 \text{ l}}$$

$p_{ges} = 187$ bar

Nun wird die zweite Flasche (mit 50 bar) an den Reservoir-Behälter angeschlossen, der jetzt nur noch 187 bar Druck hat:

Geg: $V_1 = 100$ Liter $p_1 = 187$ bar $V_2 = 15$ Liter $p_2 = 50$ bar
Ges: p_{ges}

$$p_{ges} = \frac{p_1 \cdot V_1 + p_2 \cdot V_2}{V_1 + V_2}$$

$$p_{ges} = \frac{187 \text{ bar} \cdot 100 \text{ l} + 50 \text{ bar} \cdot 15 \text{ l}}{100 \text{ l} + 15 \text{ l}}$$

$p_{ges} = 169$ bar

Die zwei Flaschen haben nun unterschiedliche Luftmengen, da sich im Reservoir-Behälter nach dem ersten Überströmen ein neuer Druck einstellt. Aus diesem Grunde, soll auch immer erst das Preßlufttauchgerät mit dem höchsten Restdruck angeschlossen werden, da sich sonst nach dem ersten Überströmen ein noch kleinerer Gesamtdruck ergibt. Wer es nicht glaubt, kann obiges Beispiel gerne noch einmal mit umgekehrter Reihenfolge der PTG rechnen. Verblüffend, nicht wahr?

> Beim Überströmen stellt sich in beiden Druckbehältern der gleiche Gesamtdruck ein, der sich aus Summe der Luftmengen geteilt durch Gesamtvolumen errechnet.

Auf den folgenden Seiten werde ich etwas näher auf die Ausrüstung beim Tauchen eingehen und die technischen Zusammenhänge erläutern. Dabei beginne ich mit dem Preßlufttauchgerät (PTG) - bestehend aus Druckluftflasche, Atemregler und Tragschale -, dessen Funktionsweise ich ausführlich und möglichst einfach beschreiben möchte. Dann folgt ein Überblick über die restlichen Ausrüstungsgegenstände mit den wichtigsten Punkten, die man beim Kauf beachten sollte.

Die Preßluftflasche mit Atemregler, Sicherheitseinrichtung und Tragegestell ist in der Europäischen Norm *EN 250* als „Autonomes Leichttauchgerät mit Druckluft" (kurz: SCUBA - engl.: „self contained underwater breathing apparatus") bezeichnet. Hier sind alle Bedingungen festgelegt, die ein solches Gerät erfüllen muß.

4.1 Die Preßluftflasche - Unser Luftvorrat

Die Preßluft- oder Druckluftflasche besteht aus zwei Teilen: Dem Flaschenkörper an sich und dem Ventil mit oder ohne Reserveschaltung. Eine in Deutschland erhältliche Druckluftflasche muß verschiedene Normen (nach DIN) erfüllen und vom TÜV zugelassen sein. Sie sind mit unterschiedlichen Füllkapazitäten erhältlich:

7 l, 10 l, 12 l, 15 l und 20 l - Flaschen sind für das Tauchen die wichtigsten Größen in Deutschland. In Amerika werden die Flaschengrößen in „cubicfoot" angegeben. Dabei entsprechen 80 cubicfoot ($\hat{=}$ 2265 Liter Luft) in etwa 11 Liter Flaschen- Volumen.

4.1.1 Material und Kennzeichnung

Die Druckgasbehälter werden in verschiedenen Arbeitsgängen zuerst aus einem Stück gezogen und dann gehärtet. Würde man eine Druckflasche aus zwei gegossenen Formen zusammenschweißen, hätte man mit der Naht eine gefährliche Schwachstelle.

Es sind zwei Arten von Flaschenmaterialien zugelassen: **Stahl** und **Aluminium**. Die Vorschrift gibt an, daß Druckluftflaschen in regelmäßigen Abständen vom TÜV zu überprüfen sind:

Stahlflaschen: alle 2 Jahre
Aluminiumflaschen: alle 6 Jahre

Beide Typen haben Vor- und Nachteile:

Aluminiumflasche	Stahlflasche
Dichte: 2,7 kg/dm^3	Dichte: 7,8 kg/dm^3
schwerer als Stahlflasche, wegen dickeren Wänden (10 l- Flasche: 12,7 kg)	Leichter als Alu- Flasche, wegen dünneren Wänden (10 l- Flasche: 11 kg)
Voll: Abtrieb ab halbe Füllung: Auftrieb	Keinen nennenswerten Auf- oder Abtrieb
rostet nicht, evtl. Korrosion bei Kontakt mit anderen Metallen (z.B. am Ventil)	Rostanfällig bei Feuchtigkeit
TÜV: alle 6 Jahre	TÜV: alle 2 Jahre

Tabelle 14: Druckluftflaschen

Druckgasbehälter müssen farbig gekennzeichnet sein, damit keine Verwechslung des Inhaltes möglich sein kann. Dabei muß die Markierung mindestens die Flaschenschulter bedecken oder ein 5 cm breiter Farbring gut sichtbar aufgemalt sein. Gemäß Normung sind folgende Kennzeichnungen für die Inhalte in Deutschland verbindlich:

grau   Atemluft, nicht brennbare Gase
blau   Sauerstoff
blau + weißer Rand   medizinisch reiner Sauerstoff
rot   brennbare Gase

Abweichend davon müssen in den USA Preßluftflaschen eine schwarze Kennzeichnung besitzen.

Gemäß den Technischen Richtlinien für Druckgase (TRG) muß die Flaschenschulter zusätzlich gut sichtbar und dauerhaft mit folgenden eingeschlagenen Daten gekennzeichnet werden:

- Bezeichnung „Druckluft - Tauchgerät" + Fülldruck
- Kunde / Eigentümer (kann)
- Datum der 1. Prüfung / Jahr der nächsten Prüfung
- TÜV- Prüfzeichen
- Einschraubgewinde- Bezeichnung (kann)
- Druckfestigkeit / Inhalt / Prüfdruck / Leergewicht
- Bauartzulassung / Hersteller (kann) / Herstellnummer (kann)

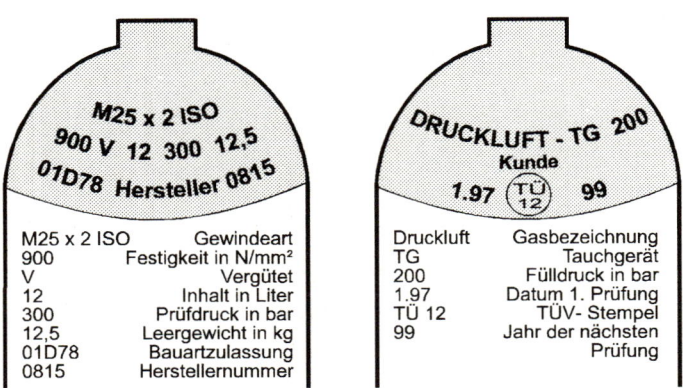

M25 x 2 ISO	Gewindeart
900	Festigkeit in N/mm²
V	Vergütet
12	Inhalt in Liter
300	Prüfdruck in bar
12,5	Leergewicht in kg
01D78	Bauartzulassung
0815	Herstellernummer

Druckluft	Gasbezeichnung
TG	Tauchgerät
200	Fülldruck in bar
1.97	Datum 1. Prüfung
TÜ 12	TÜV- Stempel
99	Jahr der nächsten Prüfung

4.1.2 Fülldruck, Prüfdruck, Berstdruck

Es wurde schon bei der Kennzeichnung vom Fülldruck und vom Prüfdruck gesprochen. Hinzu kommt bei den Druckbehältern ein dritter Begriff: der Berstdruck.

Fülldruck
Der Fülldruck ist der maximal zugelassene Druck einer Druckgasflasche bei 15 °C. Eine Temperaturerhöhung bis zu 70 °C und die damit verbundene Druckerhöhung (lt. Gesetz von Gay- Lussac) ist zulässig.

Prüfdruck
Bei der regelmäßigen Überprüfung der Preßluftflasche wird diese mit dem Prüfdruck belastet (mit Wasserfüllung). Dieser ist 1,5 mal so groß, wie der Fülldruck (bei 200 bar- Flasche: 300 bar Prüfdruck).

Berstdruck
Bei der Fertigung werden regelmäßig Berstproben der Druckflaschen von der Bauartzulassungsbehörde gefordert. Der Berstdruck liegt in der Regel weit über dem 1,5 fachen des Prüfdruckes (Prüfdruck 300 bar: Berstdruck mind. 450 bar). Die Flasche wird dabei mit Wasser gefüllt und mit Druck belastet. Sie darf nur in Längsrichtung auf- und nicht in Einzelteile zerreißen.

4.1.3 Das Ventil
Das Ventil wird in das Innengewinde des Flaschenkörpers geschraubt und regelt das Aus- und Einströmen des Gases. Durch manuelles Betätigen des Handrades oder des Kipphebels kann man die Flasche öffnen oder schließen. Das Ventil besteht aus folgenden Einzelkomponenten:

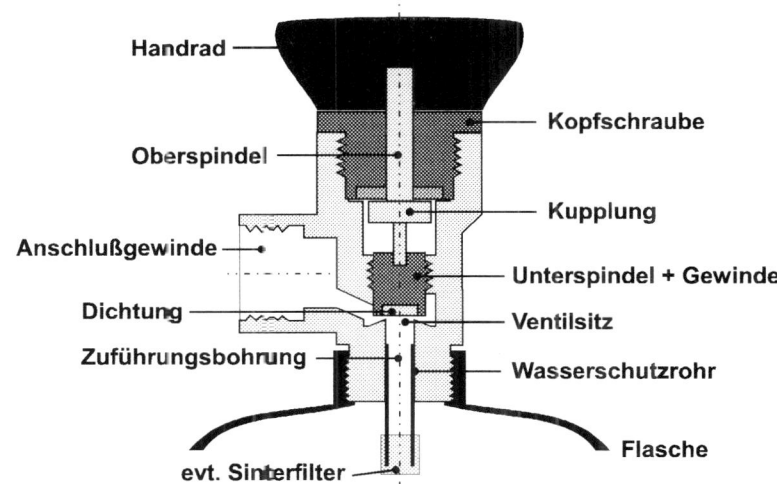

Bei Drehung des Handrades überträgt die Kopfschraube mit der **Oberspindel** die Kraft über die Kupplung auf die **Unterspindel**. Diese wird in einem eigenen Gewinde geführt und öffnet oder schließt so den Ventilsitz. Im geschlossenen Zustand drückt die Dichtung an der Unterspindel auf den Ventilsitz und hält die Druckluft in der Flasche zurück. Ein Heben der Unterspindel öffnet einen Spalt. Die Luft kann durch die Zuführungsbohrung und

den Ventilsitz in den Anschluß entweichen, auf dem der **Druckminderer** angeschlossen wird. Das **Wasserschutzrohr** soll das Eindringen von Wasser aus der Flasche in das Ventil verhindern, wenn kopfwärts getaucht wird. Der **Sinterfilter** soll Verunreinigungen aus der Flasche zurückhalten. Allerdings erhöhen diese Filter den Luftströmungswiderstand und es kann bei kalter Außentemperatur zur **Inneren Vereisung** an dieser Stelle kommen.
An das Anschlußgewinde, das nach DIN- Norm ein R 5/8''- Gewinde sein soll, kommt der Druckminderer. Für den Anschluß internationaler Automaten (vor allem in Amerika) kann das Gewinde für INT- Anschlüsse umgerüstet werden.
Die Ventile sind mit Einzel- oder Doppelanschluß, mit oder ohne Reserveschaltung, in DIN- oder INT- Norm erhältlich.

Das Ventil sperrt oder öffnet die Druckluftzufuhr aus der Preßluftflasche.

4.1.4 Das Gewinde
Bei getrenntem Kauf von Flasche und Ventil ist die Art des Einschraubgewindes am Flaschenkörper von Bedeutung. Früher wurden konische Gewinde (klein- und großkonisch) bevorzugt, die aber mit einigen Nachteilen und Gefahren verbunden waren. Heutzutage benutzt man in Deutschland nur noch das nach ISO (International Standard Organisation) festgelegte Gewinde „M25 x 2" (25 mm Außendurchmesser, 2 mm Steigung). Leider unterscheiden sich die noch bisher in Frankreich (25 x 2 SI) und England (R ¾'' BS) verwendete Flaschen- und Ventilgewinde. Also: Aufgepaßt bei Fremdfabrikaten oder Importen aus dem Ausland...

4.1.5 Die Reserveschaltung
Die Reserveschaltung ist eine Art Warneinrichtung beim Taucheinsatz. Sie dient dazu, dem Taucher rechtzeitig den zu Ende gehenden Luftvorrat anzuzeigen. Üblicherweise spricht die Reserveschaltung beim Unterschreiten von 20% des maximalen Fülldruckes an (200 bar Fülldruck: bei 40 bar). Die Schaltung basiert auf einer **Widerstandswarnung**, indem sich vor Erreichen

des Grenzdruckes der Atemwiderstand erhöht. Ist der Grenzwert erreicht, wird die Luftzufuhr unterbrochen. Der Taucher muß jetzt manuell die Reserveschaltung über eine Zugstange betätigen, um wieder Luft zu bekommen.

Grob kann man zwei Arten von Widerstandswarnung unterscheiden:
♦ manuelle Reserveschaltungen mit und ohne Außendruckreferenz
♦ automatische Reserveschaltungen

Manuelle Reserveschaltung ohne Außendruckreferenz

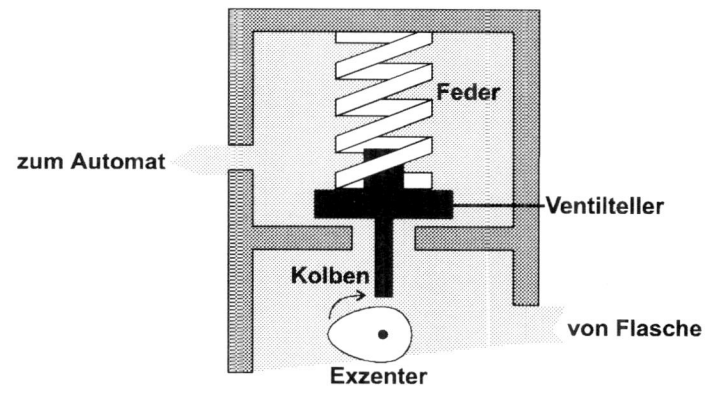

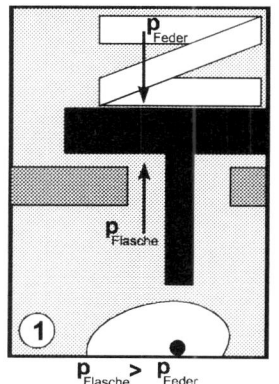

Durch den Druck aus der Flasche wird der Kolben mit dem Ventilteller gegen den Federdruck geöffnet, die Luft kann in Richtung Automat ausströmen. Üblicherweise ist der Federdruck auf 40 - 50 bar eingestellt. Es strömt aber auch Luft in den Federraum hinter dem Ventilteller. Es ergeben sich je nach Flaschendruck folgende Möglichkeiten:

(1) **Der Druck der Luft aus der Flasche ist größer als 50 bar.** Der Druck der Luft ist somit größer als der Federdruck ($\hat{=}$ 50 bar). Die Luft aus der Flasche strömt nun solange ungehindert durch das Ventil bis sich eine Druck-

differenz vor und hinter dem Ventilteller einstellt. Durch die Kraft der Feder wird der Teller wieder nach unten gedrückt. Wird aus dem Automaten Luft entnommen, wird der Druck im Federraum reduziert, der Flaschendruck stößt den Kolben nach oben und Luft strömt nach. Nähert sich der Flaschendruck der 50 bar- Grenze, schließt die Feder den Kolben eher und der Atemwiderstand erhöht sich.

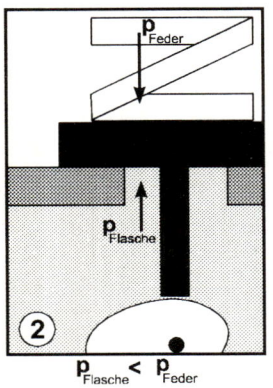

(1) **Der Flaschendruck fällt unter 50 bar**: Nun preßt der höhere Federdruck den Ventilteller nach unten, die Luftzufuhr bleibt unterbrochen.

(2) Erst ein **Betätigen der Zugstange** dreht den Exzenter und schiebt den Kolben nach oben. Der Luftweg wird geöffnet. Die Federkraft hat jetzt keine Auswirkung mehr auf den Kolben.

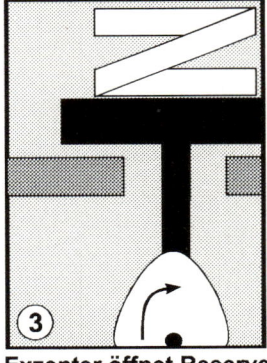

Exzenter öffnet Reserve

Diese Schaltung hat aber einen Nachteil:
Man kann den genauen Flaschendruck am **Finimeter** nicht ablesen, da dieser um den Federdruck gemindert ist. D.h. bei 200 bar Füllung kann man - mit 50 bar Federdruck - nur einen Druck von 150 bar auf dem Druckmesser ablesen. Erst nach Öffnen der Reserve erhöht sich die Anzeige auf den realen Wert.
Aber man hat mit diesem System eine gute Kontrolle: Steigt beim Öffnen der Flasche der abgelesene Druck langsam auf über 150 bar, ist wahrscheinlich der Ventilteller undicht. Die Warneinrichtung wäre dann unzuverlässig. Dies wird aber bereits <u>vor</u> dem Tauchen bemerkt !

Manuelle Reserveschaltung mit Außendruckreferenz

Der Aufbau ist ähnlich der obigen Schaltung, nur ist der Ventilteller seitlich abgedichtet, so daß keine Luft in den Federraum gelangen kann. Dieser Raum ist oben für den Druckausgleich angebohrt, und der Außendruck wirkt zusätzlich auf den Kolben. Ist der Flaschendruck nun deutlich höher als der Referenzdruck der Feder, wird der Kolben offengehalten. Am Finimeter kann man immer den realen Druck ablesen. Nachteil: Eine Undichtigkeit der Schaltung ist vor dem Tauchen nicht zu erkennen. Die Warneinrichtung ist eventuell unzuverlässig!

Automatische Reserveschaltung

Die automatische Reserve hat gegenüber der manuellen den großen Vorteil, daß man sie nicht versehentlich vor dem Tauchgang betätigen kann. Nach dem Ziehen an der Stange kehrt die Schaltgabel durch eine Feder wieder in ihre ursprüngliche Lage zurück. Die Arretiervorrichtung am Ende des Kolbens wird, solange der Flaschendruck größer als der Federdruck bleibt, nach rechts gedrückt.

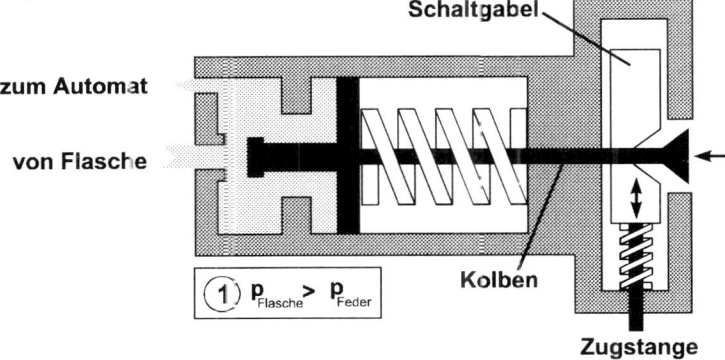

Sinkt der Flaschendruck unter den Referenzdruck der Feder (50 bar), drückt die Federkraft den Kolben nach links, die Einströmöffnung wird verschlossen. Die Nase der Arretiervorrichtung paßt in die Nut der Schaltgabel.

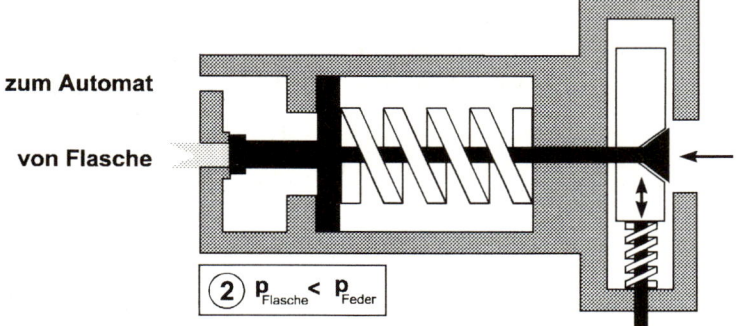

zum Automat

von Flasche

② $p_{Flasche} < p_{Feder}$

Zieht man nun an der Stange, wird die Schaltgabel nach unten (gegen die Feder) geschoben und die Nase gleitet aus der eingefrästen Nut. Dadurch wird der Kolben nach rechts gedrückt und der Zugang offen gehalten. Die Flasche kann nun leergeatmet werden.

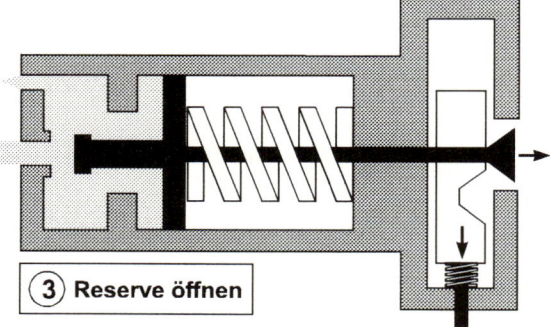

③ **Reserve öffnen**

Wie bei der manuellen Reserveschaltung mit Außendruckreferenz wird auch hier von Anfang an der reale Druck am Finimeter angezeigt.

Reserveschaltungen dienen als Warneinrichtung beim Tauchen und sollen rechtzeitig das Absinken des Flaschendruckes auf 20% anzeigen. Ist der Reservedruck erreicht, kann keine Luft mehr entnommen werden, bis die Schaltung manuell geöffnet wird.

4.1.6 Transport von Preßluftflaschen

Seitdem der Tauchsport mehr und mehr an Stellenwert gewinnt, wird immer größeren Wert auf einen sicheren Transport von Druckgasbehältern gelegt. Ich möchte an dieser Stelle kurz die wichtigsten Regeln zusammenfassen:

Wer ein PTG im Auto transportiert, führt ein **Gefahrengut** im Sinne der **GGVS (Gefahrengutverordnung Straße**, Neufassung vom 1.1.1997) mit sich. Dabei sind folgende Vorschriften für Privatpersonen zu beachten:

- Die Flaschen müssen im Kfz so gesichert werden, so daß sie nicht umfallen oder umherrollen können.
- Die Flaschen müssen zusätzlich mit einem sogn. Gefahrzettel „Muster 2" (Aufkleber) mit Zusatzangaben gekennzeichnet sein.
- Gefüllte Flaschen mit abgelaufenem TÜV dürfen nicht transportiert werden.

Bei Mißachtung der geltenden Vorschriften winken saftige Geldbußen...

4.1.7 Gasgemische und Kreislaufgeräte

Seit vielen Jahren wird schon, vor allem beim Militär, mit Gasgemischen oder Kreislaufgeräten getaucht. Mit unserer normalen Tauchausrüstung ist das aber so einfach nicht möglich.

Gasgemische benutzt man, um den natürlichen Stickstoffanteil der Luft zu senken. So soll die Sättigung des Körpers mit Stickstoff verlangsamt und die Tauchzeit verlängert werden. Für Langzeittauchgänge hält in letzter Zeit auch bei den Sporttauchern das Nitrox- Tauchen Einzug. **Nitrox** ist die Bezeichnung des Gasgemisches, bestehend aus weniger Stickstoff (**Nitr**ogen) und mehr Sauerstoff (**Ox**ygen) als natürlich. Mittlerweile haben alle großen Tauchverbände Richtlinien für das Gemisch-Tauchen geschaffen und bieten entsprechende Ausbildungen an. Eine normales PTG ist für das Tauchen mit Nitrox *ungeeignet*. Diese Gemische werden oft in Verbindung mit einem Kreislaufgerät verwendet.

Die ersten **Kreislaufgeräte** wurden schon frühzeitig von U-Boot- Besatzungen benutzt. Sie bestehen aus einem Atembeutel, der mit reinem Sauerstoff aus einer kleinen Flasche gefüllt wird und einer Kalkpatrone. Der Taucher atmet dabei den reinen Sauerstoff ein und gibt seine Ausatemluft über einen zweiten Schlauch mit Atemkalk, der das Kohlendioxid filtert, in den Beutel zurück. Da der Mensch nur 5 % des eingeatmeten Sauerstoffes verbraucht, kann der Rest „wiederveratmet" (Kreislaufgerät $\hat{=}$ „**Rebreather**") werden.

Die Kampftaucher des Militär verwenden dieses System immer noch aktiv, weil sie damit keine Ausatemluft ins Wasser abgeben. An der Oberfläche gibt es keine Luftblasen, die Taucher sind nahezu „unsichtbar".

Der Nachteil dieser Systeme liegt in der Tiefenbegrenzung, da Sauerstoff ab einem Teildruck von 1,6 bar für den Menschen giftig wirkt.

Für den „normalen" Sporttaucher sind diese Spezialformen des Tauchens nur über eine zusätzliche Ausbildung zugänglich und werden deshalb hier nicht näher vertieft...

4.2 Der Atemregler - zwei Stufen für die Luftsteuerung

Im Laufe der Geschichte des Tauchens hat sich bei der Konstruktion von Atemreglern einiges getan. Alle mögliche Bauformen in diesem Buch zu beschreiben, würde den Rahmen sprengen, ist aber auch nicht notwendig. Wichtig ist alleine das Wissen um den prinzipiellen Aufbau. Deshalb habe ich auch auf anspruchsvolle Zeichnungen verzichtet. Auf den folgenden Seiten werde ich die Funktion der einzelnen Stufen erklären und dazu möglichst einfache, anschauliche Zeichnungen verwenden. Natürlich ist in den Geräten, wie es sie von vielen Herstellern zu kaufen gibt, mehr eingebaut und der Aufbau ist nicht ganz so einfach, wie hier dargestellt. Aber uns geht es ja nur um das Funktionsprinzip...

4.2.1 Der einstufige Zweischlauchatemregler

Wie der Name sagt, wird in diesem Atemregler der Flaschendruck (200 bar) in einer Stufe auf Umgebungsdruck reduziert. Diese Art von Automat war die Urform der jetzt gebräuchlichen Atemregler. Die kleine Skizze soll den prinzipiellen Aufbau verdeutlichen:

Der Ventilteller dichtet am Ventilsitz so ab, daß die Luft aus der Flasche nicht entweichen kann. Der Teller ist durch die Ventilnadel mit einer Membran verbunden, auf der von außen der Umgebungsdruck wirkt. Saugt man nun am Mundstück, wird durch den entstehenden Unterdruck, unterstützt vom Umgebungsdruck, der auf die Membran wirkt, die Membran nach innen eingedellt. Die Ventilnadel wird nach unten gedrückt, der Ventilsitz geöffnet. Es strömt nun solange Luft nach, bis der Unterdruck ausgeglichen ist. Durch die dem Wasserdruck ausgesetzte Membran, wird mit zunehmender Tiefe auch eine größere Menge Luft geliefert.

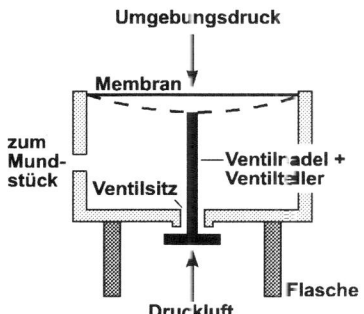

Da dieses einfache System aber in der Praxis eine zu große Kraft beim Einatmen kosten würde, hat man anstatt der durchgehenden Ventilnadel ein Hebelsystem eingesetzt. So kann das Ventil schon mit geringerer Einatemkraft geöffnet werden.

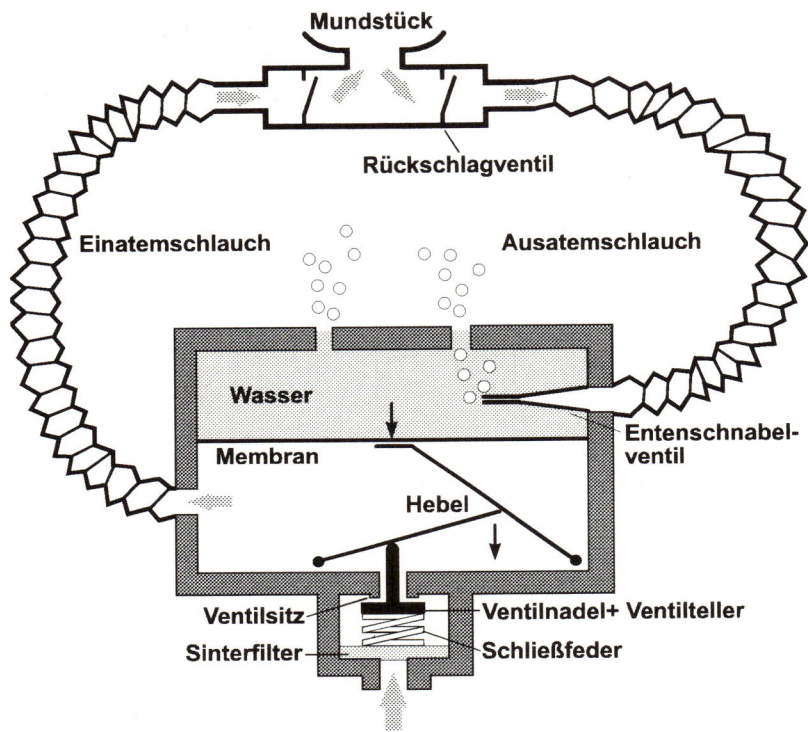

Da bei voller Flasche der Ventilteller durch den Flaschendruck sehr stark gegen den Ventilsitz gepreßt wird, ist ein hoher Ansaugdruck notwendig. Dieser verringert sich beim Leeren der Flasche, was aber am Ende zu Dichtungsproblemen am Ventilsitz führen kann. Deshalb ist eine **Schließfeder** eingebaut. Betrachten wir den Atemvorgang einmal Schritt für Schritt:

Durch das Ansaugen am **Mundstück** öffnet das rechte **Rückschlagventil**, das linke schließt sich. Es entsteht ein Unterdruck, der die **Membran** nach unten zieht. Dabei unterstützt der Umgebungsdruck des Wassers über der Membran, so daß der Druck immer auf den entsprechenden Umgebungsdruck in der Tiefe reduziert wird. Über das Hebelsystem wird die **Ventilnadel** mit **Ventilteller** nach unten gegen die Kraft der Schließfeder gedrückt. Preßluft strömt solange aus der Flasche, bis der Druck ausgeglichen ist und die Membran wieder in die Ausgangsstellung geht. Die Luft wird eingeatmet. Beim Ausatmen öffnen oder schließen sich die Rückschlagventile in die andere Richtung. Durch den **Ausatemschlauch** (Faltenschlauch) entweicht die Luft über die mit Wasser gefüllte Kammer nach außen. Das **Entenschnabelventil** wird vom Wasserdruck zusammengepreßt (ein Eindringen von Wasser ist so nicht möglich) und öffnet sich nur, wenn Luft entweicht.

Zusammenfassung der Vor- und Nachteile des Zweischlauchautomaten:

+ Einfacher Aufbau
+ kleines Mundstück
+ keine Luftblasen vor dem Gesicht (beim UW- Fotografieren)
+ relativ vereisungssicher
− großes Gehäuse durch größeren Membrandurchmesser
− sperrige Faltenschläuche (Höhlentauchen...)
− Bei Bauchlage größerer Einatemwiderstand (wegen dem Druckunterschied zwischen Regler und Mundstück)
− Schlechte Handhabung bei Wechselatmung
− meist kein Finimeteranschluß
− Erfüllt nicht die europäische Norm EN 250

> Im einstufigen Zweischlauchatemregler wird der Flaschendruck in einem einzigen Schritt auf den Umgebungsdruck reduziert. Für die Ein- und Ausatemluft stehen getrennte Schläuche zur Verfügung.

Um die großen Kräfte an der Ventilnadel zu reduzieren und eine bessere Luftlieferleistung zu schaffen, ist man später dazu übergegangen, den Flaschendruck in zwei Stufen auf Umgebungsdruck zu reduzieren. Zuerst gab es das Nachfolgemodel, den **zweistufigen Zweischlauchautomaten**.

Die Nachteile der Zweischlauchautomaten überwiegen aber so sehr (und die Herstellungskosten sind groß), so daß im Handel nur noch die neueren zweistufigen Einschlauchatemregler erhältlich sind.

4.2.2 Der zweistufige Einschlauchatemregler

Wie schon angesprochen, wird hier nun der Flaschendruck (200 bar) zuerst in der ersten Stufe auf einen Mitteldruck (5 - 15 bar) und in der zweiten Stufe auf den benötigten Umgebungsdruck reduziert. Die Ausatemluft wird über das Mundstück nach außen geführt. Mit diesem System konnte man sehr geringe Einatemwiderstände (0,5 - 4 mbar) erzielen. Da hierbei sehr kleine Membrandurchmesser möglich wurden, konnten die Baugrößen stark reduziert werden. Wir wollen nun schrittweise das Funktionsprinzip der Einschlauchatemregler durchsprechen:

4.2.2.1 Die 1. Stufe (Druckminderer)

In der EN 250 wird die erste Stufe des Automaten als **Druckminderer** bezeichnet. Oft wird sie auch **Reduzierstufe** genannt, weil in diesem Bauteil der Flaschendruck (200 bar) auf einen **Mitteldruck** (oder Zwischendruck) von 5 bis 15 bar reduziert wird. Es gibt sie in zwei unterschiedlichen Bauformen:
- Membrangesteuerter Druckminderer
- Kolbengesteuerter Druckminderer

Membrangesteuerter Druckminderer (nicht kompensiert)

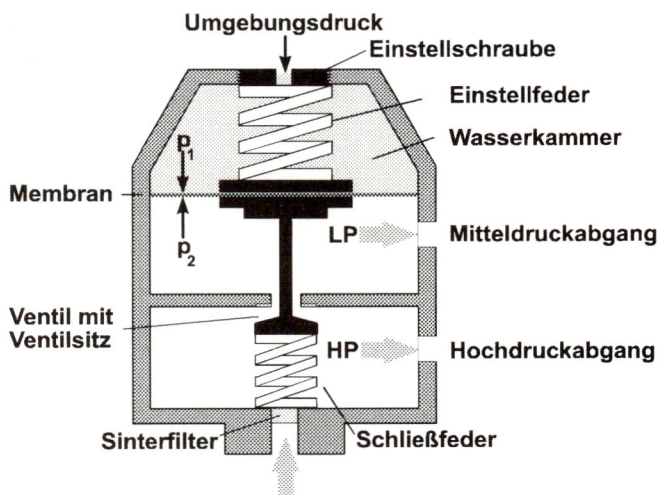

Der Druckminderer wird über den DIN- oder INT- Anschluß an das Flaschenventil angeschraubt.

Über einen Sinterfilter, der Verunreinigungen zurückhalten soll, strömt die Preßluft (durch das Flaschenventil) aus der Flasche in die Mitteldruckkammer. Der Ventilkolben wird durch die Bewegung der Membran gesteuert. Von oben wirken die Kräfte der **Einstellfeder** und der Umgebungsdruck des eingedrungenen Wassers, von unten der Mitteldruck und die Kraft der **Schließfeder** auf die Membran. Zusätzlich wirkt bei der nicht-kompensierten Ausführung der Flaschendruck von unten auf den Ventilteller.

$p_1 = p_{(Einstellfeder)} + p_{(Umgebungsdruck)}$
$p_2 = p_{(Schließfeder)} - p_{(Mitteldruck)} + p_{(Flaschendruck)}$

Der durch die einströmende Luft entstehende Mitteldruck wirkt so, daß der Druck p_2 immer etwas größer ist als der Druck p_1. Dadurch wird die Membran nach oben eingedellt, der Ventilkolben gehoben und die Hochdruckzufuhr verschlossen. Wird nun eingeatmet, sinkt der Mitteldruck und der Druck p_1 überwiegt wieder. Die Membran senkt sich und öffnet dadurch das Ventil. Luft aus der Flasche strömt nun wieder solange nach, bis das Druckverhältnis die Luftzufuhr verschließt. Dieser Vorgang wiederholt sich bei jedem Atemzug von neuem. Ist die Flasche leer, überwiegen die Kräfte p_1, das Ventil wird offengehalten. Nun könnte Wasser in die Flasche eindringen. Deshalb: Niemals eine Flasche komplett leeratmen! Am besten ist ein Restdruck von ca. 10 bar aufrecht zu erhalten, damit erhöht man die Lebensdauer seiner Preßluftflasche enorm...

An der 1. Stufe befinden sich verschiedene Abgänge: Einer oder mehrere jeweils an der Hochdruck- und an der Mitteldruckkammer. Am Hochdruckanschluß (HP ≙ High pressure) wird üblicherweise das **Finimeter** angeschlossen, mit dem wir den Flaschendruck ablesen können. Von der Mitteldruckkammer (LP ≙ Low pressure) gehen Abgänge zur 1. Stufe, zum **Inflator-** Anschluß des Jackets oder zu einem zweiten Mundstück (Oktopus).

Der Mitteldruck wird über die Einstellfeder in der Wasserkammer geregelt, indem durch Einschrauben die Vorspannung verändert wird. Durch das Einwirken des Umgebungsdruckes steigt der Mitteldruck mit zunehmender Tiefe.

Kolbengesteuerter Druckminderer (kompensiert)

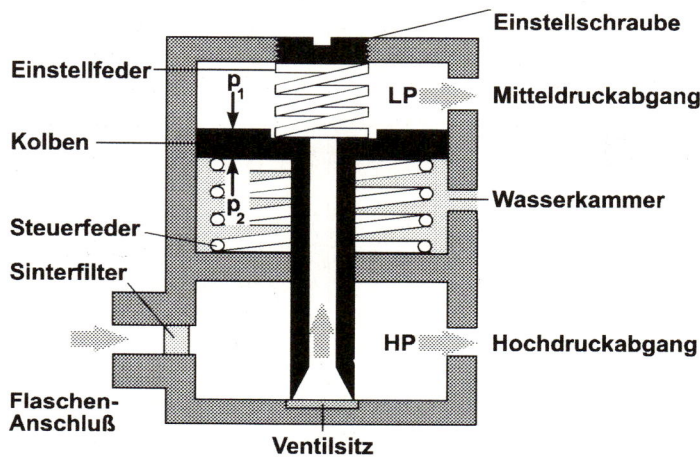

Der Anschluß an das Flaschenventil erfolgt wieder über einen DIN- oder INT- Eingang. Dahinter befindet sich auch ein Sinterfilter, damit der Druckminderer nicht durch eindringende Schmutzteilchen blockiert wird. Die Luftzufuhr wird hier von einem beweglichen Kolben gesteuert, der im Inneren eine Bohrung besitzt. Von oben auf den Kolben wirken die Kräfte des Mitteldruckes und der Einstellfeder, von unten die der Steuerfeder und des Umgebungsdruckes (über das Wasser in der Wasserkammer). Durch die Kompensation (s.u.) wirkt diesmal der Flaschendruck nicht auf das System.

$p_1 = p_{(Einstellfeder)} + p_{(Mitteldruck)}$
$p_2 = p_{(Steuerfeder)} + p_{(Umgebungsdruck)}$

Ohne Flaschendruck - und damit ohne Mitteldruck - drückt die Steuerfeder den Kolben nach oben, das Ventil ist offen. Nach dem Öffnen der Flasche strömt die Preßluft durch den hohlen Kolben in die Mitteldruckkammer, und baut oberhalb des Kolbens einen Zwischendruck auf. Dieser wirkt zusammen mit der Einstellfeder und schließt das Ventil ($p_1 > p_2$). Beim Einatmen sinkt nun der Mitteldruck und der Kolben wird nach oben gedrückt ($p_2 > p_1$). Luft kann nachströmen. Dabei hebt sich der Kolben immer nur wenige Millimeter.

Auch bei diesem System gibt es wieder Ausgänge für Hochdruck (HP) und Mitteldruck (LP). Der große Vorteil der kolbengesteuerten Druckminderer liegt in dem einfachen Aufbau. Es gibt wenige Teile, die dem Verschleiß unterliegen (Ausnahme: Dichtung zwischen Wasserkammer und Mitteldruckkammer). Die Wasserkammer wird oft mit Silikonöl oder -fett gefüllt, um einer Vereisung (siehe auch 4.2.2.6) vorzubeugen. Über eine Gummikappe wird dann der Umgebungsdruck vom Wasser auf das Silikonöl übertragen.

> In der 1. Stufe, dem Druckminderer, wird der Flaschendruck auf einen über eine Feder einstellbaren Mitteldruck reduziert. Dies kann membran- oder kolbengesteuert funktionieren.

4.2.2.2 Kompensierter Druckminderer

Bei den obigen Beispielen habe ich die Druckminderer mit Absicht einmal mit und einmal ohne Kompensation (engl.: balanced) beschrieben, ohne das aber näher zu erklären.

Der Nachteil bei unkompensierten 1. Stufen ist, daß der Mitteldruck mit abnehmenden Flaschendruck fällt. Durch bauliche Veränderungen kann man nun erreichen, daß der Flaschendruck nicht mehr auf den Mitteldruck einwirkt. Man muß verhindern, daß der Flaschendruck die Lage der Ventilnadel oder des Kolbens beeinflussen kann. Eine schematische Zeichnung zeigt das Prinzip der Kompensation:

Membrangesteuerter Druckminderer

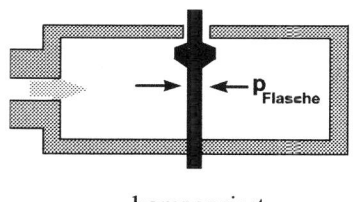
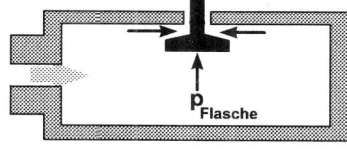

kompensiert   nicht kompensiert

Kolbengesteuerter Druckminderer

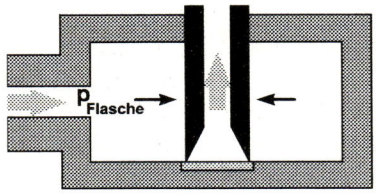 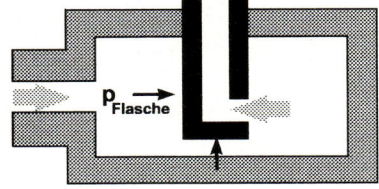

        kompensiert   nicht kompensiert

Der Kolben bzw. die Ventilnadel wird so im Druckminderer eingebaut, daß der Flaschendruck nicht in Bewegungsrichtung einwirken kann. Die Druckwirkung von der Seite ist dabei ohne Einfluß.
Die Vorteile liegen auf der Hand: Uns steht eine größere Luftlieferleistung bis zum Ende des Flaschendruckes zur Verfügung.
Mittlerweile werden fast nur noch kompensierte 1. Stufen im Handel angeboten. Der Fachhändler wird dazu gerne Auskunft geben.

> Mit einer kompensierten 1. Stufe wird erreicht, daß der Mitteldruck unabhängig vom Flaschendruck gehalten wird.

4.2.2.3 Der Druckluftschlauch

Mit dem **Mitteldruckschlauch** werden die 1. und 2. Stufe des Atemreglers miteinander verbunden. Nach Euro- Norm EN 250 muß er einen Berstdruck von 100 bar aushalten. Der Arbeitsdruck (Mitteldruck) liegt in der Regel zwischen 5 und 15 bar. Er wird am Mitteldruckausgang (LP) des Druckminderers angeschlossen.

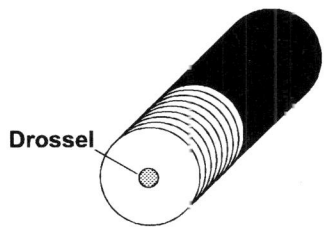

Drossel

Für Finimeter und Konsolen die an den Hochdruckanschluß (HP) angeschraubt werden, dürfen nur spezielle **Hochdruckschläuche** (bis 350 bar) verwendet werden. Diese sind von innen mit einer Stahlspirale verstärkt. Zur Sicherheit sind diese Schläuche am Ende mit einer engen **Drosselbohrung** versehen, damit bei einem Schlauchriß der Druck nicht schlagartig entweichen kann. Nach EN 250 dürfen bei 200 bar Flaschendruck durch die Drossel höchstens 40 l/min ausströmen. Nebenbei schont die Drosselbohrung das Meßwerk des Finimeters, das so nur langsam mit Druckluft versorgt wird.

4.2.2.4 Die 2. Stufe (Lungenautomat)

Die 2. Stufe des Atemreglers ist der eigentliche Lungenautomat, da erst hier der Mitteldruck (5 - 15 bar) auf den jeweiligen Umgebungsdruck reduziert wird. Die Zeichnung zeigt die automatische Anpassung an den Umgebungsdruck durch eine Membransteuerung:

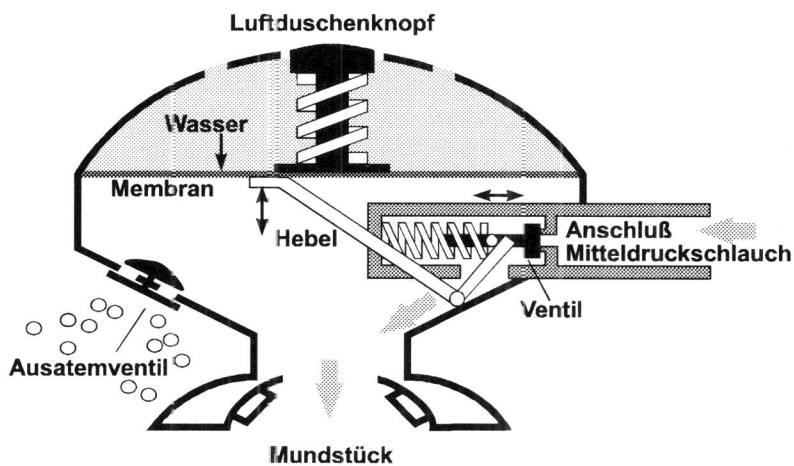

Das Ventil wird hierbei gegen die Schließfeder über ein Hebelsystem von der Membran geöffnet. Am Anfang wirkt in dem offenen Gehäuse der Umgebungsdruck von beiden Seiten der Membran. Die Schließfeder, deren Stellkraft etwas höher als der Mitteldruck eingestellt ist, drückt den Ventilteller gegen den Dichtsitz und sperrt die Luftzufuhr. Atmet der Taucher ein, sinkt der Druck im Gehäuse unter der Membran. Diese wird nach unten eingedellt und öffnet über den Kipphebel das Ventil. Luft strömt nach.
Beim Ausatmen in das Mundstück wird die Luft über das **Ausatemventil**, das nur in eine Richtung öffnen kann, nach außen geführt. Auf diesem Weg kann auch eingedrungenes Wasser im Mundstück ausgeblasen werden (z.B. bei Wechselatmung unter Wasser...). Die Ausatemluft wird seitlich über den sogenannten **Blasenabweiser**, ein Plastikteil am Ausatemventil, am Gesicht des Tauchers vorbeigeführt. Beim Ausatmen wird zusätzlich der Druck im Gehäuse erhöht, die Membran nach oben gewölbt und die Luftzufuhr verschlossen.
Mit dem **Luftduschenknopf** kann das Ventil manuell geöffnet werden, da man die Membran direkt nach unten drückt.
Im Laufe der Automatenentwicklung hat man sich sehr viele zusätzliche konstruktive Maßnahmen einfallen lassen, um den Atemkomfort zu verbessern (möglichst geringer Einatemwiderstand, hohe Luftlieferleistung...). Beispiele dafür sind der **Injektor**, **Bypassrohr** oder die **Pilotsteuerung**. An dieser Stelle will ich nur kurz den wohl am meisten verwendeten Injektor besprechen:

Der Injektor
Die **Injektordüse** (Venturidüse) soll das Einatmen erheblich erleichtern:
Der Luftstrom wird nach Öffnen des Ventils gebündelt und in Richtung Mundstück geleitet. Die Luft aus der Düse „reißt" aus der Umgebung Luft mit und erzeugt so einen Unterdruck. Dadurch wird die Membran weiterhin nach unten gebogen, das Ventil bleibt auch ohne aktive Einatmung offen.

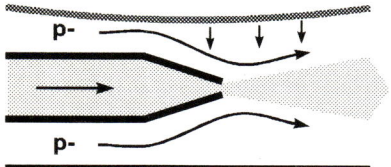

Der Automat bläst selbständig ab. Um den Luftstrom zu unterbrechen, kann man kurz dagegen blasen oder das Mundstück verschließen.

Diese Düse wird oft auch als **Venturidüse** bezeichnet, da hier ein von dem italienischen Physiker G.B. VENTURI (1746 - 1822) entdeckter Effekt ausgenutzt wird. Diese physikalische Kuriosität kann man selbst ganz leicht nachvollziehen: Versuchen Sie einmal durch zwei aufeinanderliegende Papierblätter zu blasen. Statt sich voneinander wegzubewegen, werden sie (durch den entstehenden Unterdruck...) zusammengepreßt.

Ein Nachteil des Injektors ist aber seine unangenehme Neigung zum Abblasen, wenn man ihn zu Beginn des Tauchganges ins Wasser bringt. Der Wasserdruck öffnet das Ventil und durch die Düse bläst der Automat ständig ab. Gestoppt werden kann der Vorgang durch kurzzeitiges Verschließen des Mundstückes...

> In der zweiten Stufe, dem Lungenautomat, wird der Mitteldruck auf den jeweilig herrschenden Umgebungsdruck reduziert.

4.2.2.5 Ventile

Ventile werden in der 1. und 2. Stufe in verschiedenen Bauformen eingesetzt. Sie dienen zur Luftzuführung für die Preßluft oder als Ausatemöffnung im Lungenautomaten. Die Luftzuführungsventile haben prinzipiell zwei konstruktive Bauformen:
- **Upstream** Ventile
- **Downstream** Ventile

Upstream Ventil
Diese Ventile werden überwiegend in der 1. Stufe eingesetzt. Die Membran oder der Kolben öffnet das Ventil dabei **gegen** den Flaschendruck („upstream" ≙ Gegen den Strom öffnend).

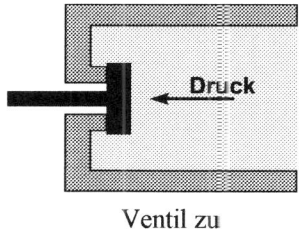
Ventil zu

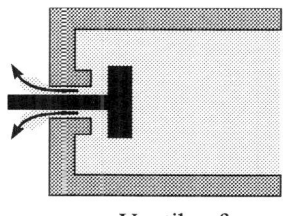
Ventil auf

Diese Einrichtung dient der Sicherheit. Sollte ein mechanischer Fehler im Druckminderer auftreten, wird der Ventilteller vom Flaschendruck gegen den Dichtsitz gepreßt und die Luftzufuhr verschlossen.

Downstream Ventil
Diese werden hauptsächlich in der 2. Stufe eingebaut. Mittels einer Feder wird das Ventil gegen den Druck verschlossen. Steigt der Druck stärker an, wird das Ventil **mit** dem Druck geöffnet. („downstream" ≙ Mit den Strom öffnend).

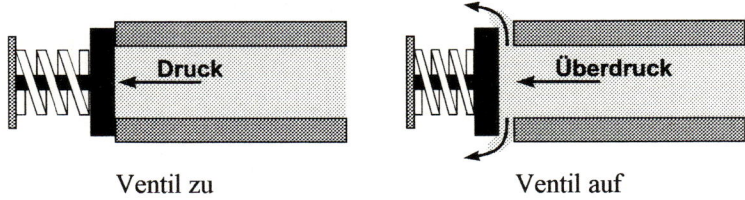

        Ventil zu   Ventil auf

Bei einem Fehler in der 1. Stufe (Undichtigkeit, Vereisung) öffnet so das Downstream- Ventil des Lungenautomaten, um ein Platzen des Mitteldruckschlauches zu verhindern.

> Das Upstream- Ventil öffnet **gegen** den Druck,
> das Downstream- Ventil **mit** dem Druck !

4.2.2.6 Hilfe - Mein Automat vereist

Die physikalische Ursache der Vereisung eines Preßlufttauchgerätes haben wir schon ausführlich im Kapitel 2.4.1 besprochen. An dieser Stelle möchte ich die Schwachpunkte der Atemregler aufzeigen, wo eine Gefährdung durch Vereisung besonders groß sein kann.
Bei sehr kalten Außentemperaturen, einem großen Luftverbrauch (Arbeit unter Wasser, Wechselatmung) oder schneller Atmung steigt die Wahrscheinlichkeit einer Vereisung im System. Schnell ist die Temperatur auf unter 0 °C gesunken und Eiskristalle blockieren die Mechanik.

Wir müssen zwei Arten der Eisbildung unterscheiden:
Die **innere** und die **äußere** Vereisung.

Vereisungsanfällige Stellen beim PTG:

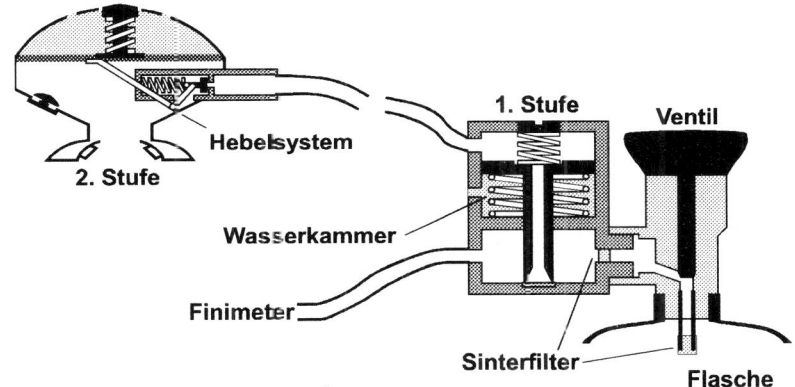

Innere Vereisung
Hier bilden sich Eiskristalle am Sinterfilter des Ventils oder der 1. Stufe und blockieren den Luftstrom. Das kann nur bei feuchter Luft aus der Preßluftflasche passieren.
Abhilfe: Trockene Luft und regelmäßige Pflege und Wartung der Sinterfilter verringern die Gefahr der inneren Vereisung.

Äußere Vereisung der 1. Stufe
Fällt die Temperatur in Gehäuse und Kolben des Druckminderers unter den Gefrierpunkt, kann die Wasserkammer gefrieren und die Mechanik des Kolbens (oder der Membran) blockieren. Da die Blockade meist in der Einatemphase erfolgt, ist das Ventil beim Gefrieren offen. Der Automat bläst nun unkontrolliert ab. Der Mitteldruck steigt auf Höhe des Flaschendruckes, dadurch öffnet sich das Upstream- Ventil des Lungenautomaten, der ständig Luft abläßt. Löst man das Problem nicht durch Zudrehen des Ventils, wird die Flasche schnell vollständig geleert.

Abhilfe: Viele Hersteller ersetzen die Wasserkammer durch eine Luftkammer oder füllen den Raum mit Silikonöl o.ä. um ein Anfrieren zu verhindern. Dadurch kommt das umgebende Wasser nicht mit den beweglichen Teilen in Berührung.

Äußere Vereisung der 2. Stufe
Auch hier kann es zu einer Blockade des Hebelsystems durch Eiskristalle kommen. Durch Wasser im Gehäuse oder durch die feuchte Ausatemluft, kann es bei sehr niedriger Umgebungstemperatur und kalter Mitteldruckluft zu einer Vereisung des Lungenautomats kommen. Auch hier bläst die 2. Stufe nun ununterbrochen ab. Es besteht zwar keine unmittelbare Luftnot, die Flasche wird aber schneller geleert.
Abhilfe: Manche Hersteller haben spezielle Wärmeleitbleche installiert, um mit der warmen Ausatemluft die Mechanik zu erwärmen. Dabei haben auch Metallgehäuse den Vorteil der besseren Wärmeleitung gegenüber Plastikgehäusen.

Aber mit all diesen Gegenmaßnahmen kann nur der Vereisungsschutz verbessert werden. Trotz der laufenden Verbesserungen und Weiterentwicklungen der Atemreglern wird kein Hersteller eine Garantie für absolut vereisungssichere Automaten geben !
Also: Grundsätzlich sollte der umsichtige Taucher bei einer Wassertemperatur von unter 10 °C mit Vereisung seines Automaten rechnen...

Durch eine Vereisung des Atemreglers bei kalter Außentemperatur und hohem Luftverbrauch, kann die Mechanik durch Eiskristallbildung blockieren und das System ununterbrochen Luft abblasen.
Man unterscheidet die innere und äußere Vereisung.

4.3 Die ABC- Ausrüstung

In diesem Kapitel möchte ich kurz die Grundausrüstung des Schnorcheltauchers und Gerätetauchers besprechen. Das Ziel soll sein, daß der Leser nach verschiedenen Gesichtspunkten beurteilen kann, ob sich Ausrüstungsteile für seinen Zweck eignen und sie die Sicherheitsvoraussetzungen erfüllen. Natürlich kann ich hier nicht alle auf dem Markt erhältlichen Masken, Schnorchel und Flossen im einzelnen beschreiben...

Die sicherheitstechnischen Anforderungen der Grundausrüstung werden in folgenden Normenvorschriften beschrieben:

A. Tauchermaske: DIN 7877
B. Schnorchel: DIN 7878
C. Flossen: DIN 7876

4.3.1 Maske

Die Tauchermaske oder -brille erlaubt dem Taucher, unter Wasser klar zu sehen. Durch das veränderte Lichtbrechungsverhalten, kann das menschliche Auge unter Wasser kein scharfes Bild mehr erkennen. Mit Hilfe einer luftgefüllten Tauchermaske werden die Lichtstrahlen im Auge wieder scharf gebündelt. Ein Nachteil ist die Größen- und Weitenveränderung durch die Lichtbrechung an der Glasscheibe (siehe dazu Kapitel 2.5).

Es gibt Tauchermasken mit einem oder mehr Gläsern aus unterschiedlichen Materialien, wobei sich die weicheren Silikon- Masken gegenüber den früheren Gummi- Brillen durchgesetzt haben.

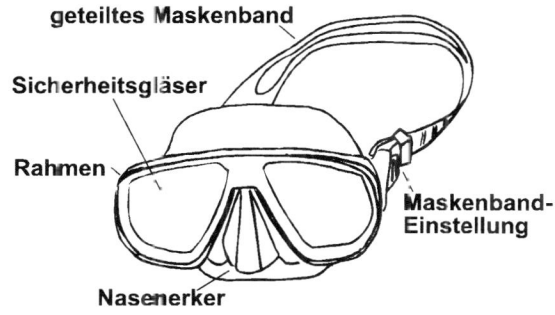

Folgendes sollten Sie beim Kauf einer Maske beachten:

- auch mit Handschuhen gut greifbarer **Nasenerker** für Druckausgleich
- Doppelter, weicher **Dichtrand** (gute Abdichtung, keine Druckstellen)
- gehärtetes, bruchfestes **Sicherheitsglas** („tempered glas"), das nicht in große scharfkantige Teile zerbrechen darf.
- geteiltes oder breites **Maskenband** für guten Halt
- **Maskenbandbefestigung** am Rahmen mit Schnellspannverschluß
- fester **Rahmen** aus nicht korrodierbaren Material (Kunststoff)

Brillenträger können bei einigen Tauchermasken das Glas in ein mit der jeweiligen Dioptrie geschliffenes optisches Glas austauschen. Dazu fragen Sie bitte ihren Fachhändler.

4.3.2 Schnorchel

Mit Hilfe des Schnorchels kann man an der Oberfläche atmen, ohne den Kopf aus dem Wasser heben zu müssen. Dieses Atemrohr ist bei langen Schwimmstrecken ohne Druckluft unverzichtbar. Mittlerweile werden eine Vielzahl technisch ausgereifter Schnorchel angeboten, die allen Komfort bieten (automatische Entwässerung, seitliches Ausblasventil...).

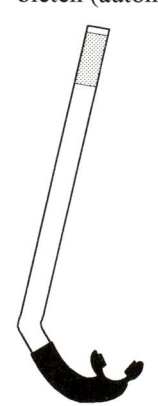

Bei einem einfachen Standardmodell sollten ein paar Punkte beachtet werden:

- **Länge** höchstens 35 cm
- **Innendurchmesser** nicht zu groß, da sonst die Gefahr einer Pendelatmung besteht:
    15- 18 mm (Kinder) oder
    18 - 25 mm (Erwachsene)
- kein zu hartes oder zu weiches **Mundstück**
- Kein eingebauter Schnorchel in der Maske
- Gut sichtbare Signalfarbe an der Spitze

4.3.3 Flossen

Für die Fortbewegung unter Wasser sind ein Paar gute Flossen unbedingt notwendig. Je nach Anwendungsgebiet (Schnorcheln, Streckentauchen, Gerätetauchen) gibt es unterschiedliche Ausführungen (hartes oder weiches Blatt...). Dabei sollte man die Flossen auch nach seinem Konditions- und Trainingsstand kaufen. Ein untrainierter Taucher wird mit einem sehr harten Flossenblatt schnell einen Krampf bekommen...

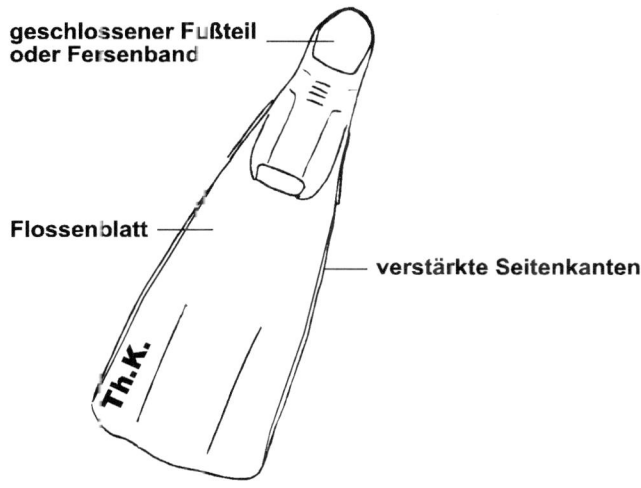

Worauf müssen wir achten ?

- Verstärkte **Seitenkanten** für eine optimale Richtungsstabilität
- mit Handschuhen gut zu bedienender **Schnellverschluß**
- Flosse muß gut sitzen, darf aber nicht zu eng sein
- Flossen mit **Fersenband** nur in Verbindung mit Füßlingen tragen

Bei allen Ausrüstungsteilen sollte man darüber hinaus auf eine einfache Pflegemöglichkeit und gute Ersatzteilbeschaffung achten. Was nützt uns eine billige Taucherbrille, die wir beim Riß des Maskenbandes wegwerfen müssen ?

4.4 Meßgeräte

Da wir beim Tauchen auf eine Vielzahl von Informationen (Tiefe, Tauchzeit, Richtung) angewiesen sind, bedienen wir uns unterschiedlicher Meßgeräte. Ein Kurzeinblick soll uns die Funktion dieser Geräte näherbringen.

4.4.1 Taucheruhr

Zu diesem Instrument muß man nicht sehr viel sagen. Für den Unterwassereinsatz jedoch sollte beim Kauf einer Uhr auf folgende spezielle Punkte geachtet werden:

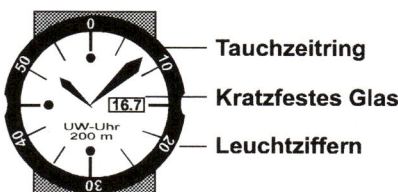

- **Druckfestigkeit** bis 200 m Tiefe
- **Drehring** für das Einstellen der Startzeit (mit Handschuhen bedienbar)
- **Arretierung** für Drehring, damit er nur gegen der Uhrzeigersinn bewegt werden kann (Sicherheit bei versehentlicher Verstellung unter Wasser)
- flaches, kratzfestes **Mineralglas**
- gut ablesbare **Leuchtziffern**
- zuverlässiges Quarz- oder Automatik- Uhrwerk
- Weit verstellbares Armband, um die Uhr über dem Tauchanzug tragen zu können.

4.4.2 Finimeter

Das **Finimeter** oder Unterwasser- **Manometer** wird über einen Hochdruck-

schlauch an die 1. Stufe angeschlossen und mißt so den aktuellen Flaschendruck. Ein roter Abschnitt (0 - 50 bar) in der Anzeige zeigt den Reservebereich an. Europäische Finimeter zeigen in der Regel einen Druckbereich bis 300 bar an, amerikanische Versionen bis 4000 psi.
Die Druckmesser sind in analoger (mit Zeiger) oder in digitaler Version (Zahlenanzeige) erhältlich.

Am weitesten verbreitet sind immer noch die analogen Finimeter, deren Druckmessung nach dem Prinzip der **Bourdon-Röhre** funktioniert (siehe dazu Funktionsbeschreibung in Kapitel 4.4.3).

4.4.3 Tiefenmesser

Dieses Meßgerät ist wohl das wichtigste bei einem Tauchgang, da es uns unmöglich ist ohne Hilfsmittel die momentane Tiefe genau zu bestimmen. Ohne den Tiefenmesser könnten wir keine maximale Tiefe messen, dadurch keine Austauchstufen ermitteln und könnten diese auch nicht einhalten. Die Wahrscheinlichkeit eines Dekompressionsunfalls steigt...
Für den Kauf sollte man wieder einiges beachten:

- Gute **Ablesbarkeit** der Tiefen
- **Gespreizte Skala** im unteren Bereich (für Deko- Stufen)
- **Schleppzeiger**, der max. Tiefe anzeigt
- **Leuchtziffern**
- evt. **verstellbarer Nullpunkt**, um bei Luftdruckänderung (Bergseetauchen) korrigieren zu können

Die Druckmeßgeräte arbeiten nach unterschiedlichen Prinzipien, die ich an dieser Stelle kurz vorstellen möchte:

4.4.3.1 Kapillar-Tiefenmesser

Diese Tiefenmesser bestehen aus einer kleinen gebogenen Plastikröhre, um

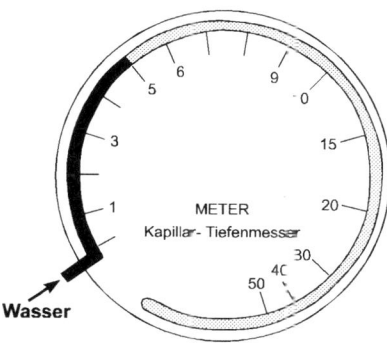

die eine Skala angebracht ist. Die Röhre ist an einem Ende offen (beim Nullpunkt). Nach dem Gesetz von Boyle-Mariotte wird die Luft in der Röhre durch das eindringende Wasser komprimiert. Die Röhre füllt sich deshalb in Abhängigkeit zur Tiefe mit mehr oder weniger Wasser, wodurch eine Tiefenbestimmung möglich wird. Dieser Druckmesser, auch „**Boyle-**

Mariottescher-Tiefenmesser" genannt, ist vor allem im unteren Bereich sehr genau (da bei 10 m der Luftraum der Röhre schon halbiert wird). Früher waren die Kapillar-Tiefenmesser weit verbreitet, werden aber wegen der Nachteile (offene Röhre kann verstopfen, über 10 m wird die Anzeige unleserlich, Ablesen bei Dunkelheit schwierig...) kaum noch verwendet.

4.4.3.2 Membran-Tiefenmesser

Diese im allgemeinen sehr genauen Tiefenmesser sind leider meist sehr teuer. An einem offenen Gehäuse wird eine Membran je nach Druckeinwirkung bewegt. Diese ist mit einer Reihe Zahnrädern und Wellen mit einer Anzeige verbunden, die uns die Tiefe darstellt.
Oftmals verfügen Membran-Tiefenmesser über eine Nullpunkteinstellung, die es uns erlaubt, bei Bergseetauchgängen die Höhe zu korrigieren.

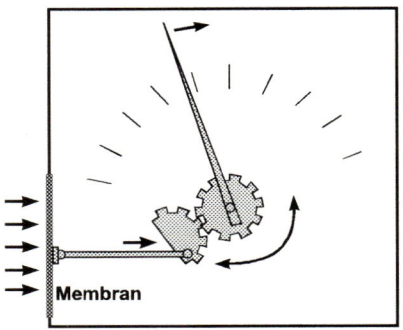

4.4.3.3 Tiefenmesser mit Bourdon-Röhre

Tiefenmesser mit **Bourdon-Röhre**, auch **Rohrfedertiefenmesser** genannt, gibt es in einer preisgünstigen Version mit offener Röhre, in die das umgebende Wasser eindringt, und als geschlossenes System mit Ölfüllung. Diese ölgefüllten Tiefenmesser sind gegenwärtig die meistverbreiteten Meßgeräte, da sie nicht mehr mit Salz oder Sedimenten verstopfen können. Ein flexibles Gehäuse überträgt den Umgebungsdruck auf das Öl, daß sich auch innerhalb der gebogenen Bourdon-Röhre befindet. Die meist aus Kupfer bestehende Röhre streckt sich, wenn der Druck über Normal ansteigt. Diese Bewegung kann man über Zahnräder, Hebel oder Wellen auf eine Anzeige übertragen, auf der man die Tiefe ablesen kann.

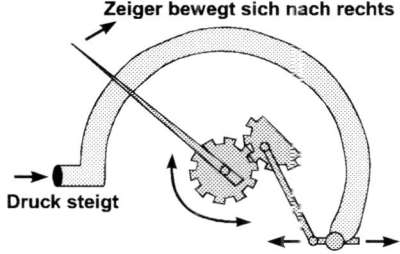

Mit diesem System erreicht man vor allem in der Tiefe eine große Genauigkeit. Eine Variation des Bourdon-Systems ist die Spiralröhre, bei der die Kupferröhre in mehrere Spiralgänge gewunden ist. Dieses Prinzip wird häufig bei Finimetern eingesetzt.

4.4.3.4 Digitale Tiefenmesser

Diese neuste Generation der Tiefenmesser hält immer mehr Einzug in unser „Taucherleben". Ob sie nun in Kombination mit Uhren, in Computern oder separat eingesetzt werden, das Funktionsprinzip bleibt immer das gleiche:
Ein Druckwandler setzt den einwirkenden Druck in elektrische Signale um. Er besteht meist aus einem keramischen Bauteil, dessen elektrische Leitfähigkeit mit größer werdendem Druck proportional ansteigt. D.h. Wächst der Umgebungsdruck, fließt mehr Strom; sinkt er, fließt weniger Strom durch das Bauelement. Aus der Messung des Stromflusses kann die Elektronik eine Tiefenanzeige herleiten.

Ihr Vorteil liegt in der hohen Genauigkeit (+/- 15 cm), der sehr guten und eindeutigen Ablesbarkeit und der Möglichkeit zur digitalen Weiterverarbeitung der Meßdaten (in Deko-Computern).

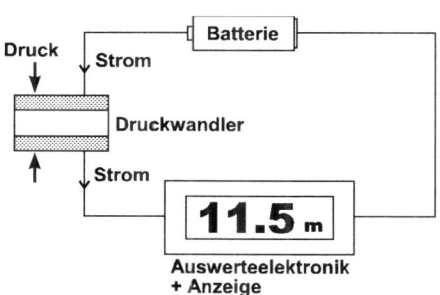

Tiefenmesser zeigen analog oder digital die momentane Tauchtiefe, indem sie mit Hilfe von Membran, Bourdon-Röhre, Kapillarröhre oder elektronischem Druckwandler die Änderung des Umgebungsdruck darstellen.

4.4.4 Dekompressiometer

Das **Dekompressiometer** (oder Dekompressionsmeter) wird heute im Zeitalter der Computer nicht mehr verwendet. Man hatte das Gerät konstruiert, um das Sättigungsverhalten des Körpers unter Wasser nachzuahmen. Damit wollte man eine größere Sicherheit erreichen und auf einfache Art und Weise seine momentane Körpersättigung mit Stickstoff ablesen.

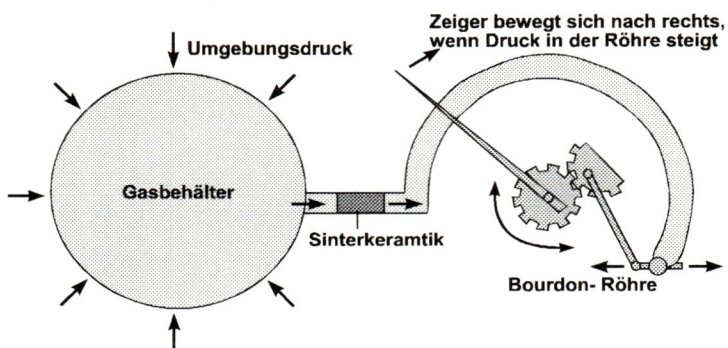

Aus einem flexiblen Behälter oder Beutel wird ein Gas unter Druck durch eine **Sinterkeramik** gepreßt und in eine Bourdon-Röhre (siehe 4.4.3.3) geleitet. Mit zunehmender Tiefe und Tauchzeit strömt mehr Gas in die Röhre und das Anzeigesystem stellt die Größe der Sättigung dar. Dabei sollte der Sinterfilter das Sättigungsverhalten des menschlichen Körpers simulieren.

Da diese Geräte aber sehr ungenau arbeiten, weil sich das Verhalten des Körpers nicht so vereinfachen läßt, sollten sie schon damals nur in Verbindung mit einer Austauchtabelle verwendet werden. Nach heutigen Erkenntnissen der Dekompressionsforschung wird das Gerät insbesondere für Wiederholungstauchgänge als unbrauchbar und d.h. **gefährlich** eingestuft.

4.4.5 Tauchcomputer

Mit der Weiterentwicklung der Meßgeräte für Taucher und der Verbesserung und Verkleinerung der Halbleitertechnologie wurde 1974 der erste Tauchcomputer (Deko-Computer, Decomputer) entwickelt. Mittlerweile ist der Rechner in Konsole oder am Handgelenk beim Tauchen nicht mehr wegzudenken. Anfangs gab es noch separate **Nullzeitrechner** die für die jeweilige Tiefe die Nullzeit berechnen konnten, aber keine Entsättigungsberechnung mit Austauchstufen durchführten. Nur wenige Hersteller haben neben den Tauchcomputern noch eigene Nullzeitrechner im Programm.

Einen Computer beim Tauchen zeichnet vor allem der Komfort aus, mit dem nun getaucht werden kann: Keine aufwendige Berechnung vor dem Tauchgang, keine Dekotabelle unter Wasser deuten, keine Rechenfehler unter Wasser, nur noch ein einziges Meßgerät...
Dabei klingt das Prinzip eigentlich ganz einfach:
Der Rechner hat eine interne Stoppuhr, die zu Beginn des Tauchganges startet. Zusätzlich wird nun in kurzen Zeitabständen über einen Druckwandler der aktuelle Umgebungsdruck gemessen, aus dem man die Tiefe errechnen kann. Aus der Tiefenänderung innerhalb einer Zeiteinheit kann der Computer die Abstiegs- oder Aufstiegsgeschwindigkeit kalkulieren. Mit Hilfe aufwendiger Tabellen und Formeln wird nun die Sättigung und Entsättigung des Gewebes unter Druck berechnet. Diese Informationen werden dann als Nullzeit oder Dekompressionswarnung (mit Austauchzeiten und -stufen) auf dem LCD- Display angezeigt. Um die Sicherheit zu erhöhen, werden die Rechenmodelle immer ausgereifter. Tauchcomputer, die an den Hochdruckausgang (HP) der 1. Stufe angeschlossen werden, messen zusätzlich den Flaschendruck. Damit sind sie in der Lage den Luftverbrauch pro Minute zu berechnen und auf Arbeit oder Anstrengung unter Wasser zu schließen. Das so veränderte Sättigungsverhalten des Körpers wird nun mit einkalkuliert. Eine zusätzliche Messung der Wassertemperatur gibt größere Sicherheit...

Folgende Daten werden von Tauchcomputern angezeigt (von Hersteller zu Hersteller gibt es natürlich Unterschiede!):

- Tauchzeit
- Dekompressionszeit
- Restsättigung
- Logbucheintrag
- Reservewarnung
- Aufstiegsgeschwindigkeitswarnung...
- Tiefe / max. Tiefe
- nächste Austauchstufe
- Flugverbotszeit
- Flaschendruck
- Bergsee- Modus
- restliche Nullzeit
- Austauchzeit
- Tauchgangsplanung
- Luftverbrauch
- Temperatur

Die neuesten Modelle der Tauchcomputer mit integrierter Luftverbrauchsberechnung müssen nicht mehr mit einem Schlauch an die 1. Stufe angeschlossen werden, sondern arbeiten drahtlos über Funk. Der Druckwandler sitzt mit einem Funksender am Hochdruckausgang des Druckminderers. Der Computer am Arm hat einen Funkempfänger, der die Daten auswertet und anzeigt.

Wer sich einen Tauchcomputer anschaffen möchte, sollte sich vorher beim Fachhändler gut beraten lassen, da es eine Vielzahl unterschiedlicher Marken mit verschiedenen Leistungsdaten (und Preisen) gibt. Dabei muß stets beachtet werden: Auch wenn der Computer noch so viele Umgebungsfaktoren einbezieht, handelt es sich dabei immer um eine Berechnung, die auf den durchschnittlichen Taucher ausgelegt wurde. Es sind schon Dekompressionskrankheiten aufgetreten, obwohl der Taucher sich streng an den Tauchcomputer gehalten hat.

Auch wenn das Tauchen mit Computer noch so bequem ist - **Mitdenken** erhöht die eigene **Sicherheit**!! (Niemals Nullzeit ausreizen, Sicherheitspausen einhalten, längere Tauchpausen machen usw...)

Der Tauchcomputer berechnet neben der Anzeige von Tauchzeit, Tiefe und Temperatur auch die Nullzeiten und Dekompressionspausen nach aufwendigen Rechenmodellen vom menschlichen Sättigungsverhalten. Neuere Modelle messen zusätzlich den Flaschendruck und ziehen den Luftverbrauch in die Berechnungen mit ein.

4.4.6 Kompaß

Ein Kompaß hat eine Richtungsskala und eine magnetische Nadel, die durch die magnetischen Feldlinien der Erde beeinflußt, immer nach Norden zeigt.

Die Unterwasser- Version sollte gut gedämpft sein und auch in Schräglage noch sicher ansprechen. Dabei haben sich ölgefüllte Gehäuse bewährt. Wir brauchen eine übersichtliche, gut ablesbare Skala, die in 360°- Schritten unterteilt ist und einen Drehring, der das Schwimmen auf einem Kurs nach Peilung erleichtert. Viele Taucher bevorzugen den Einbau des Kompaß in die Konsole, da so die Peilung erleichtert wird.

Neuerdings werden im Handel auch elektronische Kompasse angeboten, die verschiedene Richtungen speichern können. Auf Knopfdruck kann beim Tauchen der Rückkehrkurs angezeigt werden.

4.5 Tauchbekleidung und Zubehör

Neben der ABC- Ausrüstung und der technischen Ausstattung gehören der Tauchanzug, Tarier- und Auftriebsmittel, Bleigurt und Messer zur Grundausrüstung des Sporttauchers.

4.5.1 Tauchanzug

Um sich vor Wärmeverlust und Hautverletzungen (Abschürfungen, Schnittverletzungen, Nesselgifte o.ä.) zu schützen, benutzt man einen Taucheranzug. Da die Wärmeleitfähigkeit im Wasser ca. 25mal größer ist, als an Land, kann auch ein längerer Aufenthalt in 30°C „warmen" Wasser als unangenehm empfunden werden. Bei Temperaturen unter 25°C sollte man stets zu einem Anzug greifen.
Im Handel gibt es im Prinzip vier Arten von Taucheranzügen:

- Tropenoverall oder -shorty aus Nylon o.ä.
- Neopren-Naßtauchanzüge
- Neopren-Halbtrockenanzüge
- Trockentauchanzüge

Welchen Anzug kauft man am besten für welche Gewässer? Dazu gibt uns die folgende Tabelle Auskunft, die aber nur als Empfehlung gelten soll:

Anzug	Wasser-Temperatur	Tauchgewässer
Badebekleidung	27 - 32 °C	Tropische Gewässer
Tropenoverall	27 - 32 °C	Tropische Gewässer
Neopren-Shorty	25 - 32 °C	Tropische Gewässer
Naßtauchanzug - 5mm	20 - 30 °C	Warme Meere
Naßtauchanzug - 7 mm oder Halbtrockenanzug	6 - 20 °C	Heimische Gewässer, Mittelmeer
Trockentauchanzug	- 1 - 20 °C	Eisgewässer, Seen

Tabelle 15: Tauchanzüge

4.5.1.1 Tropentauchanzüge

Sie dienen einzig dazu, den Körper vor Sonnenbrand beim Schnorcheln, Hautabschürfungen oder Nesselverletzungen im Wasser zu schützen. Angeboten werden leichte einteilige Overalls oder Shorties aus Nylon oder Lycra® (Nylonart). Wer einen zusätzlichen Kälteschutz möchte, greift bei Tropenreisen auch auf kurze 1 - 2 mm Neoprenanzüge zurück.

4.5.1.2 Naßtauchanzüge

Diese am meisten verwendeten Tauchanzüge in verschiedenen Stärken sind ein hervorragender Kälteschutz für verschiedene Temperaturbereiche. Sie bestehen aus aufgeschäumten Neopren mit eingeschlossenen Luftbläschen. Das eingedrungene Wasser wird vom Körper erwärmt und die Neoprenschicht verhindert die Wärmeabgabe an die Umgebung, da die Luftbläschen als Isolator fungieren. Ein Nachteil aber ist, daß die Lufteinschlüsse im Material mit zunehmender Tiefe zusammengepreßt werden (nach Boyle-Mariotte). So sinkt die Isolationswirkung und der Auftrieb (siehe dazu auch Kapitel 2.3.7). Der Auftrieb durch das Material ist auch zu Beginn des Tauchganges ein Problem: Je dicker der Anzug ist, desto mehr Blei braucht man, um abtauchen zu können...

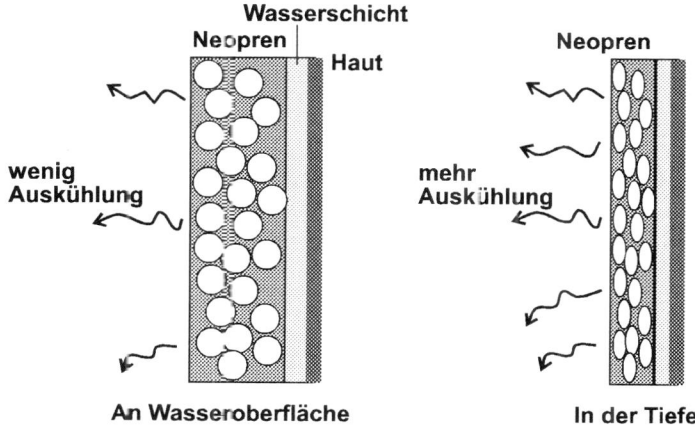

Neoprenanzüge gibt es in den Stärken 2 - 7 mm, als Shorties, Overalls oder Zweiteiler („Long John"- Hose + Jacke) mit oder ohne Kopfhaube. Wegen des Wassers im Anzug ist eine gute Paßform extrem wichtig, da die Zirkulation so gering wie möglich gehalten werden sollte. Was nützt die warme Wasserschicht auf der Haut, wenn diese bei jeder Bewegung durch kaltes Wasser von außen ersetzt wird?

Aus diesem Grund greifen viele Taucher (vor allem bei heimischen Gewässern) zu den „**Halbtrockenanzügen**". Sie bestehen aus demselben Neopren-Material, wie ihre nassen Pendants, besitzen aber zusätzlich Dichtmanschetten an Händen, Füßen und Hals. Damit soll die unerwünschte Wasserzirkulation auf ein Minimum reduziert und der Körper für längere Zeit vor Auskühlung geschützt werden.

Zusätzlich werden aus Neopren die entsprechenden Handschuhe und Füßlinge für Naß- oder Halbtrockenanzüge angeboten.

4.5.1.3 Trockentauchanzüge

Diese Anzüge schützen Taucher auch bei extremen Temperaturen vor Auskühlung. Sie bestehen meist aus einem Stück (oder sind bei separater Kopfhaube, Handschuhe und Füßlingen mit guten Dichtmanschetten versehen). Trockentauchanzüge lassen, wie der Name schon sagt, kein Wasser in ihr Inneres und der Träger kann so zusätzlich wärmende Unterzieher tragen. Es werden unterschiedliche Materialien angeboten, wie z.B. Neopren, gummibeschichtetes Nylon o.ä.

Um das Luftvolumen im Anzug in allen Tiefen immer konstant halten zu können, wird während des Tauchens Luft eingeblasen oder ausgelassen (über einen Inflator oder speziellen Luftauslaß). Das verlangt eine besondere Fertigkeit und viel Übung, um mit einem Trockenanzug umgehen zu können, will man nicht mit den Füßen zuerst, wie ein Korken an die Oberfläche treiben...

Auch das Anziehen eines solchen Anzuges will gelernt sein. Meist braucht der Taucher einen Helfer, der ihm beim Reißverschluß-Schließen und Abdichten zur Hand geht.

Tauchanzüge dienen zum Schutz vor Kälte und vor Hautverletzungen im Wasser. Es werden Naß-, Halbtrocken- und Trockentauchanzüge angeboten.

4.5.2 Tarierwesten

Tarierwesten oder **Tarierjackets** sind mit die wichtigsten Ausrüstungsteile für Taucher. Sie sollen
- beim Schwimmen oder Verschnaufen an der Wasseroberfläche eine Hilfe geben,
- die Tarierung unter Wasser ermöglichen und
- als Notfall-Aufstiegshilfe dienen.

4.5.2.1 Taucherweste

Früher gab es für Sporttaucher nur die **Taucherweste**, die über den Kopf angelegt wurde. Die Bebänderung mußte unter dem Flaschentragegestell sein, weswegen man die Weste vor Aufnehmen der Flasche anziehen mußte.

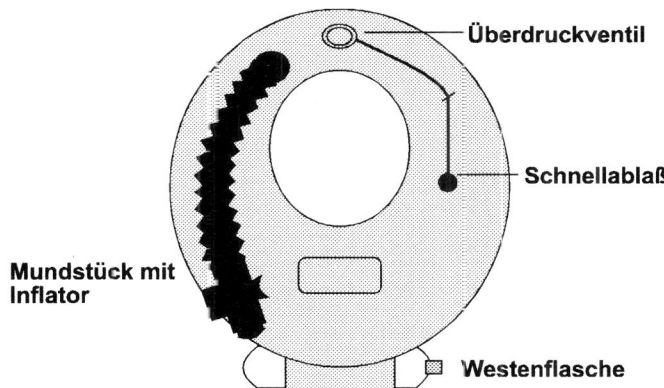

Zur Ausstattung gehörte eine 0,5-Liter- Preßluftflasche, die im Notfall als Hilfsauftriebsmittel genutzt werden konnte.
Mittlerweile ist diese unbequeme Variante bei Tauchern kaum mehr zu finden und fast gänzlich vom Markt verdrängt worden. Aber einen großen Vorteil darf man auch heute nicht aus den Augen lassen: Durch den luftgefüllten Kragen um den Kopf, hat der Taucher eine absolut „ohnmachtssichere" Lage. Das heißt, wenn nach einem Unfall der Taucher an der Wasseroberfläche bewußtlos werden sollte, hält ihn die Taucherweste so, daß sein Kopf aus dem Wasser schaut. Dadurch ist eine Eigenatmung gewährleistet.

4.5.2.2 Jackets

Die Weiterentwicklung der Taucherweste sind die Jackets, die man mittlerweile in drei Bauweisen vorfindet:
Stabilizing Jackets, ADV-Jackets (Advanced Jackets) und Wing-Jackets.

Die **Stabilizing Jackets** waren die ersten ihrer Art, die gebaut wurden. Diese Jackets erschienen in den USA bereits 1977. Sie haben erstmalig gute Tariereigenschaften mit hohem Tragekomfort verbunden. In der Regel bestehen sie aus ein oder zwei Schalen, und ein oder mehreren Luftkammern. Ausgestattet sind sie mit Schnellablaßvorrichtungen, Überdruckventil und Inflator (s.u.). Ein breiter Bauchgurt und eine Trageschale für die Preßluftflasche sorgen für guten Sitz und Bequemlichkeit. Ihre Stärke ist das große Auftriebsvolumen und die gute Verteilung der Luft um den Körper. Sie sind aber relativ schwer, sperrig und unbequem beim An- und Ausziehen.

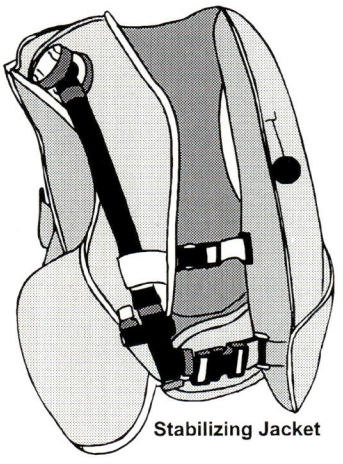
Stabilizing Jacket

Die neueren **ADV-Jackets** unterscheiden sich dagegen grundsätzlich nur in einem einzigen Punkt: Der Schulterbereich ist nicht aufblasbar. Dafür befinden sich dort einstellbare Schultergurte, wodurch auf einfache Weise ein guter Sitz erreicht werden kann. Sie haben eine gute Paßform und sind einfach an- und abzulegen. Der Nachteil ist aber das geringere Auftriebsvolumen und die ungünstigere Luftverteilung.

Wing-Jackets (auch: Back-Flotation-Jackets) sind die neueste Entwicklung auf dem Markt. Sie haben im vorderen Bereich keine Luftkammern mehr. Zur Volumenvergrößerung stehen die hinteren Kammern wie Flügel etwas seitlich ab. Man erreicht so eine optimale Tauchlage unter Wasser. Als Rettungsmittel sind diese Westen aber weniger geeignet, da im Falle einer Bewußtlosigkeit der Verunfallte mit dem Rücken nach oben im Wasser treiben wird. Damit stehen gute Paßform, einfaches Handling und perfekte

Luftverteilung beim Tauchen den Nachteilen des ungewohnten Schwimmverhaltens an der Wasseroberfläche gegenüber.

Leider sind heutzutage nicht mehr viele Jackets mit kleinen Druckluftflaschen ausgestattet. Einige Hersteller bieten zwar noch Modelle mit Notfall-Flasche an, die Nachfrage danach sinkt aber. Neben der manuellen Aufblasvorrichtung mit Mundstück besitzen alle Jackets einen Inflator-Anschluß.
Ein Nachteil aller Jackets ist, daß kein Hersteller eine „ohnmachts-sichere" Lage an der Wasseroberfläche garantieren wird. Anders als bei den Westen, können sie den Kopf des Tauchers nicht stabil über Wasser halten, da kein geschlossener Luftring um den Oberkörper zur Verfügung steht.

4.5.2.3 Inflator

Da bisher einige Male der Inflator angesprochen wurde, soll diese Vorrichtung hier kurz näher besprochen werden:
Der **Inflator** (engl.: inflate ≙ aufblasen) verbindet das Mundstück der Tarierweste mit dem Mitteldruckabgang (LP) der 1. Stufe. Am Mundstück befinden sich zwei Knöpfe. Mit dem einen wird der Inflator betätigt, d.h. ein Ventil wird gegen eine Schließfeder geöffnet und Luft strömt in die Weste. Mit dem zweiten Knopf öffnet man ein anderes Ventil und läßt Luft aus dem Westenkörper entweichen. Dieser Knopf muß auch gedrückt werden, um manuell Luft über das Mundstück einzublasen. Die Zeichnung verdeutlicht das Prinzip:

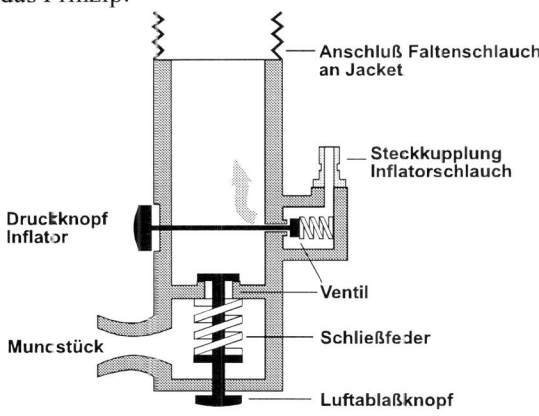

4.5.3 Weiteres Zubehör

Schier unerschöpflich scheint das Angebot an nützlichem oder unsinnig erscheinendem Zubehör für das Tauchen zu sein. Ich möchte deshalb kurz nur die wichtigsten Teile nennen:

4.5.3.1 Bleigürtel

Um den Auftrieb des Tauchers durch den Neoprenanzug, leere Aluminiumflaschen, Jackets usw. auszugleichen ist ein Bleigurt unerläßlich. Es gibt momentan drei Versionen im Handel:
♦ Gurt mit Standardgewichten
♦ Gurt mit Tasche und Bleischrotfüllung
♦ Jackets mit integrierten Bleitaschen

Den besten Gurt für sich selbst zu finden, ist jedem selbst überlassen. Nur muß der Bleigürtel eine Schnellabwurfschnalle besitzen, um im Notfall (Abstürzen) das Gewicht abwerfen zu können.
Wieviel Blei man zum Tauchen mitnehmen muß, zeigt die Erfahrung mit der Zeit. Die meisten Anfänger sind hoffnungslos „überbleit", während der langjährige Taucher dazu neigt, fast kein Blei mehr dabei zu haben...

4.5.3.2 Tauchermesser

Vorab möchte ich eines erwähnen: Das Tauchermesser dient als Werkzeug und nicht als Waffe! Niemand wird ernsthaft versuchen, sein Tauchermesser gegen einen „bösen" Hai einzusetzen...
Aber gerade in heimischen Seen ist das Risiko, sich in einer Angelschnur zu verfangen, recht groß. Auch im Meer können Schlingpflanzen dem Taucher zum Verhängnis werden. Dann ist man froh ein Messer dabeizuhaben, um sich befreien zu können.
Es gibt eine Vielzahl Messer in allen Größen und Formen. Beim Kauf sollte man vor allem darauf achten, das Messer auch mit einer Hand (im Handschuh) leicht aus der Scheide ziehen zu können.

4.5.3.3 Unterwasser-Lampe

Beim Tauchen in dunklen Gewässern, in Höhlen oder bei Nacht wird eine gute Unterwasser-Lampe zur „Lebensversicherung". Auch bei normal hellen Tauchgängen kann man mit einer kleinen Lampe eine Spalte im Riff ausleuchten oder den Korallen in der Tiefe die „Farbe wiedergeben". Auch hier bietet der Handel eine Menge:
- Einfache UW- Lampen mit wenig Leistung (Batterien oder Akkus)
- UW- Stablampen bis 20 Watt (Batterien oder Akkus)
- UW- Halogenlampen bis 50 Watt mit Handgriff oder Pistolengriff (Akkus und Ladeelektronik)
- UW- Leuchten bis 200 Watt vorwiegend für Foto- oder Videoaufnahmen. Meist mit separaten Akku- Pack.

4.5.3.4 Taucherboje

Gerade in Tauchgebieten, wo auch Sportboote unterwegs sind, ist eine Taucherboje pro Gruppe unerläßlich. In machen Urlaubsländern ist diese für Sporttaucher schon Vorschrift.

Die meist aufblasbare Boje besteht aus einem Schwimmkörper aus leuchtender Signalfarbe und oben einer Taucherflagge. Eine korrekte Flagge zeigt entweder ein rotes Rechteck mit weißem Diagonalstreifen oder ist blauweiß und doppelzackig. Die Taucherboje wird mit einer aufgespulten dünnen Schnur vom Taucher mitgeführt.

4.5.3.5 Ersatzteile

Am Ende möchte ich noch die Ersatzteile erwähnen, die jeder beim Tauchen dabei haben sollte. Ist ihnen schon mal das Flossen- Fersenband gerissen, nachdem sie sich mühsam angezogen haben und 300 m zum Taucheinstieg gelaufen sind ?

Dann ist man wirklich froh, wenn der Tauchpartner grinsend ein Ersatzteil aus der Tasche zieht, das er selbstverständlich *immer* dabei hat...

Die Erfahrung zeigt, daß man zumindest in der Tauchtasche immer ein kleines Ersatzteil-Sortiment mitführen sollte:

Flossen-Fersenband, Maskenband, O-Ringe, neue Batterien, Birne für Taschenlampe...

4.6 Wie funktioniert eigentlich ein Kompressor?

Wer einen Kompressor bedienen will, braucht dazu eine Zusatzausbildung. Diese Fähigkeit ist aber für den normalen Sporttaucher nicht gefordert und soll deshalb hier auch nicht vertieft werden. Der Taucher soll aber den Aufbau eines Kompressors und die Richtlinien der Aufstellung und des Betriebes beim Füllen kennen. Nur so kann er beurteilen, ob seine Preßluftflasche vorschriftsmäßig gefüllt wurde und er beim Tauchen kein Risiko eingeht (Kohlenmonoxidvergiftung...).

4.6.1 Aufbau

Ein Atemluftkompressor dient zum Verdichten (Komprimieren) von Atemluft und Füllen der Druckluftflaschen. Er erzeugt einen Druck von 200 - 350 bar in drei oder vier Stufen. Es gibt Benzin-, Diesel-, Wechselstrom- oder Drehstrom- betriebene Kompressoranlagen. Der Kompressor muß aus mehreren Stufen bestehen, da sonst bei Kompression der Luft in einem einzigen Arbeitsgang die Temperatur auf über 600 °C ansteigen würden (lt. Gesetz von Gay- Lussac) !

Für die Erklärung der prinzipiellen Funktionsweise, zeige ich hier den Aufbau eines dreistufigen **Hubkolbenkompressors**:

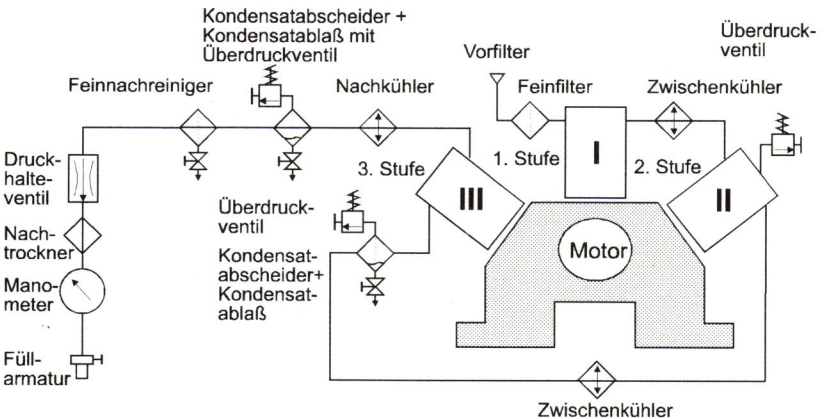

Über einen **Vorfilter**, der für die Grobreinigung zuständig ist, wird die Luft angesaugt und über einen **Feinfilter** (Mikronik- Filter) in die erste Stufe geleitet. Im Drehtakt des Motors werden die Kolben in den einzelnen Druckstufen auf- und abbewegt und komprimieren die einströmende Luft. Die Luft verläßt die 1. Stufe mit einem Druck von 6 bar und wird im **Zwischenkühler** gekühlt. Die 2. Stufe verdichtet die Druckluft auf 45 - 47 bar. Zur Sicherheit befindet sich ein **Überdruckventil** an der 2. Stufe. Die verdichtete Luft durchläuft wieder einen Zwischenkühler und einen **Kondensatabscheider** mit **Kondensatablaß**. Hier wird die überschüssige Feuchtigkeit der Luft und mitgeführtes Öl aus den Kolben abgegeben. Die 3. Stufe komprimiert die Luft in einem letzten Arbeitsgang auf 225 bar. Diese wird wieder gekühlt und in zwei Filtern gereinigt (Kondensatabscheider + **Kohlefilter** zur Feinnachreinigung). Ein Trockenfilter sorgt für die Nachtrocknung der Luft. Um für die 3. Stufe den nötigen Gegendruck halten zu können, ist ein sogenanntes **Druckhalteventil** installiert, das erst ab 150 bar öffnet. Das **Manometer** zeigt den aktuellen Druck am Ende an. An die Füllarmatur wird die Preßluftflasche angeschraubt und mit Druckluft gefüllt.

4.6.2 Die Kompression

Die Kompression in den einzelnen Kolben funktioniert dreimal nach der selben Methode: Bei der Abwärtsbewegung des Kolbens, wird Luft angesaugt, die nur über das Saugventil einströmen kann. Bei der Hubbewegung des Kolbens wird die Luft komprimiert, bis das Druckventil (das auf den entsprechenden Arbeitsdruck eingestellt ist) anspricht und öffnet. So wird bei jedem Kolbendurchlauf eine kleine Menge Luft verdichtet und weitergegeben.

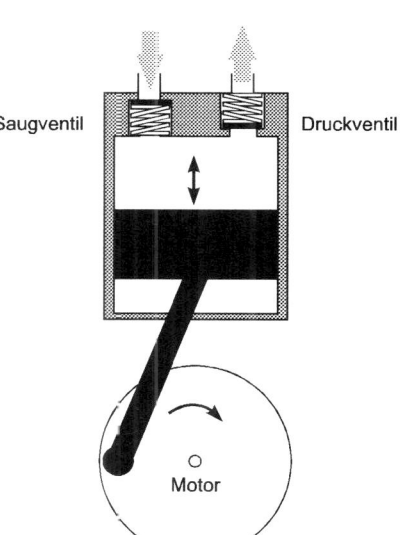

4.6.3 Bedienung und Aufstellung

Bei der **Bedienung** eines Kompressors ist vor allem die regelmäßige Überprüfung und der Wechsel der Filter (je nach Umgebungstemperatur, Fülleistung und Druck) wichtig. Dazu wird in der Regel ein Füllprotokoll geführt oder die Anlage hat einen Betriebsstundenzähler. So müssen je nach Betriebsanleitung das Molekularsieb, die Aktivkohle und das Trockenmittel regelmäßig ausgetauscht werden.

Auch wenn man als Taucher über die Funktion des Kompressors nicht informiert sein muß, sollte man doch eines wissen: Wo und wie wird die Außenluft zum Verdichten angesaugt? Steht die Füllanlage an einer belebten Straße und der Ansaugfilter bekommt zuviel Kohlendioxid von den Abgasen mit? Es gibt einige Richtlinien, die für das **Aufstellen** des Kompressors gelten:

- Kompressor nicht in die pralle Sonne stellen !
- Untergrund: eben, belastbar und staubfrei !
- Die Abgase des Kompressor- Motors ziehen vom Ansaugstutzen weg !
- Am besten: Ein Kontrollwimpel zeigt die Windrichtung an !
- Der Ansaugstutzen ist 3 m entfernt, in 2 m Höhe angebracht !
- Keine Sauerstoffverbraucher, Geruchsquellen oder Kohlendioxid-/ Kohlenmonoxiderzeuger in der Nähe des Ansaugschlauches !
- Ansaugöffnung ist vor Regenwasser geschützt !
- Umweltschutz: Keine Geräuschbelästigung durch Kompressor !
- Umweltschutz: Kondensatflüssigkeit ist Sondermüll (Ölhaltig !).

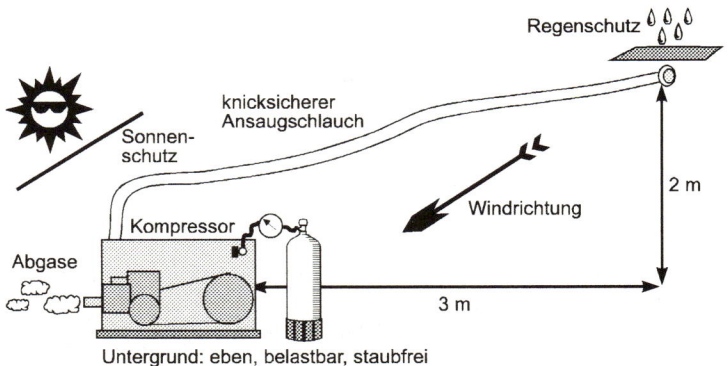

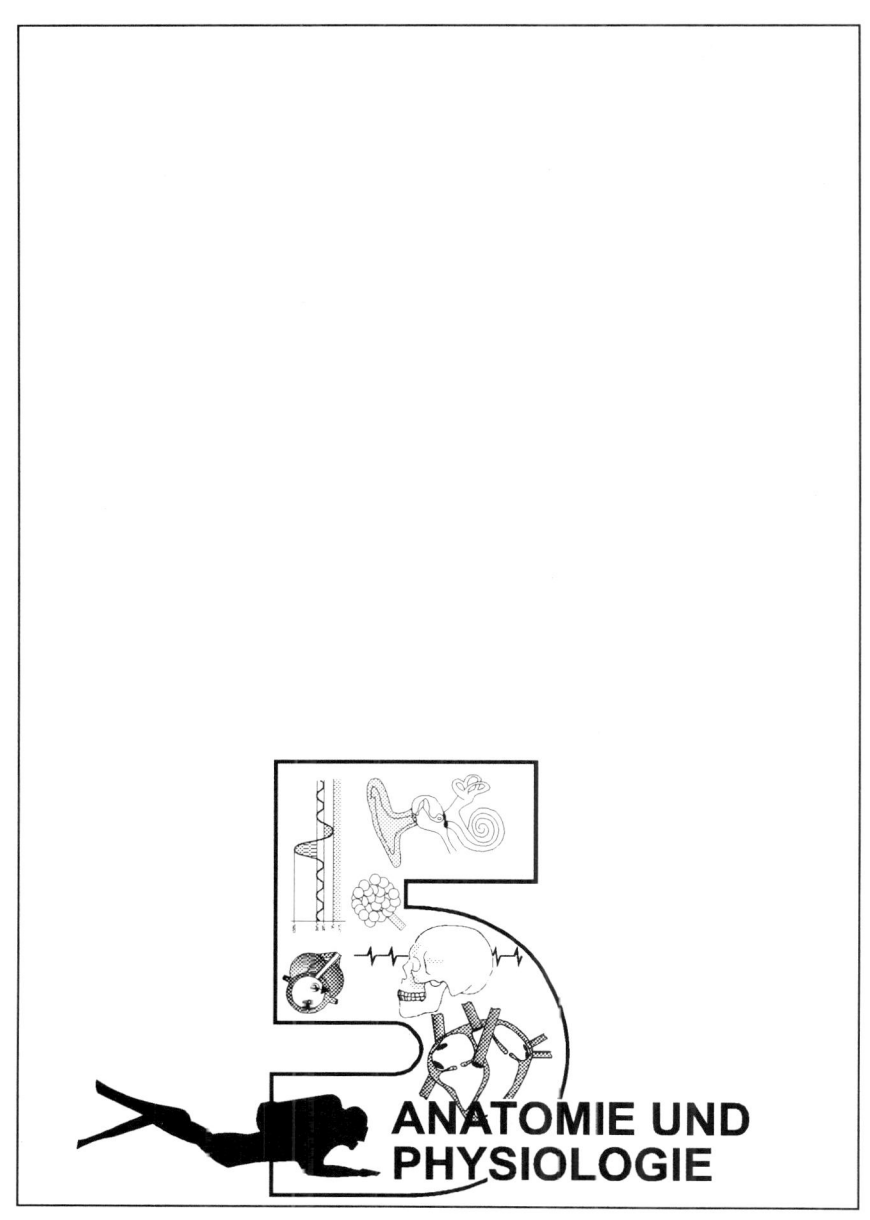

ANATOMIE UND PHYSIOLOGIE

In diesem Kapitel möchte ich nur die Teile des menschlichen Körpers und die Vorgänge darin beschreiben, die für das Basis- Tauchwissen (und natürlich für eine eventuelle Tauchprüfung) unbedingt erforderlich sind. Man kann den Vorgang des Druckausgleiches im Ohr nicht beschreiben, ohne den Aufbau im Mittelohr zu kennen. Ich beginne jedes Unterkapitel mit den anatomischen Grundlagen und beschreibe danach das komplexe Zusammenwirken der entsprechenden Organe (Physiologie).

5.1 Hohlräume im Körper

Für uns ist das Wissen um die Hohlräume im Körper von elementarer Wichtigkeit, da wir beim Tauchen einem ständig wechselndem Umgebungsdruck ausgesetzt sind. Dazu wollen wir am Kopf des Menschen beginnen:

5.1.1 Schädelhöhlen

Der Schädel setzt sich aus dem **Gehirnschädel** mit acht Knochen und dem **Gesichtsschädel** mit 14 Knochen zusammen. Sie habe die Aufgabe die Sinnesorgane und das Gehirn schützend zu umhüllen. Hier befinden sich fünf starre Höhlen, die alle mit dem Mund-Rachenraum verbunden sind:

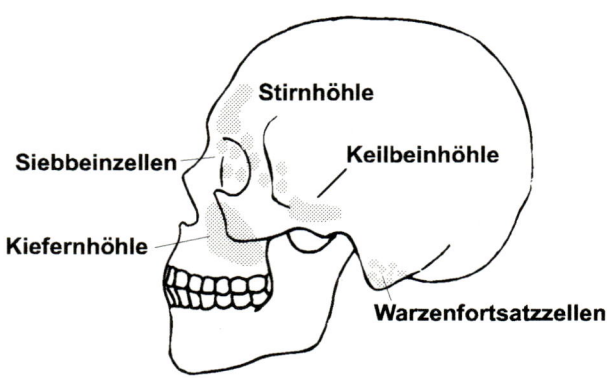

Die fünf Schädelhöhlen (starr):

Stirnhöhle, Keilbeinhöhle, Kiefernhöhle, Siebbeinzellen, Warzenfortsatzzellen

5.1.2 Körperhohlräume

Die restlichen, für uns relevanten Hohlräume im Körper sind flexibel, also passen ihr Volumen dem Außendruck an (siehe Gesetz von Boyle-Mariotte, Kapitel 2.2.2). Folgenden Hohlräume im Körper müssen wir als Taucher beachten:

- die luftgefüllten Bläschen in den beiden Lungenflügeln;
- den Raum, der vom Mittelfell der Lunge begrenzt wird und Herz, Luftröhre, Speiseröhre und große Gefäße beherbergt (**Mittelfellraum**);
- die Luftblase im Magen (**Magenblase**), die je nach Mageninhalt größer oder kleiner sein kann;
- im Darmbereich eingeschlossene Luftbläschen, die durch die Verdauungstätigkeit entstehen.

Diese Hohlräume können beim Tauchen für uns mehr oder weniger wichtig werden. Hat man vor dem Tauchen z.B. schwere, blähende Mahlzeiten zu sich genommen und es kommt während des Tauchganges in der Tiefe zu vermehrter Gasbildung im Darmtrakt, kann es beim Auftauchen zu schmerzhaften Darmbeschwerden kommen. Dazu aber mehr im Kapitel 6.1.2 - „Barotrauma".

Die vier Körperhohlräume (flexibel):

Lunge, Mittelfellraum, Magenblase, Darmbläschen

5.2 Die Atmung

5.2.1 Obere Luftwege

Die oberen Atemwege umfassen Nasen- und Rachenraum, also den Bereich des Kopfes. Der **Nasenraum** besteht aus zwei nebeneinander liegenden, durch die **Nasenscheidewand** getrennte Raumsysteme. Der Naseneingang ist behaart und fängt groben Staub beim Einatmen ab. Die Nasengänge münden in den Rachen. Hier ist auch der Sitz des Geruchssinnes.

Der **Rachenraum** befindet sich hinter der Mundhöhle, er transportiert die Luft am Zungengrund vorbei. Diese passiert danach den **Kehlkopf (Larynx)**. Der Nasen- Rachenraum ist für die Erwärmung und Anfeuchtung der eingeatmeten Luft zuständig.

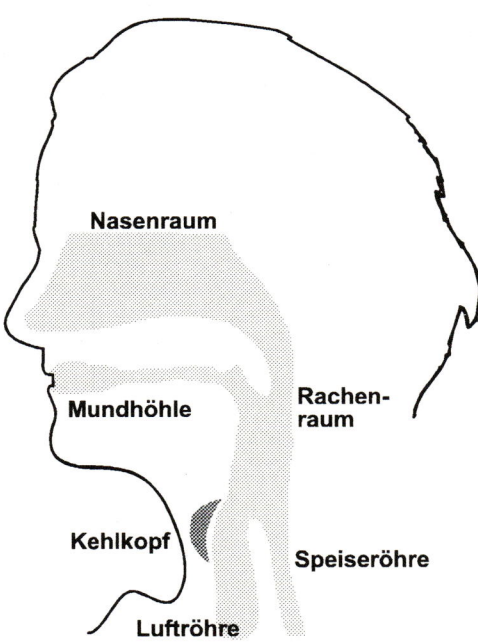

5.2.2 Untere Luftwege

Die unteren Luftwege beginnen beim Kehlkopf und beinhalten **Luftröhre (Trachea)**, **Bronchialbaum** und die **Lunge** selbst.
Die Luft- und Speiseröhre überkreuzen sich im Kehlkopf. Beim Schlucken verschließt der Kehldeckel (**Epiglottis**) den Eingang der Luftröhre, um ein Verschlucken zu verhindern. Der Kehlkopf besteht aus Bändern, Knorpeln und Muskeln. Diese umschließen den Hohlraum, in dem die Stimmbänder aufgespannt sind.
Nach der unteren Kehlkopföffnung beginnt die Luftröhre, die bei Erwachsenen 10 - 15 cm lang sein kann. Sie besteht aus einem elastischen Gewebe an der Hinterwand. Die Vorder- und Seitenwand wird von Knorpelspangen verstärkt und offen gehalten.
In Höhe des 4. und 5. Brustwirbels teilt sich die Röhre und mündet in die beiden **Stammbronchien** (Hauptbronchien). Diese treten in den Lungenflügel ein und verästeln sich immer feiner, zu den **Bronchiolen** bis hin zu den Lungenbläschen, den **Alveolen**. Die Lunge besitzt etwa 300 - 400 Millionen Alveolen, deren Gesamtoberfläche 80 - 100 m² beträgt. Die Lungenbläschen sind umschlossen von einem Netz feinster Haargefäße (**Lungenkapillaren**), mit denen der Gasaustausch stattfindet. Hier wird das Blut mit frischem Sauerstoff angereichert und Kohlendioxid abgegeben.

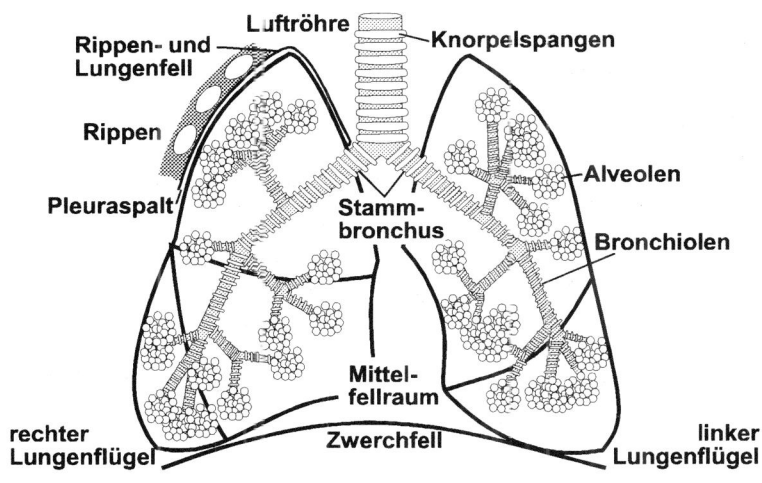

5.2.3 Die Lunge

Die Lunge wird aus der Gesamtanzahl der Lungenbläschen mit den Bronchiolen gebildet und besteht aus einem linken und rechten Flügel. Sie ist das zentrale Organ unseres Atmungssystems und füllt den Brustraum fast vollständig aus. In der Mitte ist das Herz eingebettet, nach unten wird sie vom **Zwerchfell** begrenzt. Der linke Lungenflügel setzt sich aus zwei Lappen (um für das Herz Platz zu machen), der rechte aus drei Lappen zusammen. Beide schwammartigen Lungenhälften werden von einer dünnen, elastischen Haut überzogen, dem sog. **Lungenfell (Inneres Pleurablatt)**.

Das Lungenfell stülpt sich an der Eintrittsöffnung der Hauptbronchien nach außen um und wird zum **Rippenfell (äußeres Pleurablatt)**. Im Raum zwischen den Häuten, dem **Pleuraspalt**, befindet sich eine Flüssigkeit, die beide Pleurablätter aneinanderkleben läßt. Vergleichbar ist das mit zwei Glasscheiben zwischen denen sich Wasser befindet: Sie sind gegeneinander leicht verschiebbar, aber nicht voneinander zu trennen. So hält das Rippenfell, das mit der Innenseite des Brustkorbes (**Thorax**) verwachsen ist, die Lungen entfaltet. Würde Luft in den Pleuraspalt dringen, dann fiele der entsprechende Lungenflügel in sich zusammen. Damit wäre kein Gasaustausch mehr möglich.

5.2.4 Das Lungenvolumen

Die Menge der Ein- und Ausatemluft ist durch die Abmessungen der Lunge begrenzt. Ein erwachsener Mensch nimmt in Ruhe ca. 500 ml Luft je Atemzug auf, und gibt diese auch wieder ab (**Atemzugvolumen**).

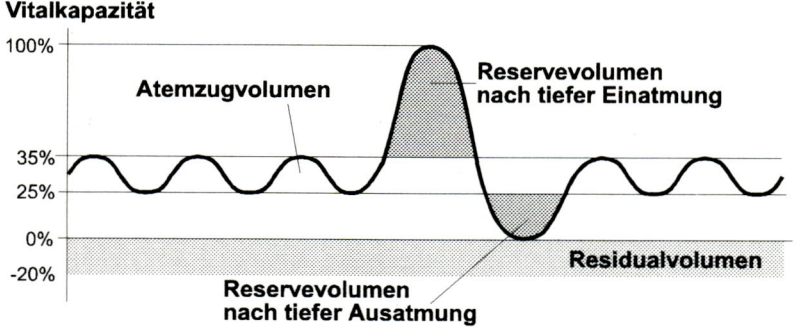

Da wir etwa 12mal pro Minute ein- und ausatmen, kommen wir auf ein **Atemminutenvolumen** von 6 Litern pro Minute. Je nach Atemzugvolumen und Atemfrequenz kann der Wert individuell variieren. (Siehe auch Kapitel 3.1.2).

Wir können aber über diesen Wert hinaus mehr Luft zu uns nehmen. Bei tiefer Einatmung schöpfer wird das **inspiratorische Reservevolumen** aus, das den achtfachen Wert der normalen Einatmung betragen kann (ca. 4 l).

Bei tiefer Ausatmung wird das **exspiratorische Reservevolumen** abgeben (ca. 1,5 l), mehr kann nicht ausgeatmet werden. Diese drei Atemvolumen nennt man zusammen: **Vitalkapazität**.

Es bleibt immer ein Rest von Luft in den Atemwegen und in der Lunge zurück, das sog. **Residualvolumen** (ca. 1,2 l), dessen Luftfüllung nicht ausgeatmet werden kann. Dieses Restvolumen wird vom Inhalt der Luftröhre, den Bronchien mit den Alveolen und dem Rachenraum gebildet.

Die **Totalkapazität** der Lunge setzt sich nun aus inspiratorischem Reservevolumen, Atemzugvolumen, exspiratorischem Reservevolumen und Residualvolumen zusammen.

5.2.5 Was passiert beim Atmen ?

Die Atmung läuft ganz automatisch ab. Ohne daran zu denken, wird die Ein- und Ausatmung unbewußt gesteuert. Der Körper besitzt das sogn. **Atemzentrum**, das im verlängerten Rückenmark der Wirbelsäule im Hirnstamm sitzt. Hier wird ständig der Kohlendioxidgehalt im Blut ermittelt und der **Atemreiz** ausgelöst. Die **Zwischenrippenmuskulatur** spannt sich, der Brustkorb hebt sich und dehnt sich aus (Brustatmung). Zusätzlich zieht sich das Zwerchfell zusammen und dehnt so die Lunge aus (Zwerchfellatmung). In Ruhe benützen wir zu 60% die Zwerchfellatmung, den Rest besorgt der Brustkorb.

Wie wir oben erfahren haben, klebt die Lunge von innen am **Rippenfell** (durch die Kapillarkräfte im **Pleuraspalt**). Durch die Vergrößerung des Brustkorbes wird somit ein Unterdruck in den beiden Lungenflügeln erzeugt, Luft strömt von außen ein, bis ein Druckausgleich hergestellt ist.

Bei der Ausatmung erschlaffen die Zwischenrippenmuskeln, das Zwerchfell entspannt sich. Durch die Elastizität des Brustkorbes und der Lunge wird wie bei einem Blasebalg der Luftinhalt der Lunge nach außen gedrückt.

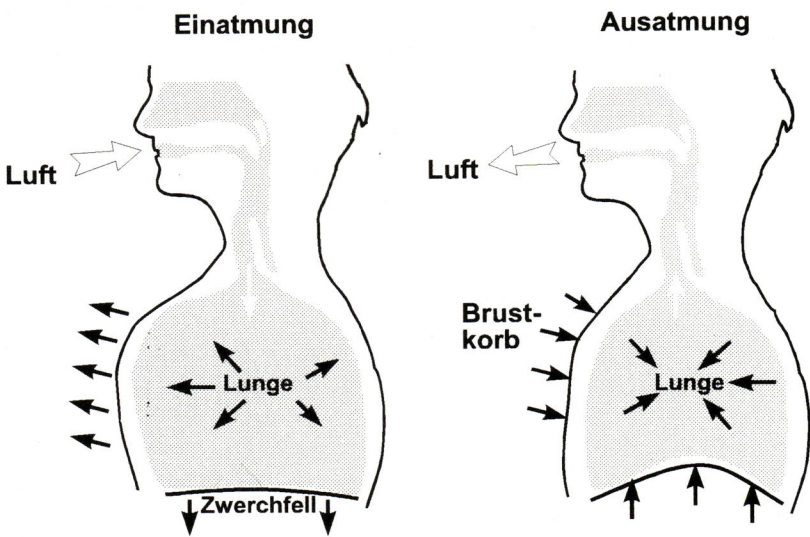

Soweit zur Mechanik des Atmens. Nun wollen wir sehen, was innerhalb des Körpers vor sich geht. Dazu „setzten" wir uns als Beobachter einfach auf ein Sauerstoffmolekül und lassen uns einatmen:
Unser Weg führt uns durch die Nasenhöhle, in der die Luft durch die Härchen von grobem Staub und Schmutz befreit wird. Dann gelangen wir in den Rachenraum, die Luft wird unterwegs angefeuchtet und erwärmt. Durch die unteren Luftwege werden wir letztendlich in die Alveolen gesaugt und an deren Innenwänden entlanggewirbelt. Hier findet der Gasaustausch statt:
Die **Alveolen** haben eine sehr dünne Membran, von außen schmiegen sich die blutgefüllten **Kapillargefäße** an. Nach rein physikalischen Gesetzen diffundieren die Gase von den Alveolen in die Blutgefäße und umgekehrt, d.h. sie treten durch die Membran vom höheren Partialdruck in den niedrigeren. Das sauerstoffarme Blut kommt aus der rechten Herzhälfte und hat Kohlendioxid (CO_2) gelöst. An der Alveole herrscht ein Partialdruckunterschied von CO_2. Das Gas diffundiert nun durch die Membranwand vom Blut in die Alveole. Der Sauerstoff ist in der Luft mehr vorhanden als im verbrauchten Blut. Das O_2 tritt daher aus der Luft ins Blut über und wird an das **Hämoglobin,** den roten Blutfarbstoff gebunden. Das jetzt sauerstoffreiche

Blut fließt zum linken Herzen und wird durch den Körper gepumpt. Diesen Vorgang nennen wir die **äußere Atmung**.

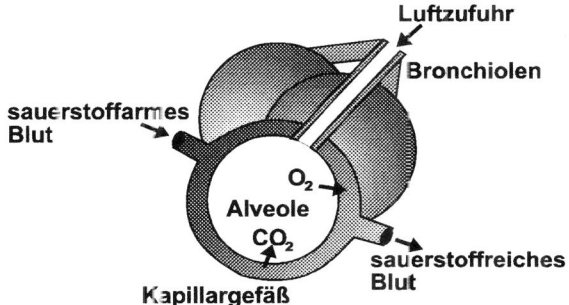

Unser Weg führt jetzt weiter durch das Adersystem des Körpers. Das linke Herz pumpt das sauerstoffreiche Blut in die letzten Winkel des Körpers, bis hin zu den einzelnen Körperzellen.
Hier findet die **innere Atmung** statt: Genau wie in den Alveolen wird das Gas zwischen Kapillargefäß und Zelle ausgetauscht. Der Sauerstoff wandert in die Zelle, da hier der Sauerstoffteildruck niedriger als im sauerstoffreichen Blut ist. Kohlendioxid wird abgegeben und in der **Blutflüssigkeit** chemisch und physikalisch gelöst (siehe 5.3.1)
Die Einatemluft beinhaltet 78% Stickstoff, 21% Sauerstoff und 1% Restgase. Beim Ausatmen geben wir 78% Stickstoff, 17% Sauerstoff, 4% Kohlendioxid und 1% Restgase wieder ab. Es werden also nur 4% des eingeatmeten Sauerstoffes verbraucht, Stickstoff und die Edelgase nehmen nicht an einer chemischen Umwandlung teil. Diese nennt man deshalb **Inertgase**.

Einatemluft	Bestandteile der Luft	Ausatemluft
78 %	Stickstoff	78 %
21 %	Sauerstoff	17 %
1 %	Edelgase	1 %
0,03 %	Kohlendioxid	4 %
Tabelle 16: Ein- und Ausatemgase		

5.3 Der Blutkreislauf

5.3.1 Was ist Blut?

Das Blut im menschlichen Körper hat die Aufgabe die Zellen mit Brennstoff, Sauerstoff, Vitaminen, Hormonen und Wärme zu versorgen. Weiterhin muß es die Stoffwechselprodukte und das Kohlendioxid wieder abtransportieren. Vergrößert betrachtet ist Blut eine farblose Flüssigkeit (**Blutplasma**) in der eine Ansammlung winzigster Bestandteile schwimmen, die sog. **Blutkörperchen**. Ein Erwachsener hat eine Blutmenge von 5 - 6 Liter (genauer: 80 ml je kg Körpergewicht).
Wir können die Blutbestandteile in vier Gruppen aufteilen:

Rote Blutkörperchen (Erythrozyten)
Sie haben die Form einer runden, an der Seite eingedellten Scheibe. Im Zellinneren ist der rote Blutfarbstoff (**Hämoglobin**) eingeschlossen. Durch ihre riesige Anzahl von 5 Millionen Körperchen pro Kubikmillimeter (mm^3) bekommt das Blut seine rote Farbe. Die Erythrozyten werden im Knochenmark ständig neu gebildet und haben die Aufgabe des Sauerstofftransports. Die O_2- Moleküle werden an das Hämoglobin lose gebunden und von den Alveolen zu den Zellen transportiert.

Weiße Blutkörperchen (Leukozyten)
Diese sind etwas größer als die roten Blutkörperchen, kommen aber nicht so zahlreich vor (5000 - 8000 pro mm^3). Sie haben einen Zellkern und eine dünne bewegliche Membran. Leukozyten sind Freßzellen, deren Hauptaufgabe die Vernichtung von Fremdkörpern und Bakterien ist. Die weißen Zellen sind innerhalb des Blutes voll beweglich, können sogar durch die Kapillaren kriechen und durch Gefäßwände in andere Gewebe übertreten. Sie sammeln sich überall da an, wo sie gebraucht werden.

Blutplättchen (Thrombozyten)
Sie sind kernlose, rundliche Elemente, die in einer Häufigkeit von etwa 250.000 pro mm^3 auftreten. Ihre Aufgabe ist die Blutgerinnung, indem sie nach einer Verletzung die Löcher in der Gefäßwand mit einem Pfropfen (**Thrombus**) abdichten.

Blutplasma
Das Blutplasma besteht zu 93% aus Wasser, in dem die festen Blutkörperchen transportiert werden. Weitere Bestandteile sind Glukose, Elektrolyte, sowie Eiweiße und Fette. Für den Abtransport von Kohlendioxyd aus den Zellen wird hier das Gas als Kohlensäure gelöst befördert ($CO_2 + H_2O \leftrightarrow H_2CO_3$).

5.3.2 Adern - die Transportleitungen
Diese Gefäße haben vorwiegend die Aufgabe das Blut im Körper zu transportieren. Daneben sind sie an der Regulierung des Blutdruckes beteiligt. Wir können sie grob in drei Gruppen einteilen:

Arterien
Arterien nennen wir alle Blutgefäße, die vom Herzen kommen und das Blut von dort wegführen. Zunächst sind sie überwiegend elastisch, dann eher dickwandig. Sie verzweigen sich im gesamten Körper zu immer dünner werdenden Ästen. Mit der sie umschließenden kräftigen Muskelschicht können sie ihren Durchmesser bei Bedarf verändern. Die größte Arterie (daumendick) führt direkt von der linken Herzkammer weg und heißt **Aorta**. Die großen Arterien sind teilweise durch Knochen und Muskeln geschützt.

Kapillaren
In diesen feinsten aller Blutgefäße des Körpers findet der lebensnotwendige Gas- und Stoffwechselaustausch zwischen Blut und Zellen statt. Diese Haargefäße sind nur noch von einer dünnen durchlässigen Membran umgeben, durch die der Austausch stattfinden kann.

Venen
In den Venen wird das Blut gesammelt und wieder zurück zum Herzen transportiert. Die fein verzweigten Kapillaren münden in kleinste Venen, die sich wieder zu größeren Transportleitungen vereinigen (in der Größenordnung der Arterien, jedoch sind sie muskelschwächer). Nur im Aufbau unterscheiden sie sich: Vorwiegend in der unteren Körperhälfte befinden sich im Inneren Klappen, die das Zurückfließen des Blutes in die Peripherie verhindern und somit dem Herz bei der Pumparbeit gegen die Schwerkraft behilflich sind.

5.3.3 Das Herz - die Pumpe

Das Herz ist der Motor unseres Kreislaufsystems. Wir müssen es uns als einen faustgroßen Hohlmuskel vorstellen, dessen Form an einen Kegel erinnert. Der Herzmuskel liegt zu 2/3 im linken und zu 1/3 im rechten Brustraum. Seine Spitze zeigt schräg nach unten vorne links.
Ein Längsschnitt durch das Herz zeigt die zwei, durch eine Scheidewand getrennte, Hälften:

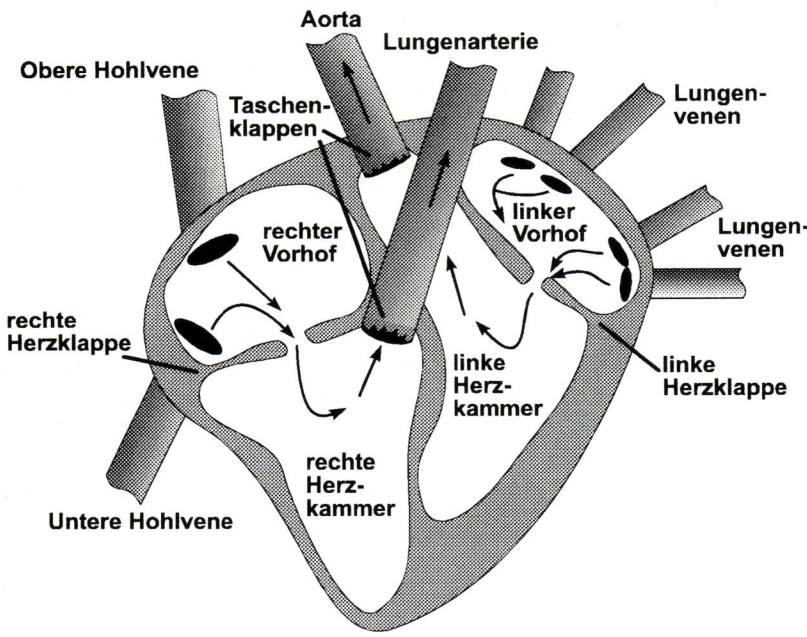

Üblicherweise zeichnet man das Herz von vorne, die Definition der Kammerseiten geht aber immer von der Sicht zum eigenen Herzen aus (deshalb wurde links und rechts vertauscht!)
Jede Herzhälfte ist in zwei Räume unterteilt, den **Vorhof** (**Atrium**) und die **Hauptkammer** (**Ventrikel**), die jeweils durch ein Ventil getrennt sind, die **Segelklappen**. Diese können sich nur in Richtung Hauptkammer öffnen. Zwischen diesen und den wegführenden Blutgefäßen befinden sich die sogn. **Taschenklappen** (**Semilunarklappen**). In der rechten Herzhälfte ist eine

dreilappige Segelklappe (**Trikuspidalklappe**), links eine zweilappige Klappe (**Mitralklappe**). Beide Klappensysteme sollen ein Zurückfließen des Blutes verhindern.
Da die linke Herzhälfte mit seinem Hochdrucksystem für die Blutversorgung im Körper zuständig ist, muß sie eine kräftigere Muskulatur haben, als die rechte. Durch die **Herzkranzgefäße** (**Koronargefäße**) sichert sich das Herz die Eigenversorgung seiner Muskulatur. Diese Adern zweigen unmittelbar hinter der **Aortaklappe** ab und verteilen sich über den gesamten Herzmuskel.
Dieser Muskel wird durch ein **Reizleitungssystem** gesteuert: Durch kleine Stromschläge wird der Herzmuskel zum Zusammenzucken und somit zum Pumpen bewegt. Die Grundfrequenz von 60 - 80 Schlägen pro Minute, die bei körperlicher Belastung steigen kann, wird vom sog. **Sinusknoten** erzeugt. Bei Ausfall des Knotens springen nachfolgende Systeme (u.a. AV-Knoten, Hissches Bündel...) ein, die aber nicht die volle Impulsleistung erreichen können.

5.3.4 Wie funktioniert der Kreislauf ?
Wir beginnen diesmal mit unserer Reise durch den Körper wieder bei den Lungenbläschen. Von hier führt sauerstoffreiches Blut (hellrot) weg und wir „schwimmen" darin mit:
Über die **Lungenvenen** erreichen wir den linken Vorhof und gelangen durch die linke Segelklappe in die große linke Hauptkammer. Nach einem weiteren Herzschlag passieren wir schon die Aortaklappe und unter hohem Druck teilt sich das Blut in den **oberen** und **unteren Blutkreislauf**. Der obere versorgt hauptsächlich Gehirn, Schädel, sowie Hals und Arme, der untere den restlichen Körper. Die Arterien, die uns transportieren, verästeln sich zu immer feineren Adern, bis hin zu den Kapillargefäßen, in denen der Gasaustausch mit den Zellen stattfindet. Sauerstoff wird abgegeben, Kohlendioxid aufgenommen. Der Blutstrom spült das jetzt sauerstoffarme Blut (dunkelrot) über kleinste Venen bis hin zur oberen oder unteren Hohlvene (je nach dem von wo es kommt) in den rechten Vorhof des Herzens. Ein weiteres Herzzucken und es geht durch die rechte Segelklappe in die rechte Hauptkammer. Von dort müssen wir in die **Lungenarterie** und zu den Kapillaren (um die Alveolen gelegen), um das Kohlendioxid wieder loszuwerden. Nach erneuter Sauerstoffaufnahme geht der ganze Rundkurs von neuem

los. Ein solcher Durchgang dauert nur etwa 22 Sekunden. Den Weg vom Herz zur Lunge und zurück nennen wir **Lungenkreislauf**.

Pro Herzschlag werden von den Kammern 70 - 80 ml Blut weitergepumpt. Bei einem Herzrhythmus von 60 - 80 Schlägen pro Minute kommt man so rechnerisch auf etwa 5 Liter transportiertes Blut pro Minute.

5.3.5 Der Blutdruck

Durch das ständige Pumpen unterliegen die Adern, vor allem die kräftigeren Arterien großen Druckschwankungen. Zieht sich der Herzmuskel zusammen und wird das Blut in die Arterien gepreßt, steigt hier der Blutdruck an. Diese Phase des Zusammenziehens nennt man **Systole**.

Nun entspannt sich das Herz, Blut fließt in die Kammern nach. Durch den Schluß der Taschenklappen fällt der Druck in den Arterien ab. Diese Phase wird als **Diastole** bezeichnet.

Der Arzt mißt beim Patienten diese beiden Phasen und bekommt den **systolischen** und **diastolischen** Druckwert, gemessen in Millimeter Quecksilbersäule - mm Hg (siehe 2.1.5.1). Als Normalwert gilt: 120 / 80 mm Hg.

Ein zu hoher Blutdruck kann die Adern schädigen oder die Haargefäße zum Platzen bringen (Gefahr eines Herzinfarktes oder Schlaganfalls), ein zu niedriger kann zu Kreislaufproblemen (Schwächeanfälle, Kollaps) führen.

Schema des Blutkreislaufes:

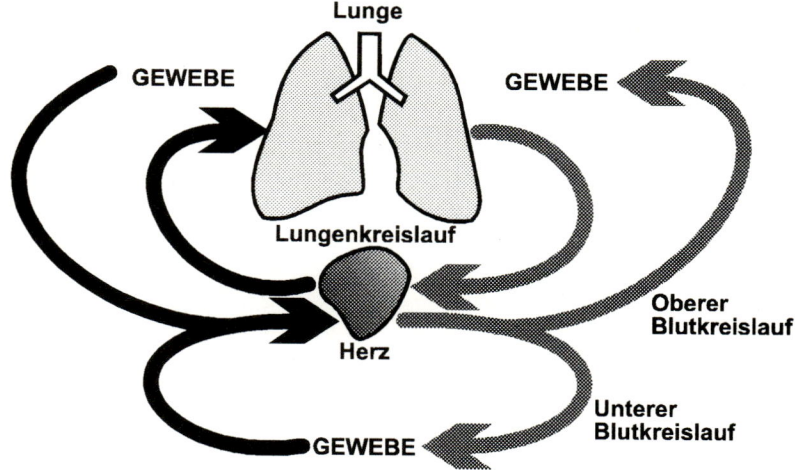

5.4 Das Ohr

Mit Hilfe unserer Ohren können wir Schallwellen aufnehmen und in Töne, Klänge und Geräusche umsetzen. Als weiteres beherbergt das Ohr noch den Gleichgewichtssinn.
Üblicherweise gliedert man es in drei Abschnitte:

Außenohr - Mittelohr - Innenohr

5.4.1 Außenohr

Das äußere Ohr besteht aus der Ohrmuschel und dem äußeren Gehörgang, also alles, was wir von außen sehen können. Der Abschnitt ist wie ein Trichter geformt und führt den Schall verstärkt auf das **Trommelfell**.

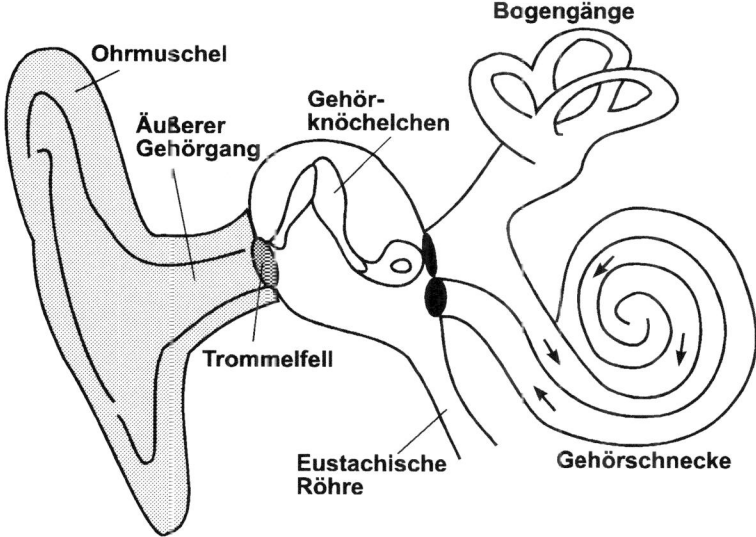

5.4.2 Mittelohr

Das Mittelohr ist ein luftgefüllter Hohlraum, beginnend am Trommelfell, der **Paukenhöhle** genannt wird. Eine etwa vier Zentimeter lange Röhre, die **Ohrtube (Eustachische Röhre)** verbindet das Mittelohr mit dem Nasen-Rachenraum.
Trifft nun Schall auf das Trommelfell, wird diese Schwingung an die **Gehörknöchelchen (Hammer, Amboß, Steigbügel)** - die kleinsten Knochen im Körper - weitergeleitet und auf die Membran des ovalen Fensters übertragen. Durch diesen mechanischen Trick wird der ankommende Schall um etwa Faktor 20 verstärkt.
Bei einer plötzlichen übermäßigen Lärmbelastung hat das Ohr einen Schutz eingebaut: Ein Muskel zieht am Hammer, spannt das Trommelfell in Sekundenbruchteilen an und schützt es so vor Schäden. Das geht jedoch nur bis zu einer bestimmten Grenze - ein Explosionsgeräusch kann das Ohr dennoch schädigen.

5.4.3 Innenohr

Ab dem ovalen Fenster beginnt ein mit Flüssigkeit (**Perilymphe**) gefüllter Hohlraum. Er hat Ähnlichkeit mit einem verknotetem Schlauch und wird **Labyrinth (Bogengänge)** genannt. Vom Vorhof gehen die Bogengänge mit dem **Gleichgewichtssinn** und die **Gehörschnecke** weg. Diese sind durch Hör- und Gleichgewichtsnerv (**Nervus acusticus** und **Nervus vestibularis**) mit dem Hör- und Gleichgewichtszentrum des Gehirns verbunden.
In den Gängen befinden sich feine Härchen, die durch die Flüssigkeit hin- und herbewegt werden.
Der über das ovale Fenster weitergeleitete Schall bewegt nun auch die Flüssigkeit in der **Gehörschnecke**, die Häarchen geben die Reize über die Nerven an das Gehirn weiter, das daraus die Töne und die Lautstärke ableitet.
Das runde Fenster am Ende der Schnecke dient der Druckentlastung für die bewegte Flüssigkeit. Wäre das Ende starr verschlossen, könnte sich die Flüssigkeit auch nicht in den Gängen bewegen...

5.4.4 Druckausgleich - Die Valsalva- Methode

Die luftgefüllte Paukenhöhle ist durch die Eustachische Röhre mit dem Nasen- Rachenraum verbunden. Die Röhre ist aber durch die **Tubenlippen** normalerweise verschlossen - wir würden sonst ständig unsere eigenen Schluck-, Atem- und Kaugeräusche hören.

Beim Tauchen nimmt der Umgebungsdruck ständig zu und das Wasser drückt durch den Gehörgang auch auf das Trommelfell, das nach innen gewölbt wird. Durch den Druck im Rachenbereich, der sich an den Umgebungsdruck angleicht, werden die Tubenlippen verschlossen, so daß im Mittelohr ein Unterdruck entsteht.
Bei 1- 2 Meter Wassertiefe kann es schon zu Schmerzen im Ohr kommen, die mit der Tiefe stärker werden. Letztendlich kann es zu einem Riß des Trommelfelles kommen. Dazu aber mehr im Kapitel 6.1.1.3.

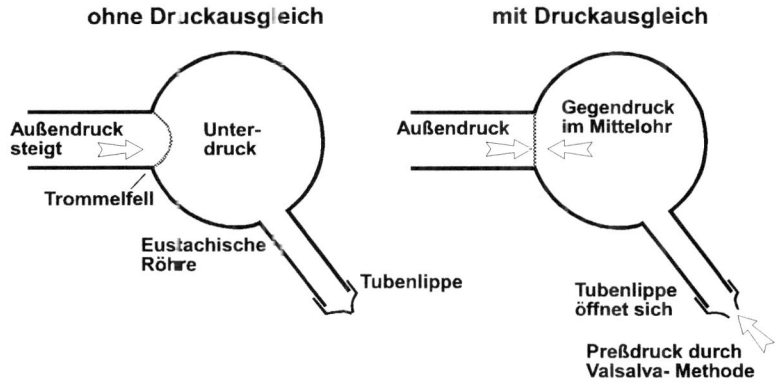

Um dies zu Vermeiden, wenden wir beim Tauchen den **Druckausgleich** an, wobei die **Valsalva- Methode** (benannt nach dem italienischen Arzt A.M. VALSALVA, 1703) am gebräuchlichsten ist:
Bei verschlossenem Mund und verschlossener Nase (durch Zuhalten) wird stoßartig ausgeatmet und der Druck im Nasen- Rachenraum künstlich erhöht. Der Druck öffnet die Tube und pflanzt sich bis in die Paukenhöhle fort, das Trommelfell wird wieder in Normalstellung gebracht.

Es gibt darüber hinaus noch mehr Methoden, um die Ohrtube zu öffnen. Normalerweise werden die Tubenlippen z.B. beim Schlucken geöffnet, da sie über zwei Muskeln mit der Schluckmuskulatur verbunden sind. So läßt sich auch durch Kauen und Schlucken ein Druckausgleich herbeiführen, was die freundliche Stewardeß im Flugzeug ausnutzt, wenn die Kinder zum Landeanflug ein Bonbon zum Lutschen erhalten. Geübte Taucher beherrschen auch das willentliche Offenhalten der Tube (Verfahren nach G. DELONCA) oder das Entlastungs- Schlucken (nach H. FRENZEL). Beides erfordert sehr viel Übung. Jeder sollte das Verfahren anwenden, welches er am besten beherrscht, damit unter Wasser der Druckausgleich jederzeit erfolgen kann.

5.5 Besonderheiten beim Tauchen

In diesem kurzen Abschnitt möchte ich zwei Besonderheiten ansprechen, die bisher thematisch nicht einzuordnen waren. Diese zwei Punkte sind aber für den Taucher von Interesse und sollen deshalb in einem eigenen Kapitel abgehandelt werden:

5.5.1 Der Tauchreflex

Diesen „Schutzreflex" haben wir aus der langen Evolutionsgeschichte von den Reptilien zum Menschen behalten:

Tauchen wir mit dem Kopf unter Wasser, wird der Herzschlag bis zu 15 Prozent verlangsamt („**Bradycardie**" ≙ Verlangsamung des Herzschlages) und die Durchblutung der Peripherie (Arme, Beine, Organe) gedrosselt, der Körper fängt an Sauerstoff zu sparen. Diesen Effekt kann man schon mit willentlichem Atemanhalten erzielen, er wird bei Wasserkontakt noch verstärkt. Die Rezeptoren (Sensoren), die den Tauchreflex auslösen, liegen vor allem in der Region um Mund und Nase. Der Herzschlag bleibt solange verlangsamt, bis wieder eingeatmet wird.

Es wurde beobachtet, daß dieser Effekt bei Tauchern weit mehr ausgeprägt ist, als bei anderen Menschen. Beim Tragen einer Vollgesichtsmaske, die Mund- und Nasenregion abdeckt, wird der Tauchreflex jedoch abgeschwächt und damit der angeborene „Wasser- Überlebensinstinkt" unterdrückt.

5.5.2 Der unerklärliche Harndrang beim Tauchen

Wer der Meinung ist, der erhöhte Umgebungsdruck unter Wasser „drückt" auf die Blase, liegt leider etwas daneben. Denn wie empirische Versuche an Freiwilligen gezeigt haben, sind die tatsächlichen Zusammenhänge komplizierter:

Beim Tauchen erreichen wir einen Schwebezustand im Wasser, der Körper ist relativ „schwerelos". Dadurch verschiebt sich die Blutverteilung im Körper. Sackt an Land normalerweise mehr Blut in die Beine (durch die Anziehungskraft der Erde), sammelt sich unter Wasser bedingt durch die horizontale Schwimmlage mehr Blut im zentralen Körperbereich. Es kommt zu einem verstärkten venösen Rückfluß des Blutes zum Thoraxraum. Diese zusätzliche Blutansammlung bewirkt eine Erweiterung der zentralen Gefäße sowie der Vorhöfe.

Im Herzen befinden sich Rezeptoren, die das momentane Blutvolumen feststellen. Das vermeintlich zu große Blutvolumen beim Tauchen wird an das Gehirn gemeldet und eine Regulierung eingeleitet. Das Gehirn schüttet nun weniger ADH (**Anti- Diurethisches- Hormon**) aus - jenes Hormon, das für die Eindickung des relativ unkonzentrierten „dünnen" Primärharns in der Niere zuständig ist. Liegt beim Tauchen nun weniger ADH vor, wird dieser erst halbfertige, viel voluminösere Harn von der Niere in die Blase abgegeben. Durch diese Entwässerung (**Dehydratation**) wird dem Blut Flüssigkeit entzogen - und bringt unter Wasser so manchen Taucher in Bedrängnis...

Dies ist wohl das wichtigste und zugleich unangenehmste Kapitel des Buches. Niemand möchte gerne etwas mit Unfällen zu tun haben, schon gar nicht, wenn man selbst betroffen sein könnte. Aber es wird leider immer Tauchunfälle geben.

Alles, was ich mit den folgenden Seiten erreichen möchte, ist eine Sensibilisierung des Einzelnen, den Tauchsport nicht allzu risikofreudig auszuüben. Wenn jeder Leser sich dieses Kapitel zu Herzen nimmt und dadurch die eigenen Tauchgänge (und die des Partners) sicherer gestaltet, hat sich der Aufwand des Lernens schon gelohnt...

6.1 Das Abtauchen (Kompressionsphase)

In dieser Phase sinkt der Taucher (aktiv oder passiv) auf eine größere Tiefe. Entweder taucht er von der Oberfläche ab, oder von einer bestehenden Wassertiefe noch weiter abwärts. In beiden Fällen erhöht sich der Umgebungsdruck, der auf den Taucher wirkt. Die Hohlräume im und am Körper werden durch die Druckzunahme komprimiert - deshalb: **Kompressionsphase**. Nach dem Gesetz von Boyle-Mariotte (Kapitel 2.2.2) schrumpft ein luftgefüllter Hohlraum auf die Hälfte, wenn der Druck auf das Doppelte steigt. Das ist z.B. beim Abtauchen von 0 auf 10 Meter der Fall - dem wohl gefährlichsten Tiefenbereich für Kompressionsunfälle, da sich der Druck auf relativ kurzer Distanz verdoppelt.

6.1.1 Barotrauma (Squeeze)

Das Barotrauma ist eine Schädigung des Körpers durch Veränderung des Umgebungsdruckes. Der Begriff kommt ursprünglich aus dem Griechischen und bedeutet: Druckverletzung (Baros = Druck, Trauma = Verletzung). In Fachbüchern wird bisweilen vom **Squeeze** gesprochen (Engl.: „pressen, drücken").

Allgemein können wir definieren:

> Ein Barotrauma ist eine Verletzung von (oder durch) Hohlräumen im (oder am) Körper, die durch fehlenden Druckausgleich zwischen Innen- und Außendruck ausgelöst wird.

Für die weitere Beschreibung der Auswirkung des Barotraumas möchte ich auf einzelne, gefährdete Körperteile der Reihe nach von oben nach unten eingehen. Vorher muß aber die Frage geklärt werden: Wie wirkt sich eine Druckänderung in einem Hohlraum aus?

6.1.1.1 Druckänderung in Hohlräumen

Wir können die Hohlräume im Körper grob in drei Klassen einteilen:

1. Starre Hohlräume <u>mit</u> Verbindung nach außen
2. Starre Hohlräume <u>ohne</u> Verbindung nach außen
3. Flexible Hohlräume <u>mit</u> und <u>ohne</u> Verbindung nach außen

Im Fall 1) herrscht durch die Verbindung nach außen immer der gleiche Druck innerhalb, wie außerhalb der Körperhöhle. Steigt der Umgebungsdruck mit zunehmender Tiefe an, steigt auch der Druck im Hohlraum.

Bsp.: Starre Körperhöhle auf 0 m (1 bar) und 10 m (2 bar)

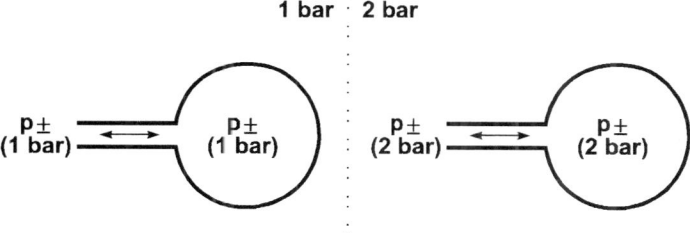

Bei Punkt 2) ist das nicht mehr der Fall: Durch den verschlossenen Zugang (Schwellung durch Infektion...) kann die Höhle nicht mehr belüftet werden. Bei steigendem Umgebungsdruck bleibt der Druck innerhalb des Hohlraumes weiterhin auf dem ursprünglichen Wert. Deshalb herrscht nun Innen ein **relativer Unterdruck** zum Außendruck.

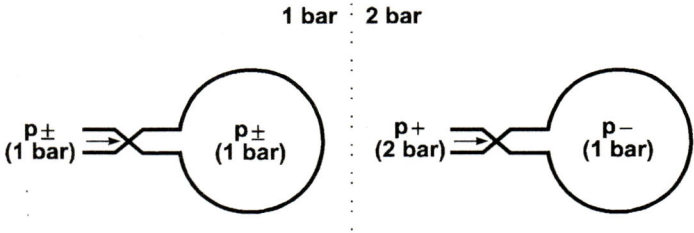

An der Wasseroberfläche ist der Umgebungsdruck 1 bar. In einer verschlossenen Körperhöhle gilt deshalb auch der Normaldruck von 1 bar. Wir tauchen nun auf 10 Meter ab, der Außendruck steigt auf 2 bar. Da der Hohlraum verschlossen ist (kein Luftaustausch möglich), ist der Druck innerhalb immer noch 1 bar. Deshalb sprechen wir von einem relativen Unterdruck von 1 bar (2 bar - 1 bar). In 20 Meter Tiefe steigt der Umgebungsdruck auf 3 bar, der relative Unterdruck der Höhle auf 2 bar. Das hat nun Auswirkungen auf die Höhle an sich:

Nehmen wir an, der Hohlraum hat 1 Liter Luftinhalt. Die **Luftmenge** ist deshalb bei 1 bar Außendruck: *1 Liter · 1 bar = 1 barl (Barliter)*. Da die Luftmenge durch den verschlossenen Ausgang nicht weniger oder mehr werden kann, ist sie auch in 10 Meter Tiefe noch *1 barl*. Das Gas ist nun aber physikalischen Gesetzten unterworfen.

Nach dem Gesetzt von Boyle-Mariotte, muß sich das Volumen verkleinern, damit ein Ausgleich geschaffen wird. In 10 Meter Tiefe ist der Umgebungsdruck *2 bar* groß. Da sich die Luftmenge nicht verringern kann, muß sie mehr zusammengepreßt werden: *2 bar · 1/2 Liter = 1 barl*. Wenn sich der Rauminhalt nun auf die Hälfte zusammendrücken ließe, wäre alles in Ordnung. Da der Hohlraum aber starr ist, existiert ein relativer Unterdruck, da sich das Gas unbedingt zusammenziehen will. Jetzt kommt es zu unangenehmen Auswirkungen, den Verletzungen durch Druckeinwirkung (Barotrauma). In der Höhle gibt es Schwachstellen, die je nach Unterdruck mehr oder weniger „angesaugt" werden (Blut aus Gewebe, Trommelfell...)

In Fall 3) ist der Raum flexibel (mit oder ohne Zugang nach außen). Hier wird mit der Druckzunahme von außen die Luft im Hohlraum zusammengepreßt. Wir können das leicht mit einem kleinen Experiment nachvollziehen:

Ein Luftballon wird an Land aufgeblasen und zugeknotet. *Inhalt: 1 Liter, Druck: 1 bar = Luftmenge: 1 barl.* Jetzt gehen wir tauchen. Auf 20 Meter Tiefe (3 bar) ist sein Volumen auf 1/3 Liter geschrumpft (*1/3 Liter · 3 bar = 1 barl*). Beim Auftauchen dehnt sich der Ballon wieder aus.

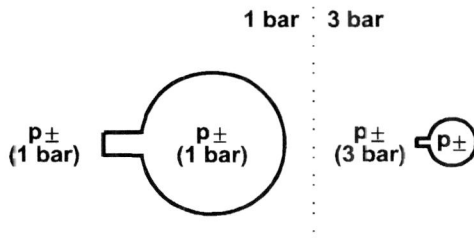

Solange die Hülle des Hohlraumes elastisch genug ist, solange kann man ihn komprimieren. Der Innendruck paßt sich immer dem Außendruck an, es entsteht kein relativer Druckunterschied.

Diese Wirkungen des Druckes auf Hohlräume gilt natürlich nicht nur in der Abtauchphase, auch beim Auftauchen ist sie analog zum oben Dargestellten. Der Umgebungsdruck sinkt, und je nach Höhle kann nun innerhalb ein relativer Überdruck entstehen. Dazu aber mehr im Kapitel 6.3.2.

6.1.1.2 Barotrauma in den Schädelhöhlen

Die Hohlräume im Kopf haben wir ja schon im Anatomie- Kapitel kennengelernt. Die **Schädelhöhlen** haben eines gemeinsam: Es sind starre Hohlräume die im Normalzustand jeweils mit dem Nasen- Rachenraum in Verbindung stehen. Dadurch können die Höhlen mit Luft von außen versorgt werden, der Druck innerhalb paßt sich dem Umgebungsdruck an (s.o).

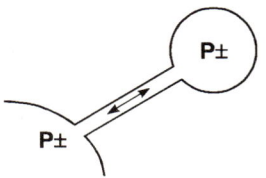

Die Höhlen sind innen mit einer **Schleimhaut** ausgekleidet. Wenn diese Schleimhaut durch eine Erkältung (Schnupfen) oder eine andere Erkrankung (Entzündung, Allergie z.B. Heuschnupfen) angeschwollen ist, können sich die Ausgänge verschließen. Damit ist kein Druckausgleich innerhalb der Höhle mit dem Umgebungsdruck mehr möglich.

Tauchen wir dann trotzdem, steigt der Außendruck; der Druck in der krankheitshalber abgeschlossenen Schädelhöhle bleibt zwangsläufig 1 bar. Es entsteht also ein relativer Unterdruck zur Umgebung. Die Folge ist: Blut und Gewebe werden in die Schädelhöhle gesaugt, der Taucher spürt unangenehme, stechende Schmerzen.

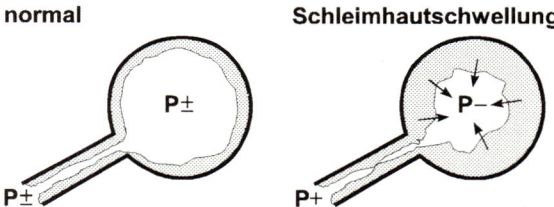

Brechen wir den Tauchgang sofort ab und steigen langsam auf, nimmt der Umgebungsdruck wieder ab, der relative Unterdruck im Hohlraum sinkt und der Schmerz läßt in der Regel nach. Wird aber gewaltsam versucht abzutauchen, kann es zur Blutansammlung durch geplatzte Kapillargefäße und zum Gewebeabriß kommen. Dieser Druckunfall ist oft durch Blut- und Schleimaustritt aus der Nase und starke Kopfschmerzen gekennzeichnet.

> Ein Barotrauma in den Schädelhöhlen entsteht durch fehlenden Druckausgleich zwischen Hohlraum und Umgebung und wird durch eine Schwellung der Schleimhäute, meist bei Schnupfen, ausgelöst.

6.1.1.3 Barotrauma im Ohr

Hierzu müssen wir das Ohr in drei Abschnitte unterteilen, und die Auswirkungen einzeln beleuchten:

Außenohr

Dieser Bereich bis zum **Trommelfell** hat den direktesten Kontakt mit dem Außendruck. Das Wasser dringt normalerweise durch den Gehörgang bis zum Trommelfell vor, im Außenohr herrscht immer der Umgebungsdruck. Es kann aber auch hier zu einer Kompressionsverletzung kommen:
Aus Unwissenheit werden bisweilen beim Tauchen **Ohrstöpsel** verwendet, um das Trommelfell vor Wasserkontakt zu schützen.
In dem Hohlraum zwischen Ohrpfropf und Trommelfell entsteht beim Abtauchen wieder ein relativer Unterdruck. Nach einem Druckausgleich (Valsalva) herrscht auch im Mittelohr der Außendruck. Am Trommelfell entsteht dadurch eine Druckdifferenz. Ist diese zu hoch (z.B. bei zu schneller Druckänderung), muß sich der nicht belüftete Hohlraum verkleinern. D.h. der Stöpsel wird dichter an das Trommelfell gepreßt. Es kann nun zu einem Trommelfellriß kommen. Der Taucher spürt einen stechenden Schmerz im Ohr, der nach dem Durchbruch abklingt.

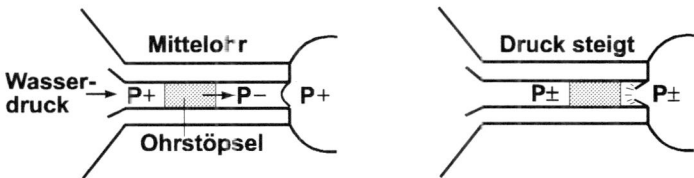

Schmerzen am Trommelfell sind immer ein Alarmzeichen. Man sollte tunlichst den Tauchgang abbrechen, bevor es zu einem Riß kommt!
Das Barotrauma im Außenohr muß nicht immer durch einen Ohrstöpsel ausgelöst werden. Eine zu eng anliegende Kopfhaube des Tauchanzuges kann auch schon einen abgeschlossenen Hohlraum vor dem Trommelfell erzeugen. Wird dieser Fall beim Abtauchen bemerkt, genügt es, die Kopfhaube etwas anzuheben und Wasser einströmen zu lassen.
Ein Außenohr-Barotrauma macht sich durch stechenden Schmerz am Trommelfell bemerkbar, der durch einen Druckausgleich nicht vermindert werden kann. Kommt es zum Trommelfellriß, erfolgt Blutaustritt aus dem Ohr.

Mittelohr

Hier liegt die Ursache des Traumas in den meisten Fällen nur an einem Fehler: Der Taucher taucht trotz **Schnupfen**!

Ähnlich wie bei den Schädelhöhlen beschrieben, sind nun die Schleimhäute in der **Eustachischen Röhre** angeschwollen und können diese verstopfen. Beim Abtauchen steigt nun der Umgebungsdruck und damit Druck im Nasen-Rachen-Raum. Führen wir den Druckausgleich gewaltsam trotz Schwellung der Schleimhäute durch, kann der Schleim, der durch den Schnupfen entsteht, in das Mittelohr gepreßt werden. Das könnte zu Infektionen und **Mittelohrentzündung** führen.

Schlimmer wird es, wenn es zu einem Barotrauma kommt:

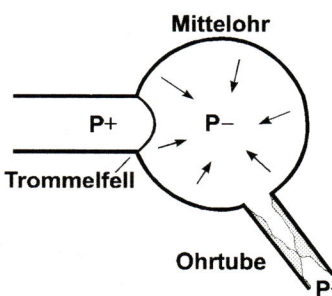

Die Ohrtube ist so verstopft, daß kein Druckausgleich im Mittelohr mehr möglich ist. Durch den steigenden Außendruck beim Abtauchen, entsteht ein relativer Unterdruck im Ohr. Es folgen Schmerzen, man vernimmt Ohrgeräusche und es kann zu Schwindelanfällen (**Vertigo**) kommen. Schon bei Tiefen von 2 - 4 m ohne Druckausgleich können starke Schmerzen im Ohr auftreten.

Nun müssen wir zwei Auswirkungen des Unterdrucks in der **Paukenhöhle** unterscheiden:

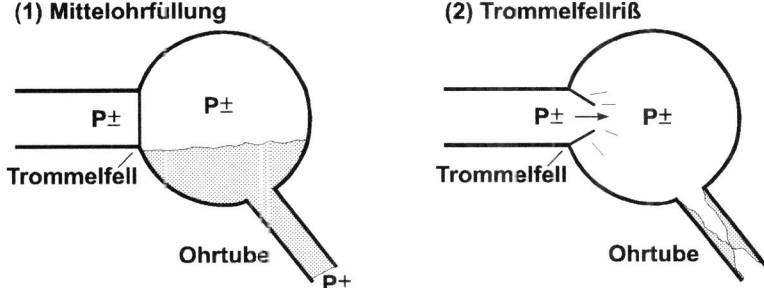

(1) Das Mittelohr füllt sich mit Blut- und Gewebsflüssigkeit, die Schmerzen lassen nach, weil sich das Volumen verkleinert hat. Nach dem Auftauchen wird das zu einer Mittelohrentzündung führen.

(2) Das Trommelfell gibt nach und reißt. Der stechende Schmerz läßt abrupt nach (Alarmzeichen!), weil Wasser in das Mittelohr eindringt und für den notwendigen Druckausgleich sorgt. Durch das schlagartig einströmende kalte Wasser kann es zu starken Schwindel und Gleichgewichtsstörungen kommen. An Land wird der Trommelfellriß durch Blutaustritt aus dem Ohr, taubes Gefühl und Hörverlust bemerkt. Es kann zu Übelkeit und Erbrechen führen.

In beiden Fällen ist der Hals-Nasen-Ohrenarzt sofort aufzusuchen. Bei Trommelfellriß ist das nun offene Mittelohr durch eine möglichst sterile Abdeckung zu schützen. Durch den Einbruch des Wassers konnten auch Bakterien in die Paukenhöhle eindringen, die später wahrscheinlich Infektionen verursachen werden.

Innenohr
Hier ist der Zusammenhang etwas komplizierter, ein Druckunfall wird aber auch meist durch einen Schnupfen verursacht. Durch die angeschwollenen Gehörgänge haben wir unter Wasser Schwierigkeiten mit dem Druckausgleich. Wir bemerken Schmerzen im Ohr (s.o.) und führen den Valsalva-Druckausgleich mit starkem Pressen durch. Diese schlagartige Druckerhöhung im Mittelohr drückt das ovale Fenster ein (wie durch eine extrem starke Schallwelle), eine Schockwelle läuft durch die **Gehörschnecke** (Labyrinth).

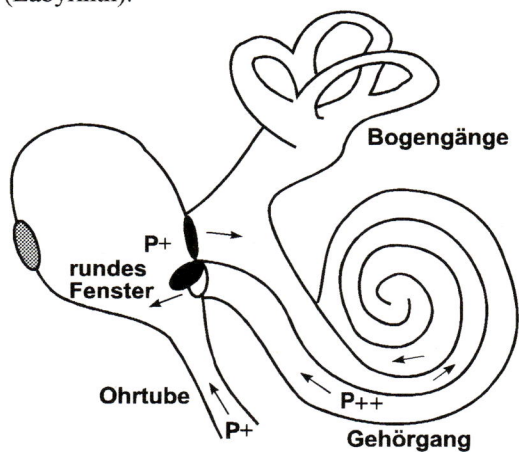

Durch den großen Preßdruck der Lunge wird der venöse Blutdruck kurzzeitig erhöht - der Druck der Lymphflüssigkeit im Labyrinth steigt an. Diese zwei Faktoren können der Auslöser für ein Nach-außen-Drücken des runden Fensters sein, Lymphflüssigkeit läuft ins Mittelohr, Luft gelangt in die Gehörschnecke. Die Folge sind Ohrenschmerzen, Drehschwindel, Pfeifgeräusche, Taubheit, Übelkeit und Erbrechen. Die Symptome verbessern sich auch nicht nach Tiefenänderung oder nach dem Tauchen. Es ist sofort der HNO-Arzt aufzusuchen!

> Ein Barotrauma im Ohr entsteht durch fehlenden oder erzwungenen Druckausgleich und wird durch Schwellung oder Verschluß der Eustachischen Röhre ausgelöst. Oft ist ein Trommelfellriß die Folge!

Deshalb ist der wichtigste Merksatz für Taucher, den bitte jeder beherzigen sollte:

> !! TAUCHE NIE MIT SCHNUPFEN !!

6.1.1.4 Barotrauma im Maskenraum

Durch zunehmenden Umgebungsdruck wird auch der Hohlraum in der Tauchermaske komprimiert. Beim Abtauchen wird sie zuerst nur an das Gesicht gedrückt, und saugt sich dann immer mehr fest. Mit einfachem Ausatmen durch die Nase können wir die Brille leicht belüften, ein Druckausgleich wird hergestellt. Aber wie sieht es aus, wenn diese Belüftung durch eine verstopfte Nase oder einer Maske ohne Nasenverbindung (z.B. Schwimmbrille) nicht möglich ist ?

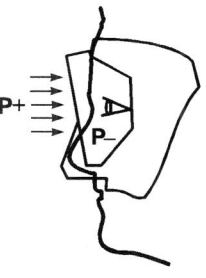

Mit ansteigender Tiefe sinkt der Druck in der Maske relativ zum Außendruck, der Innenraum möchte sich verkleinern. Da die Glasscheibe auf der Außenseite zuerst nicht nachgeben wird, macht sich der Unterdruck am Gesicht bemerkbar. Die Haut um die Augenregion wird angesaugt („Knutschfleck"), die Augäpfel können heraustreten und im Augenbereich wird sich Blut ansammeln. Die Folgen sind Blutergüsse, Quetschung der Haut, Bindehautblutung (rote Augen). Die Auswirkungen des Barotraumas in der Gesichtsregion sind meist ohne Komplikationen, sehen aber schrecklich aus, wenn man sich im Spiegel erblickt. Schon beim Abtauchen mit einer Schwimmbrille im Hallenbad auf etwa 3 Meter kann es passieren, daß man mit einem „blauen Auge" das Wasser verläßt...

Bei längerer Unterdruckwirkung auf die Augen kann es aber zu einer Dehnung des Sehnervs kommen und dadurch zu einer Verschlechterung des Sehvermögens. In diesem Fall sollte man einen Augenarzt aufsuchen.

> Ein Barotrauma im Maskenraum entsteht durch fehlende Anpassung des Druckes innerhalb der Tauchmaske mit dem Umgebungsdruck.

6.1.1.5 Barotrauma in den Zähnen

Keine Angst - ein gesunder Zahn hat keine Hohlräume und ist auch nicht für Barotraumen anfällig. Allerdings sieht das anders bei Zähnen mit schlechten Füllungen aus: Bei schneller Kompression - also sehr schnelles Abtauchen - kann es passieren, daß die Zahnfüllung eingedrückt wird. Die entstehenden Zahnschmerzen kann sich jeder bestimmt gut vorstellen. Es ist auch schon vorgekommen, daß durch die Füllungen haarfeine Risse entstanden, die eine Verbindung mit dem Außendruck schufen. Beim Abtauchen kann nun langsam Luft in den Hohlraum nachströmen, der Druckausgleich auf der Tiefe ist gewährleistet. Wenn nun auf dem Weg nach oben die Luft unter der Füllung nicht mehr schnell genug entweichen kann, kommt es zu einem Heraussprengen der Füllung oder der maroden Zahnwand. Ein Zahnarztbesuch wird notwendig.

Ich möchte bemerken, daß diese Fälle die Ausnahme sind, wenn man vernünftig versorgte Zähne hat.

> Ein Barotrauma in den Zähnen entsteht durch Lufteinschluß bei fehlerhaften Füllungen. Die Druckunterschiede können zu einer schmerzhaften Schädigung des Zahnes führen.

6.1.1.6 Barotrauma der Lunge

Das wichtigste (luftgefüllte) Organ im Körper ist unsere Lunge. Sie ist weitgehend komprimierbar. Das hat aber eine natürliche Grenze durch den Bau des Brustkorbes und der Zwerchfellwölbung. Tauchen wir z.B. von der Wasseroberfläche auf 10 m Tiefe ab, verringert sich theoretisch das Lungenvolumen wegen der Druckverdoppelung auf die Hälfte. Da wir als Gerätetaucher dabei aber ständig wieder einatmen und die Lunge mit Atemluft (in Höhe des Umgebungsdruckes) aus der Preßluftflasche versorgen, behält sie ihre ursprünglichen Ausmaße bei.

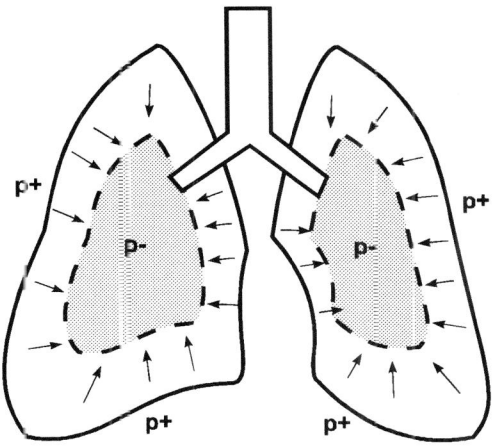

Barotraumen der Lunge kamen früher vor allem bei **Helmtauchern** vor, die in die Tiefe stürzten und von außen mit unzureichendem Luftdruck versorgt wurden. Da die Lunge nur bis zu einer bestimmten Grenze komprimiert werden kann, trat dann durch den relativen Unterdruck Flüssigkeit aus den Blutgefäßen in die Lunge über (**Lungenödem**). Aus dieser Zeit stammt auch ein anderer Begriff für die Lungen- Unterdruckverletzung: **Inneres Blaukommen**.

Das kann allerdings auch beim Preßlufttauchen passieren. Schon ein defekter Lungenautomat mit zu großem Einatemwiderstand kann zu einem Barotrauma der Lunge führen. Der in der Lunge entstehende relative Unterdruck kann durch Einatmung nicht mehr ausgeglichen werden.
Viel fataler aber sind die Auswirkungen bei einem Unfall:
Ein Taucher stürzt, nach Tarierfehler etc., bewußtlos in die Tiefe. Durch den entstehenden relativen Unterdruck im Verhältnis zum rapide anwachsenden Umgebungsdruck zerreißen Lungengefäße, Blut wird in die Lunge gesaugt. Dadurch wird die linke Herzhälfte nur noch ungenügend gefüllt - da fast kein Blut mehr von der Lunge zurückkommt. Das führt zusätzlich zu einem Absinken des Blutdruckes in den Arterien. Gehirn und Gewebe werden unzureichend versorgt. In größeren Tiefen wird der Brustkorb so stark einge-

drückt, daß die Rippen brechen. Ein solcher Absturz in die Tiefe endet meist **tödlich** !

> Ein Barotrauma der Lunge (**Inneres Blaukommen**) entsteht durch mangelnden Druckausgleich mit dem Umgebungsdruck und der dadurch resultierenden Flüssigkeitsansammlung in der Lunge bis hin zur Zerstörung der Gefäße.

6.1.1.7 Barotrauma der Haut

Da wir gerade von den Helmtauchern sprechen, möchte ich der Vollständigkeit halber auch von einer Folge berichten, die bei dieser Tauchart oft vorgekommen ist - das **äußere Blaukommen**:
Durch den starren Helm kam es bei einem Absturz und unzureichendem Druckausgleich im Tauchanzug zu einem ähnlichen Effekt, wie bei der Tauchermaske (6.1.1.4). Durch die Druckdifferenzen wird der Halsbereich und Oberkörper in den Helm gepreßt. Durch die resultierende Blutansammlung unter der Haut erscheint diese dunkelblau - daher der Begriff „Blaukommen".

Auch wir können ein Barotrauma der Haut bekommen. Durch Faltenbildung eines schlecht angepaßten Tauchanzuges - vor allem bei Trockentauchern - entstehen Hohlräume. Beim Abtauchen wird nun die Haut in die Falten gedrückt, Blutaustritte im Gewebe (**Hämatome** $\triangleq$ Blaue Flecken) sind die Folge. Solche Falten hinterlassen streifenartige Hämatome, die aussehen, als wäre man gerade ausgepeitscht worden. Zum Glück tritt dies aber sehr selten auf.
Trockentaucher können sich davor mit dicker Unterkleidung und regelmäßigem Druckausgleich im Anzug schützen.

> Ein Barotrauma der Haut entsteht durch Faltenbildung im Tauchanzug. Streifenartige Blutergüsse sind die Folge.

6.1.2 Sofortmaßnahmen / Therapie

Das Wichtigste ist, einen Unterdruck-Unfall überhaupt zu erkennen. Dazu sollte man sich mit den Symptomen (Zusammenfassung unter 6.1.3) gut vertraut machen.

Bei erkanntem Barotrauma schafft ein Schmerzmittel und/oder ein abschwellendes Arzneimittel Abhilfe, da fast immer das Gewebe in Mitleidenschaft gezogen wurde und Schmerzen die Folge sind. Danach sollte man sich ärztlichen Rat einholen.

Ein schwereres Barotrauma, wie Trommelfellriß, muß sofort vom Arzt behandelt werden, da Verzögerungen zu bleibenden Schäden führen können. Dazu ist das Ohr mit einer möglichst sterilen Auflage abzudecken.

Bei einem schweren Lungen-Unterdruckunfall herrscht **akute Lebensgefahr**! Hier sofort Notarzt verständigen und wenn möglich den Taucher am Unfallort mit Sauerstoff beatmen.

6.1.3 Tabellarische Zusammenfassung der Symptome

Barotrauma	Symptome
in den Schädelhöhlen	◆ Mit zunehmender Tiefe steigender Schmerz ◆ evt. Blut- / Schleimaustritt aus der Nase ◆ Kopfschmerzen ◆ evt. Zahnschmerzen
im Außenohr	◆ Schmerzen im Gehörgang ◆ Blutaustritt aus dem Ohr (Trommelfellriß) ◆ Drehschwindel / Gleichgewichtsstörung ◆ Schwerhörigkeit
im Mittelohr	◆ stechender Schmerz ◆ Drehschwindel / Gleichgewichtsstörung ◆ Blutaustritt (Trommelfellriß) ◆ Hörverlust (Trommelfellriß) ◆ Übelkeit / Erbrechen ◆ später: Mittelohrentzündung durch Infektion

Barotrauma	Symptome
im Innenohr	♦ pfeifende Ohrgeräusche ♦ Kopfschmerzen ♦ Drehschwindel / Gleichgewichtsstörung ♦ Übelkeit / Erbrechen ♦ Hörverlust
im Maskenraum	♦ Druckstellen im Gesicht ♦ Bluterguß um die Augenregion ♦ Rote Augen (Bindehautblutung) ♦ Schmerzen in den Augenhöhlen ♦ evt. Sehstörungen (selten)
in den Zähnen	♦ Zahnschmerzen ♦ Blutungen ♦ Zerstörung von Zahn oder Füllung
in der Lunge	♦ Wasser-/ Blutansammlung in der Lunge ♦ Atemnot / Hustenreiz ♦ Schmerzen im Brustraum ♦ Blutiger Schleim im Mund ♦ Rippenbruch ♦ Bewußtlosigkeit ♦ Akute Lebensgefahr !!
der Haut	♦ striemenartige Blutergüsse

Tabelle 17: Barotraumen

6.2 Das Tauchen (Isopressionsphase)

Hierbei bleibt der Taucher auf einer bestimmten Tiefe und ist dem entsprechenden Druck über längere Zeit ausgesetzt. Es wirkt sich keine Druckänderung aus, sondern die Druckeinwirkung an sich **Isopression** heißt soviel wie „gleicher Druck" (iso ≙ gleich). Beim Tauchen mit Atemgerät steht das eingeatmete Gas unter einem erhöhten Druck, bestimmte Anteile der Atemluft wirken plötzlich für den Menschen giftig. Die Grundlage hierzu beschreibt das Gesetz von Dalton (siehe 2.2.6): „Der **Partialdruck** eines Gases steigt in gleichem Verhältnis, wie der Gesamtdruck."

6.2.1 Sauerstoffvergiftung

Sauerstoff (O_2) ist das wichtigste Element in der Atmosphäre, das unser Leben erst möglich macht. Um so unwahrscheinlicher scheint die Tatsache, daß es konzentriert die giftigste (toxischste) Wirkung aller Atemgase zeigt.
An Land atmen wir Sauerstoff im Luftgemisch von 1 bar. Bei 21% Sauerstoffanteil hat es einen Partialdruck von 0,21 bar. Nach Dalton steigt der Partialdruck mit dem Gesamtdruck - in größeren Tiefen atmen wir Sauerstoff mit erhöhtem Teildruck ein. Untersuchungen haben ergeben, daß es eine kritische Grenze gibt, ab der Sauerstoff für den Menschen giftig wird. Abhängig von der Einwirkzeit wirkt das Atemgas ab einem **Partialdruck von 1,7 bar** toxisch. Dies entspricht einer **Tauchtiefe von 71 m** (siehe Berechnung 2.2.6.4) - beim Tauchen mit normaler Preßluft. Allerdings müssen wir die Einwirkzeit beachten. Mit diesem Teildruck wirkt es erst nach einer Stunde für den Menschen schädlich - bei einer Tiefe von 90 m schon nach 30 Minuten. Diese Zeiten sind für Sporttaucher allerdings praktisch nicht zu erreichen. Ein so langer Aufenthalt in der Tiefe ist bei Einhaltung der Deko-Zeiten nicht möglich. Die kleine Grafik links zeigt das Verhältnis der Tiefe zur Einwirkdauer des Sauerstoffes. Bei ca. 15 m Tiefe wird der 21-prozentige Anteil des O_2 erst nach 35 Stunden giftig. Also sind normale

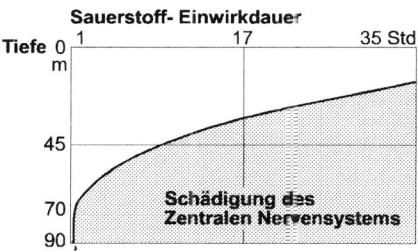

Gerätetaucher von den Auswirkungen der **Sauerstoffvergiftung (Oxydose)** nicht betroffen.

Anders sieht es da beim Tauchen mit Kreislaufgeräten aus. Hier wird reiner Sauerstoff geatmet und das ausgeatmete Gas wiederverwendet. Dieses System wird vor allem beim Militär eingesetzt. Die Kampftaucher können sich damit unter Wasser ohne verräterische Luftblasen fortbewegen. Die kritische Grenze liegt hier schon bei **7 m** Tauchtiefe mit einer Einwirkzeit von einer Stunde (100% O_2 bei 1,7 bar Druck). Das Atemgas beginnt dann in zwei Stufen den Körper anzugreifen:
Zuerst wird das zentrale Nervensystem über die Gehirnzellen beeinflußt. Die hohe Sauerstoffkonzentration beeinträchtigt auf chemische Weise die Enzyme, die für den Stoffwechsel gebraucht werden (- wie das genau vor sich geht, ist wissenschaftlich noch nicht ganz geklärt). Das Gehirn sendet unkoordinierte Nervenimpulse an die Muskulatur. Sehstörungen, Übelkeit und Schwindel gehen voraus. Die Vergiftung beginnt mit Zuckungen um Mund und Augenlider Die Zuckungen steigern sich bis hin zur Totalverkrampfung, Bewußtlosigkeit und Tod können die Folge sein.

Bei längerer Einwirkdauer (nicht nur unter Wasser) hat der Sauerstoff zusätzlich eine zerstörerische Wirkung auf die Lunge. Dies wurde schon bei einem Partialdruck größer 0,6 bar beobachtet (Zeitraum: mehrere Tage). Der Sauerstoff zerstört mit der Zeit die oberflächenaktive Substanz (**Surfactant**) der Alveolen. Diese werden durch einen Oberflächenfilm (**Lipoidschicht**) auseinandergehalten, da sie wegen ihrer elastischen Haut sonst beim Ausatmen zusammenfallen würden. Der O_2 zerstört den Schutzfilm, die Alveolen kollabieren; es ist kein Gasaustausch mehr möglich. Diese Erkenntnisse sind aber nur bei der medizinischen Versorgung notwendig. Eine 100%- Sauerstoffgabe ist bei Normaldruck über mehrere Stunden hinweg unproblematisch. Erst bei Dauerbeatmung eines Patienten über viele Tage muß der Sauerstoffgehalt reduziert werden.

Sauerstoff wirkt bei einem Partialdruck von 1,7 bar (= 71 m Tiefe) und bei einer Einwirkzeit von über einer Stunde giftig.

6.2.2 Kohlendioxidvergiftung

Kohlendioxid (CO_2) entsteht bei Verbrennungsvorgängen, wie z.B. beim Stoffwechsel im Körper. Die Atmosphäre hat normal einen CO_2- Gehalt von nur 0,03% (siehe 2.2.6.1). Beim Tauchen sind wir deshalb normalerweise nicht zuviel Kohlendioxid ausgesetzt, es sei denn:
In der Preßluft befindet sich ein zu hoher CO_2- Anteil durch unsachgemäßes Füllen, wir tauchen zulange mit einem Kreislaufgerät, wobei der CO_2- Filter überlastet wird, wir atmen lange Zeit aus der Taucherweste (Pendelatmung) oder wir haben eine schlechte Atemtechnik (flaches Atmen / Luft sparen) - zuwenig Kohlendioxid wird abgegeben.
Ein weiterer Fall wird für eine CO_2- Vergiftung verantwortlich gemacht:

Das **Essoufflement** (franz.: „außer Atem kommen") reduziert bei Taucher die Sauerstoffaufnahme und erhöht die Kohlendioxid-Konzentration im Blut. Die Ursache ist eine Ermüdung der Atemmuskulatur durch große körperliche Anstrengung unter erhöhtem Umgebungsdruck. Es folgt eine flache, hechelnde Atmung - der Kohlendioxid-Gehalt im Körper steigt an (**Hyperkapnie**). Jetzt kommt es zu einer Kettenreaktion, die vom Taucher selbst meist nicht erkannt wird: Das Atemzentrum im Gehirn mißt eine zu hohe CO_2- Konzentration und veranlaßt die Atemmuskulatur zu schnellerem Atmen. Durch flache und schnelle Atmung wird noch weniger Kohlendioxid abgeatmet, es kommt zu ersten Vergiftungserscheinungen.
Der Taucher wird hektisch, hat erhöhten Lufthunger - eine Bewußtseinstrübung stellt sich ein. Es folgen Kopfschmerzen, Schwindel, Übelkeit. Es kann mit Bewußtlosigkeit enden - was unter Wasser fatal ist...
Der Tauchpartner kann die Symptome an der flachen, hechelnden Atmung, der übertriebenen Hektik und dem hochroten Kopf erkennen. In diesem Fall muß sofort höher getaucht werden (unter Einhaltung der Deko-Zeit), um den Atemwiderstand zu senken

> Eine zu hohe Kohlendioxid-Konzentration in der Lunge durch flache Atmung, Pendelatmung, verunreinigte Preßluft oder defekte Lungenautomaten kann zu Vergiftungserscheinungen führen.

6.2.3 Stickstoffvergiftung - Der Tiefenrausch

Stickstoff (N_2) ist für den Atemvorgang des Menschen ein **Inertgas**, d.h. es wird bei der Atmung nicht ge- oder verbraucht. Alle Inertgase (u.a. Helium, Neon, Argon, Xenon...) wirken auf den Menschen stark narkotisch, haben aber wegen ihrer geringen Konzentration in der Luft wenig Stellenwert. N_2 ist das am höchsten konzentrierte Gas in der Atemluft (78%). Für Taucher ist der hohe Stickstoffgehalt eher von Nachteil, wie wir jetzt und bei der Caisson-Krankheit sehen werden.

Ab einem Partialdruck von etwa **4 bar** hat Stickstoff eine narkotische Wirkung auf den Menschen. Dieser Teildruck wird rechnerisch beim Preßlufttauchen in einer Tiefe von 40 Metern (0,78 · 5 bar) erreicht - ab 60 m ist jeder Mensch betroffen. Der Stickstoff gelangt über die Atemwege ins Gewebe und setzt sich an den **Synapsen** der Nervenzellen fest, die für die Weiterleitung von Informationen von Nerv zu Nerv verantwortlich sind. Durch diese Blockade kann es zur N_2- Vergiftung, dem **Tiefenrausch**, kommen.

Die Symptome sind einem Alkoholrausch ähnlich:
Die Konzentration und Kritikfähigkeit läßt nach, Angst wechselt zu Euphorie, der Taucher beginnt sich unnatürlich zu verhalten. Der Tiefenrausch nimmt allerdings erst langsam zu und kündigt sich an: Mit einem metallischen Geschmack im Mund und Ohrensausen. Das Denken fällt schwerer (einfache Rechenaufgaben sind oft nicht mehr lösbar). Wem das an sich selbst auffällt, sollte sofort die momentane Tauchtiefe verlassen und höher steigen. In der Tiefe zwischen 10 - 20 m verschwinden die Auswirkungen. Danach ist der Tauchgang zu beenden. Ist der Taucher erst einmal richtig vom der Stickstoffnarkose betroffen und überfällt ihn das Gefühl der „Glückseligkeit" (Euphorie) wird die Situation kritisch. Er kann aus unerfindlichen Gründen sein Mundstück herausnehmen, in Selbstüberschätzung tiefer tauchen und sich und den Partner damit sehr gefährden. Es ist nun Aufgabe des Tauchpartners dieses Verhalten zu deuten und gemeinsam höher zu tauchen. Oftmals sind es Kleinigkeiten, die auf einen Tiefenrausch hindeuten: Der Tauchpartner antwortet stark übertrieben auf die Frage „alles ok?", er macht lauter Unsinn, usw. ...

Man kann sich dabei nicht auf die Tiefengrenze von 40 m verlassen. Ein Tiefenrausch kann bereits schon ab 25 m Tiefe auftreten. Das ist abhängig von der momentanen Verfassung des Tauchers. Die Anfälligkeitsgrenze kann sich von Tag zu Tag ändern.

Bestimmte Faktoren verstärken die Stickstoffnarkose-Anfälligkeit:
- ◆ Alkohol- oder Drogengenuß am Abend vor dem Tauchen
- ◆ Beruhigende Medikamente
- ◆ Angst, Unwohlsein, Streß
- ◆ Körperliche Anstrengung (Arbeit unter Wasser)
- ◆ Müdigkeit, Erschöpfung

Um einen Tiefenrausch zu vermeiden kann man deshalb folgendes empfehlen:
- ◆ Tauche nie nach Alkohol-/ Drogengenuß
- ◆ Tauche nie bei Unwohlsein
- ◆ Fange den Tauchurlaub langsam an (nicht zu lange, nicht zu tief)
- ◆ Tauche nie tiefer als 40 m (Erhöhte Vorsicht ab 25 m)
- ◆ Achte auf die ersten Anzeichen (metallischer Geschmack...)

> Ab einer Tiefe von 40 m hat der Stickstoff eine narkotische Wirkung auf den Organismus des Menschen. Es kommt zum Tiefenrausch.

6.2.4 Kohlenmonoxidvergiftung

Als letztes möchte ich die Auswirkungen eines Gases beschreiben, das normalerweise nicht in der Atemluft vorhanden ist. Das Kohlenmonoxid (CO) entsteht durch unvollständige Verbrennung von Kohlenstoffen (Motorabgase, Holzfeuerrauch) und hat eigentlich nichts beim Preßlufttauchen verloren. In einem bedauerlichen Fall kann dennoch CO in das Atemgemisch der Preßluftflasche gelangen:
Der Kompressor saugt beim Füllen Abgase an (entweder die eigenen Abgase oder von einer stark befahrenen Straße). An Land ist das Gas für den Menschen nicht so schädlich, erst beim Tauchen wird es kritisch. Steigt der Partialdruck von CO über 1,07 bar kann eine Kohlenmonoxidvergiftung zum Tode führen.
Das CO hat nämlich die unangenehme Eigenschaft sich 200 - 300 mal leichter an das **Hämoglobin** (roter Blutfarbstoff) zu binden als Sauerstoff. Beim Einatmen „drängelt" sich das Kohlenmonoxid vor und belegt den freien Platz am Hämoglobin. Und sitzt es erst einmal da, ist es sehr schlecht

wieder wegzubekommen. Für den Sauerstoff ist dann kein Platz mehr, er kann nicht zu den Zellen transportiert werden. Die Folge ist ein langsames **inneres Ersticken**. Der Taucher kann scheinbar normal atmen, er nimmt aber kein Sauerstoff mehr auf. Die Folge sind Kopfschmerzen, Schwindel, Übelkeit, Atemlosigkeit, Bewußtlosigkeit bis hin zum Tod.
Gekennzeichnet ist diese Vergiftungsart durch kirschrote Lippen und Haut, Abhilfe schafft nur Auftauchen und am besten reinen Sauerstoff atmen. Nach etwa 4 Stunden ist das Kohlenmonoxid zur Hälfte bei normaler Luft abgeatmet, mit 100% Sauerstoff (optimal: in Verbindung mit Druckkammerbehandlung) in 20 - 40 Minuten.

Aus dieser Erkenntnis heraus überprüfen gewissenhafte Taucher immer zuerst die Füllstation im Urlaub, bevor sie mit der „fremden" Preßluft tauchen gehen. Ist der Kompressorschlauch lang genug um frische Luft anzusaugen? Werden keine Abgase von Autos angesaugt? Nur dann ist das Risiko einer Kohlenmonoxidvergiftung auszuschließen und man kann sicher und unbeschwert tauchen.

> Eine mit Abgasen verunreinigte Atemluft kann zu einer Kohlenmonoxidvergiftung und damit zum „inneren Ersticken" führen.

6.2.5 Sofortmaßnahmen / Therapie

Um bei einer Gasvergiftung effektiv helfen zu können, müssen wieder zuerst die Symptome richtig erkannt werden. Dazu dient die Tabelle auf der nächsten Seite (6.2.6). Alle Vergiftungen haben eines gemeinsam: Sofort Tauchgang beenden - unter Einhaltung der Dekostufen. Während sich die Stickstoffvergiftung bei Normaldruck von alleine bessert, hilft bei Kohlendioxid- und Kohlenmonoxid- Vergiftung die Gabe von 100%- Sauerstoff. Bei ruhigem und tiefen Atmen klingen nun auch die Auswirkungen der CO_2- Vergiftung ab. Bei der Kohlenmonoxidvergiftung allerdings ist zusätzlich sofort ärztliche Hilfe anzufordern, um eine Druckkammerbehandlung einzuleiten.

6.2.6 Tabellarische Zusammenfassung der Symptome

Vergiftung durch	Symptome
Sauerstoff	◆ Engegefühl im Brustraum ◆ Beklemmungen ◆ Übelkeit ◆ Schnelles, oberflächliches Atmen ◆ Erstickungsgefühl ◆ Sehstörungen ◆ Zuckungen um Mund und Augenlider ◆ Krämpfe ◆ Bewußtlosigkeit
Kohlendioxid	◆ Kopfschmerzen ◆ Schwindel ◆ Übelkeit / Erbrechen ◆ Schweißausbrüche ◆ Hochroter Kopf ◆ Ohrengeräusche ◆ Schnelles, flaches Atmen ◆ Lufthunger ◆ Benommenheit ◆ Bewußtlosigkeit
Stickstoff	◆ Eingeschränkte Denk- und Konzentrationsfähigkeit ◆ Verminderte Urteils- und Kritikfähigkeit ◆ Apathie und Benommenheit ◆ Euphorie und Wohlgefühl ◆ Metallischer Geschmack der Luft ◆ Ohrensausen ◆ Bewußtlosigkeit
Kohlenmonoxid	◆ Kopfschmerzen ◆ Gereiztheit, Verwirrtheit ◆ Schwindel, Übelkeit / Erbrechen ◆ Kirschrote Lippen, blaue Haut ◆ Kurzatmigkeit ◆ Bewußtlosigkeit, Tod

Tabelle 18: Vergiftung durch Gase

6.3 Das Auftauchen (Dekompressionsphase)

Auftauchen heißt bei uns das Aufsuchen einer geringeren Wassertiefe. Was passiert nun, wenn sich der Umgebungsdruck in der Auftauchphase wieder verringert? Analog zur Kompressionsphase sinkt hier der Außendruck und luftgefüllte Hohlräume vergrößern sich (lt. Boyle-Mariotte 2.2.2). Zusätzlich haben wir es mit den Auswirkungen des Gesetzes von Henry (siehe 2.2.7) zu tun, das die Löslichkeit von Gasen unter Druck abhandelt.

6.3.1 Dekompressionskrankheit (Caisson-Krankheit)

Der Begriff der **Caisson-Krankheit** wurde Ende des 19. Jahrhunderts geprägt, als Arbeiter unter Wasser an Brückenfundamenten bauten. Dazu wurden sogenannte *Caissons* (franz. „Kasten") eingesetzt, unten offene Senkkästen, die von der Oberfläche mit Druckluft versorgt wurden. Es traten in dieser Zeit bei den Arbeitern unerklärliche Krankheitsbilder auf, die scheinbar von der Arbeit in den Senkkästen herrührten.

Heute wird der Begriff in der medizinischen Fachliteratur nicht mehr so häufig verwendet, neuerdings spricht man von der „Decompression Sickness" - der DCS. Im weiteren Verlauf bleibe ich bei der deutschen Übersetzung und spreche von der **Dekompressionskrankheit**.

Um diese zu beschreiben, muß ich aber erst etwas weiter ausholen und mit den Vorgängen im Körper an Land und beim Abtauchen beginnen:

6.3.1.1 Sättigung des Gewebes

Wie im Physikteil schon ausführlich erläutert, besteht unsere Atemluft aus einem Gemisch von Gasen. Der Hauptbestandteil ist der Stickstoff (N_2) mit 78% und einem Partialdruck von 0,78 bar. Nach der Aussage von HENRY steht die Menge der in Flüssigkeiten gelösten Gase im direkten Verhältnis zum Druck, der auf die Flüssigkeit wirkt (hier: Umgebungsdruck). Das heißt, daß alle Gase, die sich in der Umgebungsluft befinden, auch im gleichen Verhältnis in unserem Körper (besteht zu 80% aus Wasser) gelöst sind. Der Mensch ist also normal (bei 1 bar Umgebungsdruck) mit rund 0,8 bar N_2-Partialdruck ($\hat{=}$ **Gasspannung**) gesättigt. Das passiert nicht nur mit Stickstoff, alle anderen Inertgase in der Atemluft werden so vom Körper aufgenommen. Allerdings ist deren Anteil so verschwindend gering, daß ich nur noch von Stickstoff reden werde.

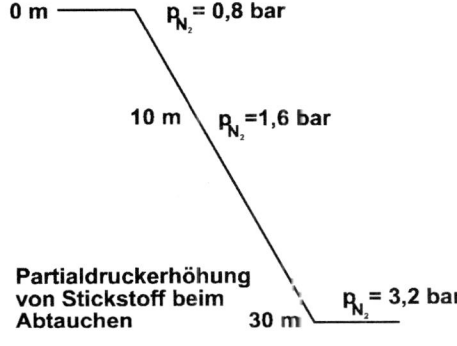

Beim Abtauchen steigt der Außendruck, ebenso erhöht sich der Partialdruck der Gase in der Atemluft. Es entsteht nun eine Partialdruckdifferenz im Körper: Der N_2-Teildruck in der Atemluft steigt an, die N_2-Gasspannung im Blut ist aber direkt nach dem Abtauchen noch niedriger. Nun haben Gase das Bestreben, diese Druckdifferenz auszugleichen. Sie wandern vom Ort der höheren Teildruckes zum niedrigeren. Der Stickstoff aus der Atemluft wird vom Körper aufgenommen und gelöst (Gesetz von Henry). Die Sättigung hängt dabei hauptsächlich von der Partialdruckdifferenz ab. In unserem Beispiel besteht zwischen 30 m Tiefe und der Wasseroberfläche eine Stickstoff- Teildruckdifferenz von 3,2 bar - 0,8 bar = 2,4 bar.

Das Gas erreicht mit erhöhtem Teildruck die Lungenbläschen, diffundiert dort in das Blut, dem Ort des niedrigeren Teildruckes. Über die Lungenkapillargefäße gelangt das jetzt mit Stickstoff gesättigte Blut in den Blutkreislauf. Hiermit wird es je nach Durchblutung in die Gewebe des Körpers transportiert, wo der Stickstoff gemäß des Druckgefälles vom Blut in die Körperzellen diffundiert. Durch die anfangs hohe Druckdifferenz erfolgt eine relativ schnelle Aufsättigung des Gewebes bis zu 50%, nach über 50 Stunden wäre der Körper zu 100% komplett mit dem Gas gesättigt.

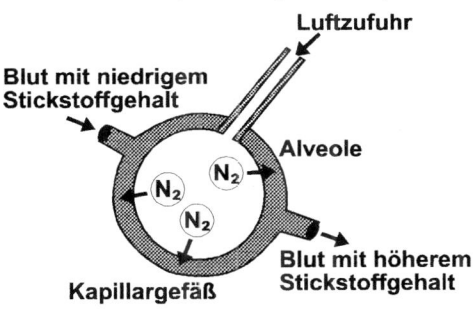

Die Geschwindigkeit der Sättigung ist von der Art des Gewebes und der jeweiligen Durchblutung abhängig. Weiterhin spielt der individuelle **Löslichkeitskoeffizient** des Gases für eine bestimmte Flüssigkeit und die Temperatur eine große Rolle. Fettreiches Gewebe kann zum Beispiel fünfmal mehr Stickstoff lösen als wäßriges Gewebe. Als Folge braucht das Fett auch längere Zeit, um sich zu sättigen, aber auch um den Stickstoff wieder abzugeben. Je niedriger dabei die Flüssigkeitstemperatur ist, desto mehr Gas kann gelöst werden. Diese Erkenntnis ist sehr wichtig bei Tauchgängen in kalten Gewässern.

Man kann den Organismus grob in drei Gewebearten einteilen: die mit schneller (Blut, Lunge, Niere), mittlerer (Leber, Magen, Darm, Herz, Haut) und langsamer Sättigung (Muskulatur, Fett, Gelenke, Knochen). Das heißt, hat sich das Stickstoff erst einmal im Knochen gelöst, dauert es auch längere Zeit, bis er wieder abtransportiert wird.

6.3.1.2 Blasenbildung beim Auftauchen

Was passiert nun beim Auftauchen? Der Partialdruck des Stickstoffes in der Atemluft nimmt wegen sinkendem Umgebungsdruck ab. In den Lungenkapillaren herrscht nun ein Druck-Ungleichgewicht, das Gas wandert wieder zum Ort des niedrigeren Druckes. In diesem Fall wieder in die Alveolen und kann dort abgeatmet werden. Dieses Blut mit geringerem N_2- Partialdruck wandert über den Blutkreislauf wieder in die einzelnen Gewebe, die ihrerseits wieder Stickstoff an das Blut abgeben - das schließlich wieder zu den Alveolen gelangt. Leider läuft das Ganze nicht immer so komplikationslos ab. Ist die Partialdruckänderung zu groß, kommen die langsameren Gewebe nicht mehr mit, sich planmäßig zu entsättigen. Bei einem plötzlichen Umgebungsdruckabfall (der Taucher „schießt" an die Oberfläche) entsteht im Körper ein zu großes Partialdruck-Ungleichgewicht, so daß der Stickstoff direkt im Gewebe ausperlt und nicht mehr normal abgeatmet werden kann. Es kommt zum „Sprudelflaschen-Effekt" (siehe auch 2.2.7.2).

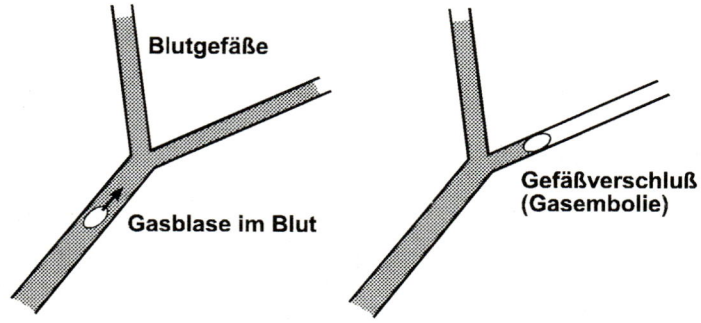

Gasblasen entstehen überall dort, wo der Stickstoff gelöst war. Die Blasen können so im Gewebe Zellen direkt zerstören, oder in den Blutbahnen weitergeleitet werden. Gelangen sie in kleinere Gefäße, können diese verschlossen werden (**Gasembolie**). Fehlende Durchblutung führt dann zu Sauerstoffmangel bis hin zum Absterben der betroffenen Gewebe.
Zusätzlich führt der Fremdkörper „Gasblase" zu einer Abwehrreaktion im Blut: Die Blase wird eingesponnen (mit einem Netz aus **Fibrin**) - genau wie beim Gerinnungsvorgang bei Verletzungen. Selbst wenn sich die Blase nun wieder abbaut (durch **Rekompression** in der Druckkammer) kann die verbleibende Hülle weiterhin die Gefäße blockieren. Die Folgen sind Dekompressionskrankheiten unterschiedlichster Ausprägung.

Allerdings besitzt unser Körper eine Toleranzgrenze, die ein gewisses Maß an Blasenbildung zuläßt. In der neueren Forschung wird deshalb folgende Theorie diskutiert: Kleinere Druckänderungen führen immer zu einer Blasenbildung, die jedoch in der Größenordnung von Mikrometer liegen (**Mikroblasen**). Sie werden normalerweise über den Blutkreislauf wieder zu den Alveolen transportiert und normal abgeatmet. Erst eine massive Überschreitung der Toleranzgrenze führt zu größerer Blasenbildung mit den oben beschriebenen Auswirkungen.
In seltenen Fällen können sich aber auch die Mikroblasen (bei normalen Tauchprofil unter Einhaltung der Dekompressionsregeln) zu größeren Blasen vereinigen und ein Kapillargefäß an einer ungünstigen Stelle verschließen, so daß es zu einer Dekompressionskrankheit kommt. Dies könnte erklären, warum ein Taucher einer Gruppe mit dem gleichen Tauchprofil einen Deko-Unfall erleiden kann, die anderen aber nicht. Bei ihm führte eine Gasblase zu einem Gefäßverschluß mit tragischen Auswirkungen, während die anderen Taucher das Gas normal abatmen konnten oder es zu keiner ernsthaften Komplikation kam. So eine Dekompressionskrankheit tritt jedoch zu Glück äußerst selten ein. Mit einem Unfall rechnen kann man aber bei Mißachtung der Dekompressionszeiten oder bei zu schnellem Auftauchen aus großer Tiefe. Daher ein weiterer wichtiger Merksatz:

BEACHTE IMMER AUFTAUCHGESCHWINDIG-
KEIT UND DEKOMPRESSIONSREGELN !!

6.3.1.3 Dekompressionskrankheit Typ I
Die Folgen dieser ersten Stufe der Dekompressionskrankheit sind vor allem schmerzhafter Natur. Nach dem Auftauchen treten sie mit der größten Wahrscheinlichkeit in den ersten 30 Minuten auf. Mit sinkender Wahrscheinlichkeit können noch Symptome 24 - 48 Stunden nach dem Auftauchen auftreten. Die Auswirkungen des Typ I sind nicht so gefährlich und können sich auch ohne Druckkammerbehandlung zurückbilden, Vorsicht ist dennoch geboten! Es kann in den nächsten Stunden noch zusätzlich zu einer Dekompressionskrankheit Typ II kommen (Je nach Auswirkungen der Gasblasen im Körper).
Man kann den Typ I in drei Symptom- Gruppen einteilen:

Hauterscheinungen
Gasblasen unter der Haut lassen einen Juckreiz entstehen - **Taucherflöhe** genannt. Dazu kann ein roter fleckiger Hautausschlag auftreten.

Schwellung der Lymphgefäße
Die durch die Bläschen verursachten Lymphbahnverschlüsse stauen Flüssigkeiten auf (Ödeme) und führen oft zu einer Schwellung der Hautoberfläche - genannt **Apfelsinenhaut**.

Gelenk- und Gliederschmerzen
Bei der Mehrzahl aller Dekompressionskrankheiten treten auch Gelenkschmerzen auf. Die Stickstoffblasen sammeln sich in den Gelenkkapseln und rufen nach zuerst tauben Gefühl einen heftigen Schmerz hervor. Die Betroffenen beugen (engl.: „to bend") ihre Gelenke oft recht unnatürlich, um schmerzhafte Bewegungen zu vermeiden. Deshalb wurden diese Symptome „**Bends**" getauft.

Die Dekompressionskrankheit Typ I ist durch schmerzhafte Symptome, wie Taucherflöhe, Apfelsinenhaut und Bends gekennzeichnet. Sie ist oft nur Vorbote einer Typ II- Erkrankung.

Erste Anzeichen einer Dekompressionskrankheit sind oft unnatürliche Verwirrtheit, Desorientierung oder Müdigkeit nach dem Tauchgang. Der Taucher sollte dann in den nächsten Stunden genau überwacht werden.

6.3.1.4 Dekompressionskrankheit Typ II

Diese Auswirkungen stören in der Hauptsache das Nervensystem und die Atmung. Eine Dekompressionskrankheit Typ II kann zu schwersten gesundheitlichen Schäden bis hin zum Tod führen. Sie entsteht aus der Kombination von Gefäßverschlüssen und direkten Gewebeschäden. Die Zeit des Auftretens ist analog zu der Krankheit Typ I. Ein Drittel aller Typ II- Erkrankungen zeigen auch Symptome des Typ I.

Auch hier können wir wieder drei Gruppen unterscheiden:

Lungenschädigung

Gasblasen verstopfen die Lungenkapillaren (**Lungenembolie**), was zu einem erhöhten Druck im Lungenkreislauf und zu einem Blutrückstau in den Venen führt. Es entsteht ein brennender Schmerz in den Lungenflügeln, der zur extremer Kurzatmigkeit führt. Durch den Sauerstoffmangel (**Hypoxie**) erhöht sich der Puls, der Verunfallte hat blaue Lippen. Wegen des Erstickungsgefühls (engl.: ersticken = to choke) nennt man die Symptome „**Chokes**". Ein totales Versagen des Blutkreislaufes und des Herzens ist möglich.

Innenohrschädigung

Im Labyrinth angesiedelte Bläschen können sich unangenehm auf den Gehör- und Gleichgewichtssinn auswirken: Ohrgeräusche, Gehörverlust, Gleichgewichtsstörungen, Schwindel und Übelkeit mit Erbrechen können die Folge sein.

Hirn- und Rückenmarkschäden

Schädigung des Gewebes im Gehirn kann zu verschiedenen Sinnesstörungen (Schwindel, Reflexstörungen, Sehstörungen) bis hin zur **Halbseitenlähmung** (Lähmung einer Körperseite) führen. Im Rückenmark können die Stickstoffblasen Lähmungen bis hin zur Querschnittslähmung auslösen, wenn sie Nervenleitungen stören oder beschädigen.

Die Dekompressionskrankheit Typ II ist durch Störungen des Nervensystems, Herz und Lunge gekennzeichnet. Die Symptome führen zu Chokes, Gleichgewichtsstörungen, Halbseiten- oder Querschnittslähmung bis hin zu Herzversagen.
Sie ist immer lebensbedrohlich !

6.3.1.5 Chronische Dekompressionsschäden
Nach Jahren erst können sich die Auswirkungen von ständigem Tauchen bemerkbar machen. Mikroskopisch kleine angesammelte Stickstoffbläschen sind der Auslöser für eine dauerhafte Schädigung der Gelenke (**Arthrose**) und des Knochengewebes (**Knochennekrose**). Diese Symptome treten aber hauptsächlich bei Berufstauchern auf - vor allem, wenn Dekompressionszeiten oft nicht eingehalten wurden. Diese Skelettschäden lassen sich nachträglich nicht mehr durch eine Druckkammerbehandlung rückgängig machen.

6.3.1.6 Verstärkende Faktoren
Es gibt einige Faktoren, die das Auftreten einer Dekompressionskrankheit wahrscheinlicher machen, weil sie die Blasenentwicklung beeinflussen:

Alkoholgenuß
Der Konsum vor dem Tauchgang bewirkt eine Kreislaufbeschleunigung und damit eine schnellere Sättigung des Körpers mit Stickstoff. Durch Erweiterung der Kapillargefäße durch den Alkohol kühlt der Körper unter Wasser schneller aus, was zu einer verzögerten Entsättigung führt (s.u.). Verstärkend hinzu kommt die **dehydrierende** (entwässernd) Eigenschaft (s.u.).

Fliegen nach dem Tauchen
Kurz nach dem Tauchen ist der Körper noch mit Stickstoff übersättigt. Die Austauchtabellen und Deko- Computer berechnen den Gewebedruck bis zum Auftauchen auf atmosphärischen Normaldruck. Durch den reduzierten Druck in der Flugzeugkabine (Senkung um bis zu 30%), entsteht ein Druckgefälle bei dem sich erneut große Stickstoffblasen im Körper bilden können. Die Tabellen und Computer geben eine Zeit an, ab wann man nach dem Tauchen wieder fliegen darf. Daran sollte man sich unbedingt halten !

Flüssigkeitsverlust (**Dehydratation**)
Durch den Verlust von Wasser und Flüssigkeit im Körper wird das Blut eingedickt, d.h. das Blutvolumen nimmt ab. Es steht nun weniger Blut zur Verfügung, um bei der Dekompression den Stickstoff aus dem Körper abzutransportieren.

Alkohol und Koffein führen ebenso, wie der schwerelose Aufenthalt unter Wasser (siehe auch 5.5.3) zu einer Entwässerung des Körpers über vermehrten Harndrang. Auch übermäßiges Schwitzen (längerer Aufenthalt im geschlossenen Neoprenanzug vor dem Tauchen) und die trockene Luft sorgen für eine Wasserabgabe. Also: Vor und nach dem Tauchgang viel trinken, aber keinen Alkohol !

Häufig wechselnde Tiefen (Jojo- Profil)
Sehr oft wird das klassische Tauchprofil ignoriert: Abtauchen, auf einer bestimmten Tiefe bleiben, langsam Austauchen. Unter Wasser wird häufig und auch schnell die Tiefe gewechselt (wie ein Jojo). Der Körper wird laufend mit Stickstoff ge- und entsättigt. Die meisten Tauchcomputer und Tabellen sind für die Berechnung dieser zusätzlichen Tauchfaktoren nicht ausgelegt. Es besteht ein erhöhtes Risiko für eine Dekompressionskrankheit.

Herzfehler (**Foramen ovale**)
Ein Foramen ovale (offenes Loch auf Vorhofebene) sorgt bei ungeborenen Säuglingen für eine Verbindung der beiden Herzhälften, die aber im Laufe der ersten Lebensjahre normalerweise zuwächst. Allerdings sollen ca. ein Viertel aller Erwachsenen mit einem unvollständigen Verschluß der Öffnung

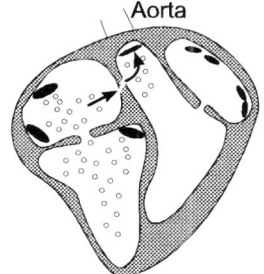
Foramen ovale im Herz

leben. Dies ist nicht weiter tragisch, beeinträchtigt es doch unser Leben kaum. Normalerweise wird das offene Foramen durch den höheren Druck des linken Vorhofes zugedrückt, so daß es zu keinem Blutübertritt kommt. Durch einen erhöhten Druck auf den Brustkorb kann es dazu kommen, daß durch Dekompression gebildete Bläschen durch die Öffnung schlüpfen. Sie gelangen so von der rechten direkt in die linke Herzhälfte und umgehen so den Weg zur Lunge, wo sie abgeatmet werden könnten. Die Gasblasen fließen nun mit dem sauerstoffreichen Blut über die Aorta in das arterielle Blutsystem und können dort eine Dekompressionskrankheit auslösen.

Kälte
Bei tieferen Temperaturen ergreift unser Körper Schutzmaßnahmen, um eine Senkung der Kerntemperatur (37 °C) zu verhindern. Die Blutgefäß in den Extremitäten werden verengt, die Blutzirkulation verringert. Da die Aus-

kühlung im Wasser eher gegen Ende eines Tauchganges greift, reagiert der Körper mit diesen Maßnahmen im falschen Moment. Der mit Stickstoff gesättigte Körper kann beim Auftauchen das Gas nicht mehr so leicht loswerden, es besteht höheres Risiko eines Unfalls.
Um dem entgegenzuwirken wird geraten in kalten Gewässern die Tauchtabelle in der nächsthöheren Zeitstufe abzulesen und beim Computertauchen einen zusätzlichen Sicherheitsstop von 3 Minuten auf 3 Metern einzulegen.

Körperliche Anstrengung
Arbeit unter Wasser (z.B. gegen starke Strömung anschwimmen) führt zu einem genau gegenteiligen Effekt: Durch die Anstrengung wird die Blutzirkulation angeregt, unter Wasser wird der Körper schneller und leichter mit Stickstoff gesättigt. Nach Beendigung der Arbeit, beim Auftauchen und zu den Dekompressionsstops hat der Organismus Ruhe, d.h. wieder eine normale Blutzirkulation. Das Gas kann nicht mehr so schnell abgegeben werden, wie es aufgenommen wurde. Man empfiehlt bei großer körperlicher Anstrengung beim Tauchen eine Addition von 50% zur Grundzeit und Berücksichtigung der neuen Austauchzeiten. Bei Tauchcomputern muß man entsprechend eine zusätzliche Sicherheitszeit einplanen.

Körperliche Verfassung
Nicht nur durch einen schlechter arbeitenden Blutkreislauf im höheren Lebensalter oder einen größeren Fettanteil im Körper bei fettleibigeren Zeitgenossen, deren Körperfett mehr Stickstoff einlagern kann, ist der Taucher gefährdeter. Die momentane Verfassung spielt auch eine große Rolle bei der Sättigung und Entsättigung des Körpers. Streß z.B. beschleunigt den Puls und die Atmung, mehr Gas wird aufgenommen. Die Auswirkungen sind oben schon beschrieben worden...

Krankheit und Verletzung
Beide Zustände können Kreislaufstörungen zur Folge haben und somit das Sättigungsverhalten des Körpers beeinflussen. Aber ein verantwortungsvoller Taucher geht nur ins Wasser, wenn er gesund ist und sich wohl fühlt !

Wiederholungstauchgänge / Non-Limit-Tauchen
Die Restsättigungen im Körper summieren sich mit jedem Tauchen. Hier haben auch sehr langsame Gewebe die Möglichkeit, sich zu sättigen. Kurz hintereinander ausgeführte Tauchgänge erhöhen deshalb das Risiko einer

Dekompressionskrankheit Das sogenannte „Non-Limit-Tauchen" wird vor allem in Urlaubsgebieten angeboten. Der Taucher hat die Möglichkeit für einen Pauschalbetrag beliebig oft am Tag zu Tauchen. Das führt aber schnell zur oben beschriebenen Summierung der Körpersättigung. Vernünftige Taucher legen deshalb lange Pausen zwischen den Tauchgängen und auch einen Tag „tauchfrei" ein, um das Deko-Unfall-Risiko so klein wie möglich zu halten.

6.3.1.7 Maßnahmen zur Vermeidung

Aus den gerade gewonnenen Erkenntnissen läßt sich eine Hauptaussage ableiten: Vermeide alles, was eine Dekompressionskrankheit auslösen könnte. Das bedeutet:

- Tauche nur, wenn Du Dich gesund und wohl fühlst !
- Tauche wenn möglich immer in der Nullzeit.
- Mache trotz Nullzeit immer einen kurzen Sicherheitsstop auf 3 - 5 m.
- Wenn Du in die Dekompressionszeit kommst, halte Dich unbedingt an die Austauchtabelle oder an die Anweisungen des Computers !
- Niemals die Dekompressionszeiten und -tiefen unterschreiten !
- Rechne bei Kälte und Anstrengung einen Sicherheitsfaktor ein.
- Niemals zu schnell auftauchen (max. 10 m/min) !
- Vermeide Risikotauchgänge (Tieftauchen, Jojo-Tauchen...)

6.3.1.8 Rekompression

Wird eine Dekompressionskrankheit erkannt, muß der Verunfallte sofort zur nächsten Druckkammer gebracht werden, um dort unter ärztlicher Aufsicht rekomprimiert ($\hat{=}$ zurück-komprimiert) zu werden. Zwar ist es manchmal schwierig einen Deko-Unfall zu erkennen, zumal Symptome auch bei Einhaltung der Nullzeit auftreten können. Im Zweifelsfall gilt: Arzt informieren! Bei der erneuten Kompression werden die entstandenen Stickstoffblasen im Körper wieder verkleinert und gelöst, so daß sie auf normalen Weg abgeatmet werden können. Zusätzlich gibt man dem Patienten dazu Sauerstoff zu atmen, um das Konzentrationsgefälle zu verstärken und so den Vorgang zu beschleunigen.

Hin und wieder wird die Methode propagiert, bei ersten Anzeichen einer Dekompressionskrankheit schnell wieder abzutauchen, um die Stickstoffblasen zu verkleinern. Davon kann nur abgeraten werden. Es ist bisher kein erfolgreicher Versuch einer **nassen Rekompression** in Europa nachgewiesen worden. Da dem Taucher unter Wasser nicht beliebig Luft zur Verfügung steht, die Auskühlung beschleunigt wird und oft Ungewißheit und Angst die psychische Verfassung verschlechtern, wird die Dekompressionskrankheit beim erneuten Auftauchen oft noch verstärkt. Die kürzeste Aufenthaltszeit in einer Dekompressionskammer beträgt ca. 5 Std. Solange ist ein Verweilen unter Wasser technisch nicht möglich. Beim Auftreten von Symptomen unter Wasser (z.B. Erbrechen, Bewußtlosigkeit) ist auch keine medizinische Hilfe erreichbar, die Folgen wären fatal...

Stellt man nach Erreichen der Wasseroberfläche erste Anzeichen eines Deko-Unfalles fest, muß sofort ein Arzt verständigt werden !

Eine Ausnahme bildet die **nachgeholte Dekompression** in *warmen* Gewässern: Wenn man, z.B. wegen eines Tarierfehlers, eine vorgeschriebene Deko-Stufe ausläßt, direkt auftaucht und dabei *keine* Symptome einer Dekompressionskrankheit auftreten, kann man *unverzüglich* wieder abtauchen, um die Zeit nachzuholen. Der Tauchpartner muß dabei unbedingt *Aufsicht* führen, um helfend eingreifen zu können. In kalten heimischen Gewässern soll man diese Methode wegen der Gefahr der Unterkühlung allerdings unterlassen !

6.3.2 Barotrauma beim Auftauchen
Ein zweites großes Risiko in der Auftauchphase ist das Barotrauma. Wie im Kapitel 6.1 beschrieben handelt es sich um eine Schädigung durch Druckänderung in Hohlräumen des Körpers. Beim Auftauchen wird nur diesmal der Umgebungsdruck geringer, das Volumen des Hohlraumes nimmt zu (Boyle-Mariotte). Ist keine Druckentlastung möglich (keine Verbindung nach außen) sorgt der erhöhte Druck im Hohlraum und die Neigung des Gases sich auszudehnen zu teilweise katastrophalen Auswirkungen. Dieser Fall wird auch als **Überdruckverletzung** bezeichnet.

6.3.2.1 Barotrauma der Lunge
Die Auswirkungen einer Druckverletzung an der Lunge kann man zusammen mit der Dekompressionskrankheit als **„bubble disease"** (Erkrankung durch Blasenbildung) zusammenfassen. Die Symptome sind ähnlich. Atmet ein Taucher z.B. in 10 Meter (2 bar) Tiefe ein und schießt ohne auszuatmen (panikartiges Zupressen des Mundes und Luftanhalten) an die Oberfläche (1 bar) will sich der Rauminhalt seiner Lunge theoretisch verdoppeln. Da die Elastizität der Lunge aber begrenzt ist, kommt es zwangsläufig zum Platzen der überdehnten Alveolen und evt. zum Riß der Lunge. Diese Verletzung müßte nicht sein, man braucht nur beim Auftauchen den Mund zu öffnen und auszuatmen (geht meist von alleine, da die Luft sich ausdehnt).

Die Ursachen liegen oft in einer Paniksituation, bei der unerfahrene Taucher das Ausatmen einfach „vergessen" und an die Wasseroberfläche schießen. Die Folgen sind meist schwerwiegend.

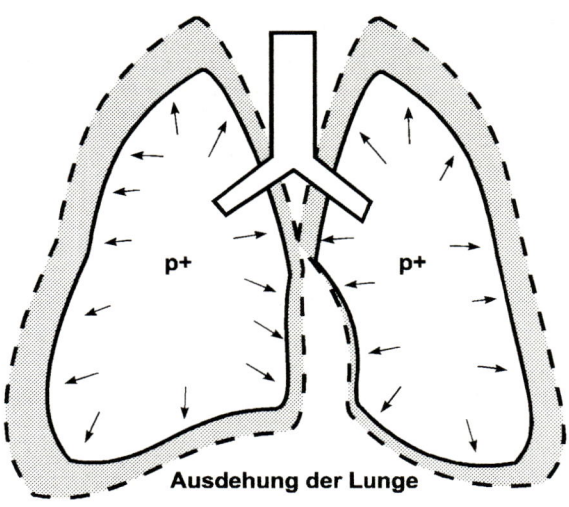
Ausdehung der Lunge

Das führt uns wieder zu einer goldenen Regel:

HALTE BEIM AUFTAUCHEN NIEMALS DIE LUFT AN !!

Eine andere Ursache, die in der Fachliteratur beschrieben wird, ist der **Stimmritzenkrampf (Laryngospasmus)**:
Durch Verschlucken oder Einatmen von Wasser beim Tauchen kann es durch das kalte Wasser zu einem Verkrampfen der Stimmritzen im Kehlkopf kommen. Aber nicht das Wasser alleine ist der Auslöser, sondern die folgende Angst, bis hin zur Panik.
Die Stimmritze wird dabei verschlossen, Ein- und Ausatmen unmöglich gemacht. Allerdings löst sich so ein Krampf nach kurzer Zeit wieder, wenn es nicht schon zu spät ist. Lufthungrig strebt der in Panik geratene Taucher der Oberfläche entgegen, die vollgefüllte Lunge dehnt sich aus und das Gewebe gibt nach....
Weitere Ursachen können der Einschluß von Luft in der Lunge durch Hustenverkrampfung, Asthma, Schleimbildung bei Erkältung oder eine chronische Bronchienerkrankung sein.

Verletzungen der Lunge sind selbst beim Auftauchen aus geringer Tiefe möglich. Da in den letzten Metern die relative Druckzunahme und damit die Volumenerhöhung sehr groß ist, kann es schon bei Aufsteigen aus 1 m Tiefe im Hallenbad zu einer Lungenüberdehnung kommen (Druckminderung von 1,1 bar auf 1 bar entspricht 10% Abnahme, d.h. die Lunge vergrößert sich um 10% !!)

Vier Auswirkungen eines Lungenrisses sind bei einem Überdruckbarotrauma zu unterscheiden

Luftembolie
Durch Überdehnung und Reißen der Alveolenhaut können Luftbläschen über die Lungenkapillaren in den Blutkreislauf übertreten. Die Auswirkungen sind die gleichen, wie bei der Dekompressionskrankheit Typ II (siehe auch 6.3.1.4). Hier verursachen allerdings Luftbläschen eine **Embolie** (Verstopfung von Blutgefäßen), nicht Stickstoffblasen. Die Auswirkungen sind wieder:
Schmerzen im Brustraum, Husten von blutigem Schaum, Luftnot, Herzstörungen, Benommenheit, Schwindel, Sprach- und Sehstörungen bis hin zu Lähmungen, Bewußtlosigkeit und Tod. Es herrscht akute Lebensgefahr !

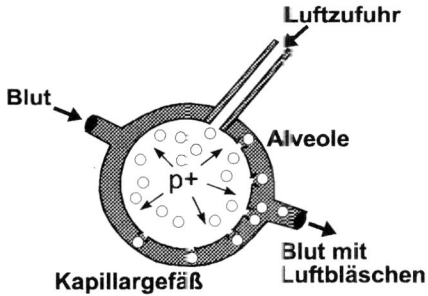

Pneumothorax
Tritt die Drucküberlastung in den äußeren Regionen der Lunge auf, kann es zu einem Einriß des Lungenfells kommen. Luft dringt in den **Pleuraspalt** ein, in dem bisher ein Unterdruck war (um die Lunge aufzuspannen und die Atmung zu ermöglichen - siehe 5.2.3). Als Folge fällt der betroffene Lungenflügel in sich zusammen (**Pneumothorax** ≙ Luft im Brustkorb), Atmung in dieser Hälfte ist nicht

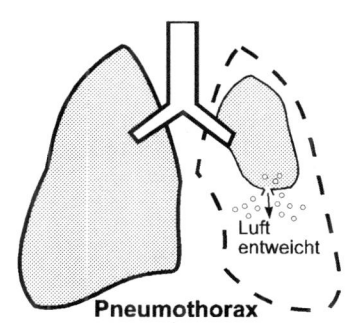

mehr möglich. Zum Glück sind die beiden Lungenflügel getrennt eingehüllt, so daß ein Überleben mit einer Lungenhälfte für den jüngeren Menschen noch möglich ist. Ausnahmsweise kann es allerdings auch zu einem Pneumothorax in beiden Seiten kommen. Die Folge sind Schmerzen im Brustraum, Luftnot, Blaue Lippen und Husten von blutigem Schleim, ein Gasaustausch ist nicht mehr möglich.

Subkutanes Emphysem
Ein **Subkutanes Emphysem** (≙ Ansammlung von Luft unter der Haut) wird oft auch als „Blähhals" bezeichnet. Durch einen Riß der Lunge außerhalb des Pleuraspaltes kann die Luft in den Körper gelangen. Die Bläschen suchen sich ihren Weg an der Luft- und Speiseröhre vorbei und sammeln sich u.a. im Hals- Nackenbereich unter der Haut. Diese Ansammlung kann man an dem knisternden Luftpolster am Hals und an der Klangveränderung der Stimme erkennen. Reizungen des Gewebes und Störungen des Kreislaufes können die Folge sein.

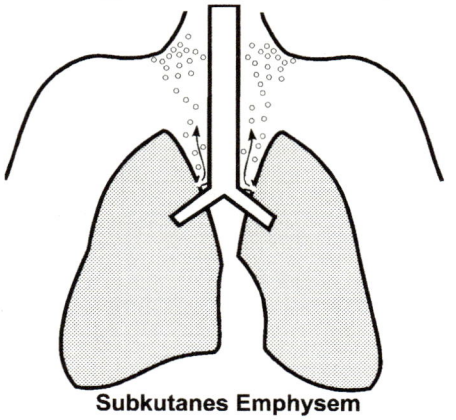
Subkutanes Emphysem

Mediastinalemphysem
Eine ähnliche Auswirkung hat das **Mediastinalemphysem** (Luftansammlung zwischen den Lungenflügeln). Durch den Überdruck gibt es einen peripheren Lungenriß unterhalb des Einganges der Bronchien. Die Luft entweicht nun überwiegend in den **Mittelfellraum**. In diesem Raum liegt auch das Herz, das nun von der sich ausdehnenden Luft beengt wird. Die Blutzirkulation im Körper kann beeinträchtigt werden, mit der Folge von Herzrhythmusstörungen bis hin zur Bewußtlosigkeit.

6.3.2.2 Barotrauma im Ohr

Wir erinnern uns: Das **Mittelohr** (Paukenhöhle) ist durch die **Eustachische Röhre** (Ohrtube) mit dem Nasen-Rachenraum verbunden. Am Ende wird die Röhre durch die **Tubenlippen** verschlossen. Mit Hilfe des Druckausgleiches (Valsalva-Methode) entlasten wir den entstehenden Druck im Mittelohr beim Abtauchen, indem wir die Tubenlippen künstlich öffnen. Beim Auftauchen kann die überschüssige, sich wieder ausdehnende Luft die Tubenlippen von innen aufdrücken und entweichen.

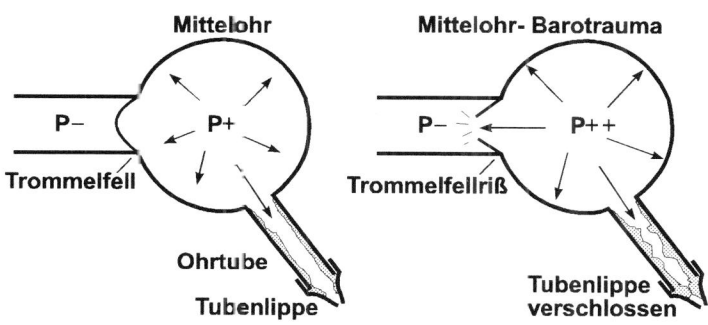

Anders sieht es jetzt aus, wenn die Eustachische Röhre durch Schnupfen oder Erkältung angeschwollen ist. Tauchen wir jetzt trotzdem ab und müssen, damit der Druckausgleich gelingt sehr heftig Pressen, können wir das Mittelohr trotz Widerstand mit Luft füllen. Durch das erzwungene Valsalva-Manöver in Verbindung mit dem Schnupfen, können nun die Tubenlippen anschwellen und ein Durchgang ist nicht mehr möglich. Beim Auftauchen dehnt sich die Luft im Mittelohr zwangsläufig wieder aus und will entweichen. Der normale Weg durch die Ohrtube ist versperrt, also bleibt nur noch das empfindliche Trommelfell. Das wird dann je nach Aufstiegsgeschwindigkeit regelrecht „herausgesprengt". Die Folgen des Trommelfellrisses sind Eindringen von Wasser und Bakterien (mit Infektionsgefahr), Schwindel und Gleichgewichtsstörungen, Hörverlust...

Außer bei Schnupfen kann es zu einem Anschwellen (und Verschluß) der Tubenlippen bei schnellem Absinken mit heftigem Druckausgleich oder häufigem Abtauchen (z.B. bei Unterwasserjagd) kommen. Die Hauptursache ist aber wie bei allen Barotraumen der Leichtsinn des Tauchers, der trotz starkem Schnupfen und Erkältung unbedingt tauchen gehen muß...

6.3.2.3 Barotrauma im Magen und Darm
Der Vollständigkeit halber möchte ich an dieser Stelle auch die Auswirkungen von Luftblasen im Magen und Darm beim Auftauchen ansprechen. Durch Verschlucken von Luft während des Tauchens kann es zu einer Luftansammlung im Magenraum kommen, ebenso produzieren Darmbakterien beim Verdauungsvorgang Schwefelwasserstoff. Auch diese Blasen sind dem Boyle-Mariott'schen Gesetz unterworfen und vergrößern sich beim Auftauchen. Durch die Elastizität der Magen- und Darmwand ist eine Komplikation aber äußerst selten. In einigen Fälle soll es zu einem Riß in der Magenwand oder zu starken (kolikartigen) Schmerzen im Darm gekommen sein. Dieses Barotrauma kann aber nur bei zu schnellem Auftauchen auftreten. Ein schrittweiser, langsamer Aufstieg gibt dem Gas die Möglichkeit, sich einen natürlichen Ausgang zu suchen. Als Vorbeugung sollte man - um ganz sicher zu gehen - das Essen von blähenden Speisen (Erbsen, Bohnen, Linsen...) vor dem Tauchen vermeiden.

6.3.3 Sofortmaßnahmen / Therapie
Da bei den Blasen-Krankheiten (Barotrauma der Lunge mit Luftembolie oder Dekompressionskrankheit) immer akute Lebensgefahr besteht, muß unverzüglich ein Notarzt gerufen werden. Eine Druckkammer-Behandlung sollte sofort eingeleitet werden !
Deshalb: Den Notarzt unbedingt auf einen Tauchunfall hinweisen, damit er entsprechend reagieren und einen Nottransport zur nächsten stationären Druckkammer einleiten kann.
Bis zum Eintreffen des Arztes wird zu einer Notfallbeatmung mit reinem Sauerstoff geraten, evt. mit Schockbehandlung. Bei Verletzungen des Trommelfells sind die gleichen Maßnahmen, wie unter 6.1.2, zu ergreifen.

6.3.4 Tabellarische Zusammenfassung der Symptome

Dekompressionsunfall	Symptome
Dekompressionskrankheit Typ I	♦ Juckreiz (Taucherflöhe) ♦ rote, marmorierte Haut ♦ Apfelsinenhaut (Schwellungen der Haut) ♦ Gelenkschmerzen (Bends)
Dekompressionskrankheit Typ II	♦ Erstickungsgefühl (Chokes) ♦ Engegefühl im Brustraum ♦ Blaue Lippen, schneller Puls ♦ Gleichgewichtsstörungen ♦ Schwindel, Übelkeit, Erbrechen ♦ Ohrgeräusche, Gehörverlust ♦ Reflexstörungen ♦ Seh- und Sprachstörungen ♦ Lähmungserscheinungen ♦ Halbseitenlähmung ♦ Querschnittslähmung ♦ Herzversagen
chronische Dekompressionskrankheit	♦ Chronische Schäden, wie Gelenkdeformierung und Knochennekrose
Barotrauma der Lunge mit Luftembolie	♦ Atemnot ♦ Schmerzen im Brustraum ♦ Blaue Lippen, schneller Puls ♦ Gleichgewichtsstörungen ♦ Schwindel, Übelkeit, Erbrechen ♦ Ohrgeräusche, Gehörverlust ♦ Seh- und Sprachstörungen ♦ Lähmung ♦ Querschnittslähmung ♦ Herzversagen

Dekompressionsunfall	Symptome
Barotrauma der Lunge mit Pneumothorax	♦ Atembeschwerden, Luftnot ♦ Blaue Lippen ♦ Schmerzen im Brustraum ♦ Husten von blutigem Schleim
Barotrauma der Lunge mit subkutanen Emphysem	♦ Schmerzen im Brustraum ♦ Knisternde Haut am Schlüsselbein ♦ Klangänderung der Stimme
Barotrauma der Lunge mit Mediastinalemphysem	♦ Atembeschwerden ♦ Engegefühl ♦ Schmerzen im Brustraum ♦ Herzrhythmusstörungen ♦ Bewußtlosigkeit
Barotrauma des Ohres mit Trommelriß	♦ stechender Schmerz ♦ plötzlich nachlassender Schmerz ♦ Blutaustritt ♦ Schwindel / Gleichgewichtsstörungen ♦ Übelkeit / Erbrechen ♦ später: Mittelohrentzündung durch Infektion
Barotrauma in Magen / Darm	♦ Völlegefühl ♦ kolikartige Schmerzen ♦ Blähungen

Tabelle 19: Dekompressionskrankheit und Barotrauma

6.4 Für Schnorchler und Apnoe-Taucher

Dieses Kapitel ist für all jene gedacht, die ab und zu ihre Preßluftflasche zur Seite legen und nur in ABC-Ausrüstung tauchen gehen. Apnoe bedeutet soviel wie „ohne Luft" und beschreibt Taucher, die länger ohne Luft auskommen und relativ tief tauchen (Wettkämpfer, Unterwasserjäger). Es gibt vier Fälle, auf die wir das Augenmerk beim Tauchen ohne Preßluftgerät richten sollten:

6.4.1 Das Schwimmbad-Blackout: Gefährlich, aber Vermeidbar

Jeder Mensch kann unterschiedlich lange die Luft anhalten (je nach Übung und Trainingsstand), bevor der unwiderstehliche Zwang zum Atmen einsetzt. Dieser wird vom Atemzentrum des Gehirns, genauer gesagt im verlängerten Rückenmark (**Medulla oblongata**) ausgelöst. Chemorezeptoren messen unter anderem ständig den Sauerstoff- und Kohlendioxidgehalt im Körper und steuern über Nervenimpulse unsere Atemmuskulatur. Das Hauptkriterium für das Auslösen des Atemzwangs ist dabei der CO_2- Teildruck im Blut. Bei etwa 80 mbar Kohlendioxid-Partialdruck setzt er auf alle Fälle ein und zwingt uns zum Einatmen. Die Rezeptoren achten auf den Säure-Basen-Gehalt des Blutes, der sich normalerweise im Gleichgewicht befindet. Wird Sauerstoff im Körper verbraucht (Verbrennung in den Zellen) und in Kohlendioxid umgewandelt, sinkt der O_2- Partialdruck. Das CO_2 wird in der Blutflüssigkeit teilweise als Kohlensäure (H_2CO_3) gelöst. Das Blut wird mit zunehmendem Kohlendioxid-Partialdruck (**Hyperkapnie** $\hat{=}$ Kohlendioxid-Überschuß) dadurch saurer. Durch das Absinken des Sauerstoffanteils im Blut tritt eine **Hypoxie** (Sauerstoffmangel) ein, auf die vor allem die Gehirnzellen schnell reagieren. Wird länger nicht eingeatmet, fällt der O_2-Teildruck unter eine bestimmte Schwelle. Die Gehirnzellen werden ungenügend versorgt, ein **Blackout** (Bewußtlosigkeit) tritt ein. Normalerweise setzt der Atemzwang ein, *bevor es* zu einem O_2- Mangel kommt.

Jetzt aber machen unerfahrene Schnorchler häufig einen großen Fehler:
Vor dem Streckentauchen wird tief und ausgiebig Ein- und Ausgeatmet; man **hyperventiliert** ($\hat{=}$ bewußtes oder unbewußtes tiefes und schnelles Überatmen). Fälschlicherweise wird angenommen, auf diese Weise mehr Sauerstoff im Körper speichern zu können. Aber das Hämoglobin (roter Blutfarb-

stoff) kann nicht viel mehr Sauerstoff binden, als bei normaler Atmung. Der einzige Effekt ist, daß man den Kohlendioxidgehalt durch Abatmung senkt und das Säure- Basen- Gleichgewicht des Blutes in den basischen Bereich verschiebt.

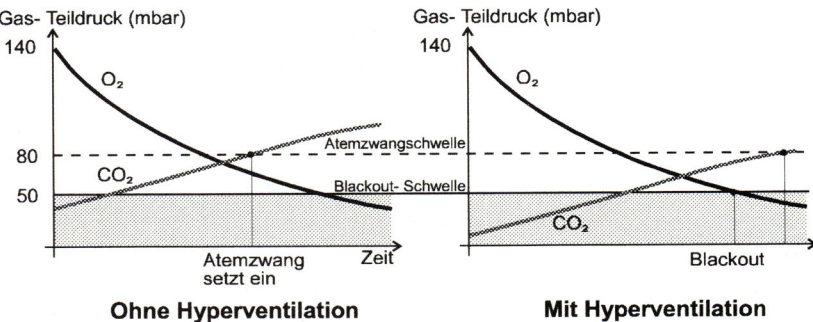

Der Schnorcheltaucher startet nun nach langer **Hyperventilation** sein Streckentauchen mit einem niedrigeren CO_2- Teildruck-Anfangswert, der Atemzwang setzt dadurch später ein. Ist der Sauerstoff-Teildruck mittlerweile zu stark gesunken, kann es zum **Schwimmbad-Blackout** kommen - einer spontanen Bewußtlosigkeit, die vor allem beim Streckentauchen in Schwimmbädern vermehrt auftritt. Die Bewußtlosigkeit setzt so unvermittelt ein, daß der Taucher (der noch meint genug Luft zu haben) nicht mehr rechtzeitig reagieren kann.

Ist nicht sofort ein Helfer zur Stelle, kann bei dem Bewußtlosen unter Wasser der Atemreflex einsetzten, was ein **Ertrinken** zur Folge hat. Rechtzeitig an Land gebracht, setzt bei dem bewußtlosen Taucher nach kurzer Zeit die Atmung wieder von selbst ein.

Also: Immer unter Aufsicht mindestens eines Schwimmers tauchen, der bei Problemen *rechtzeitig* zur Stelle ist. Und vor allem:

> **NIEMALS VOR DEM TAUCHEN HYPERVENTILIEREN !!**

Drei- oder viermal tief ein- und ausatmen und dann lostauchen. So geht man einem Schwimmbad-Blackout am besten aus dem Weg. Mit ein wenig Training läßt sich die Tauchstrecke auch ohne Hyperventilation verlängern !

> Der Schwimmbad-Blackout ist eine durch Hyperventilation ausgelöste Bewußtlosigkeit beim Streckentauchen. Der Kohlendioxidgehalt wird durch Abatmen künstlich gesenkt, wodurch der Atemzwang zu spät einsetzt.

6.4.2 Die Flachwasserbewußtlosigkeit

Dieses Phänomen tritt häufig beim Erreichen des Zieles beim Streckentauchen oder beim Auftauchen aus der Tiefe ein:
Der Schnorchler taucht höher und sackt sofort bewußtlos wieder ab. Diese Bewußtlosigkeit hat wieder ähnliche Ursachen, wie beim Schwimmbad-Blackout. Nur muß hier keine Hyperventilation vorausgegangen sein. Beim Abtauchen steigt der Partialdruck von Sauerstoff in der Lunge. Auf 10 m Tiefe herrscht in der Lunge anfangs ein Partialdruck von z.B. 280 mbar statt 140 mbar - siehe auch Gesetz von Dalton (Kap. 2.2.6). Wie oben beschrieben setzt mit Ansteigen des Kohlendioxidgehaltes im Körper irgendwann der Atemreiz ein, der uns zum Auftauchen zwingen wird. Durch die schnelle Umgebungsdruck-Verminderung sinkt auch der Partialdruck des Sauerstoffrestes im Körper. Hatten wir beispielsweise in der Tiefe von 10 m einen Rest-Teildruck O_2 von 90 mbar, sinkt dieser beim Auftauchen auf 0 m schlagartig auf 45 mbar (und somit unter die Blackout-Schwelle). Kurz vor Erreichen der Wasseroberfläche kann es nun zur sogenannten **Flachwasserbewußtlosigkeit** (durch akute Mangelversorgung des Gehirns mit Sauerstoff) kommen - oft in 2 - 3 m Tiefe. Der Taucher sackt durch die unmerklich einsetzende Bewußtlosigkeit wieder in die Tiefe. Es besteht die Gefahr eines Ertrinkungstodes, wenn dann der Atemreflex im Wasser einsetzt.

Das gleiche kann beim Streckentauchen passieren:
Der Schnorchler steht vor dem Ziel kurz vor der Blackout-Schwelle und will auftauchen. **Sein O_2- Partialdruck im Körper sinkt durch Verringerung des Umgebungsdruckes** (0,1 bar pro Meter). Diese Druckänderung kann

schon genügen, um ihn unter den O_2- Grenzwert zu bringen und einen Blackout auszulösen.

> Eine Flachwasserbewußtlosigkeit wird durch Absinken des Sauerstoff-Partialdruckes beim Erreichen einer geringeren Wassertiefe ausgelöst.

6.4.3 Der überlange Schnorchel - Was ist falsch daran ?

Auf dem ersten Blick erscheint es unlogisch. Aber ab einer gewissen Schnorchellänge kann es zu einer Lungenschädigung mit Kollaps des Kreislaufes kommen. Das hat Karl May in seinen Romanen wahrscheinlich nicht bedacht, als er Winnetou aus einem meterlangen Schilfrohr hat atmen lassen...

Mit größerer Tiefe steigt der Umgebungsdruck, der auf dem Brustkorb lastet. Durch die Schnorchelverbindung mit der Luft über der Wasseroberfläche wird die Luft in der Lunge nicht komprimiert. Dadurch entsteht ein relativer Unterdruck in der Lunge zur Umgebung.

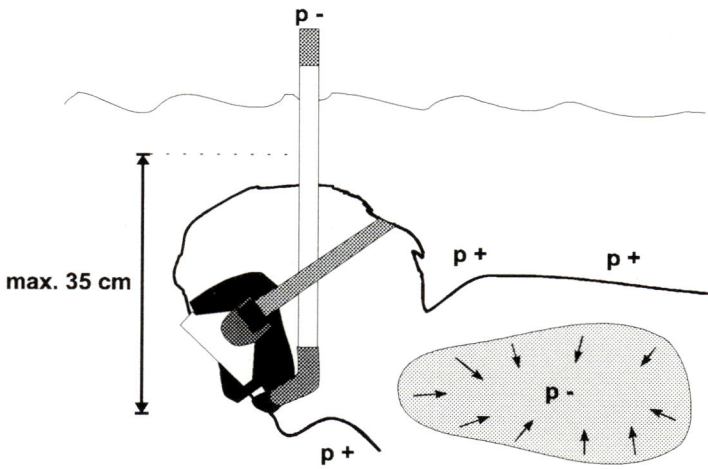

In einem Meter Tiefe herrscht ein Außendruck von 1,1 bar, in der Lunge nur 1 bar. Und dieser relative Unterdruck macht dem Körper zu schaffen. Prinzipiell handelt es sich hierbei um ein Barotrauma der Lunge (siehe 6.1.1.6).

Die Sogwirkung des Unterdruckes kann Blut aus den Lungenkapillaren in die Alveolen ziehen (**Lungenödem**). Durch diese Blutanschoppung in der Lunge steht der linken Herzhälfte nicht mehr genügend Blut zur Verfügung. Es kommt zum Absinken des arteriellen Blutdruckes; bei ungenügender Hirndurchblutung folgt ein Kollaps und Bewußtlosigkeit.

Nebenbei wird durch den zu langen Schnorchel der **Totraum** bei der Atmung vergrößert. Als Totraum bezeichnet man den Teil der Atemwege, der nicht aktiv an der Atmung beteiligt ist und nur zum Transport von Gasen verwendet wird. Durch einen zu langen Weg kann die Lunge nicht mehr alles Kohlendioxid abatmen, es bleibt immer ein Rest im Rohr zurück. Es kommt zu einer **Pendelatmung**. Die verbrauchte, ausgeatmete Luft wird in dem zu langen Schnorchelrohr „hin- und hergependelt". Mit jedem Atemzug nimmt der CO_2- Gehalt im Schnorchel zu, bis es zu einer **Hyperkapnie** (Kohlensäureüberschuß) kommt - siehe auch 6.2.2.
Die maximale Schnorchellänge darf aus diesen Gründen bei Erwachsenen nur **35 cm** betragen.
An dieser Stelle möchte ich darauf hinweisen, daß auch der **Schnorcheldurchmesser** aus den selben Gründen nicht zu stark vergrößert werden darf. Zwar sinkt durch einen sehr großen Durchmesser offensichtlich der Strömungswiderstand und das Einatmen fällt leichter, aber die Gefahr einer Pendelatmung wächst. Ab einer gewissen Größe, sind wir dann nicht mehr in der Lage die eingeatmete Luft durch den Schnorchel komplett auszuatmen. Durch den größeren Durchmesser faßt der Schnorchel automatisch ein größeres **Luftvolumen**, das nicht mehr abgeatmet werden kann. Auch hier wächst letztendlich mit jedem Atemzug der Kohlendioxidgehalt solange bis es zu einer Hyperkapnie kommt. Die Gefahr einer Kohlensäurevergiftung steigt also mit der Vergrößerung des **Schnorchelvolumens** (Länge · Durchmesser) !
Deshalb die Empfehlung: Der Schnorchel-Innendurchmesser soll bei Erwachsenen maximal **25 mm** betragen.

Mit einem zu langem Schnorchel (größer als 35 cm) wächst das Risiko einer Unterdruck-Lungenschädigung, bei einem zu großen Schnorchelvolumen die Gefahr einer Kohlensäurevergiftung (Hyperkapnie) durch Pendelatmung.

6.4.4 Barotrauma beim Apnoe-Tieftauchen - Die natürliche Grenze

Die Fähigkeit, beliebig weit in die Tiefe zu tauchen, ist für den Menschen begrenzt. Die Komprimierbarkeit seiner Lunge ist durch den Brustkorb und das Zwerchfell vorgegeben. Wie in Kapitel 5.2.4 gezeigt, bleibt auch bei äußerster Ausatmung ein Restvolumen von Luft in den Lungenflügeln zurück, das **Residualvolumen**. Je nach Körperbau beträgt es etwa 1 - 1,5 Liter. Bis zu dieser Grenze kann die Lunge ohne Schädigung komprimiert werden. Nach dem Gesetz von Boyle-Mariotte wird mit steigendem Druck jeder Hohlraum verkleinert. Mit dieser Formel sind wir in der Lage, die Tiefengrenze für Apnoe-Tauchgänge zu errechnen:

Wie tief kann ein Schnorchler tauchen, ohne seine Lunge zu schädigen?
Sein Lungenvolumen beträgt 6 Liter, sein Residualvolumen 1,2 Liter.

Geg: $p_1 = 1\ bar\ (0\ m)$ $V_1 = 6\ l$ $V_2 = 1,2\ l$
Ges: Tauchtiefe

$$p_1 \cdot V_1 = p_2 \cdot V_2 \qquad \text{Gesetz von Boyle-Mariotte}$$

$$p_2 = \frac{p_1 \cdot V_1}{V_2}$$

$$p_2 = \frac{1\,bar \cdot 6\,l}{1,2\,l} \qquad \boldsymbol{p_2 = 5\ bar}$$

Tauchtiefe $= (p_2 - 1) \cdot 10\ m \triangleq \boldsymbol{40\ m}$

Ab einer Tiefe von 40 m erreicht die Lunge ihr Residualvolumen, darüber hinaus kann sie nicht mehr verkleinert werden. Wird trotzdem tiefer getaucht, entsteht ein relativer Unterdruck in der Lunge. Ein Volumenausgleich wird dann durch Ansammlung von Blutflüssigkeit in den Alveolen geschaffen (**Lungenödem**).

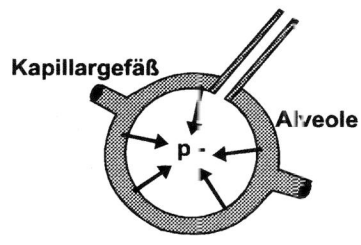

Es zeigen sich alle Anzeichen eines Barotraumas (6.1.1.6):
Die Lungengefäße können geschädigt werden, die linke Herzhälfte wird nur noch ungenügend versorgt, Bewußtlosigkeit und Ertrinken sind die Folge...

So und jetzt kommt wahrscheinlich der berechtigte Einwand von Ihnen: Warum konnte im Jahr 1996 *Francesco Ferrera Rodriguez* (genannt „*Pipin*") 130 Meter tief tauchen? Und vor ihm auch einige andere Taucher *(z.B. Enzo Majorca, Jacques Mayol)* über 100 Meter?
Diese Männer haben von Natur aus ein größeres Lungenvolumen. Durch jahrelanges Training haben sie es geschafft, ihre persönliche Tiefengrenze weiter herabzusetzen. Sie gehen aber mit diesen Rekordversuchen immer an die Grenze der körperlichen Belastbarkeit. Der Unterdruck in der Lunge, der durch solche extremen Tiefen entsteht, wird durch die Ansammlung von Blutflüssigkeit (dem sogn. „**Bloodshift**") ausgeglichen und ihr Herzschlag verlangsamt sich durch das Training. Ich rate aber keinem, das ohne Übung nachzumachen....

> Sinkt durch zu hohen Umgebungsdruck das Volumen der Lunge unter ihr Residualvolumen, kommt es in den Alveolen zu einem Unterdruck mit allen Folgen eines Barotraumas.

6.5 Was passiert beim Ertrinken?

Dieses Thema ist eher unangenehm, aber als Taucher und Ersthelfer im Notfall müssen wir wissen, was passieren kann und wie wir helfen können. Wir müssen wissen, daß beim Ertrinken nicht nur die Lunge betroffen ist! Dabei muß man zwei Arten des Ertrinkens unterscheiden:
Das **primäre Ertrinken**: Der Tod wird durch Wasser in der Lunge verursacht - ein reiner Erstickungstod. Hier werden die Atemwege durch das Wasser in der Lunge verschlossen, ein Gasaustausch ist nicht mehr möglich. Dieser Fall kommt beim Gerätetaucher selten vor.
Weitaus wahrscheinlicher ist das **sekundäre Ertrinken**, bei dem ein vorausgegangener Tauchunfall zur Bewußtlosigkeit führt (Schwimmbad-Blackout, Barotraumen, Dekompressionskrankheit...). Auch ein **Wasserschock** kann vor dem Ertrinken zum Stillstand von Herz und Atmung führen. Dies tritt bei einer starken Reizung des Vagusnervs (**vagus nervus**), einem der größten Gehirnnerven auf. Das kann u.a. bei einem Kälteschock, Trommelfellriß oder übergroßer Angst vorkommen.
Je nach eingeatmeten Wasser kommt es dann zu unterschiedlichen Reaktionen:

6.5.1 Ertrinken im Süßwasser

Zuerst müssen wir noch einen Begriff klären: Wenn Wasser in die Alveolen gelangt, ist es mit dem umgebenden Blut nur durch eine dünne Wand getrennt. Bei unterschiedlichen Stoffkonzentrationen der beiden Flüssigkeiten kommt es zu einer **Osmose** ($\hat{=}$ Konzentrationsausgleich zwischen Lösungen durch eine feinporige, für kleine Teilchen durchlässige Scheidewand). Da Süßwasser einen niedrigeren osmotischen Druck als die Blutflüssigkeit hat, wird Wasser in das Blut übertreten. Das Blut wird verdünnt, das Blutvolumen nimmt zu (**Hypervolämie**). Die roten Blutkörperchen quellen auf und platzen (**Hämolyse**). Die Mineralien im Blutstrom werden so sehr verdünnt, das es das Elektrolytgleichgewicht stört.

Kapillargefäß

Alveole

Süß-wasser

Die Folge ist **Tod durch Herzkammerflimmern**.

6.5.2 Ertrinken im Salzwasser

Im Gegensatz dazu hat das Salzwasser einen höheren osmotischen Druck als Blut. Es kommt daher zu einem Übertritt von Blutflüssigkeit aus dem Lungenkreislauf in die Alveolen. Das Blut wird eingedickt, das Blutvolumen nimmt ab (**Hypovolämie**). Das Wasser in der Lunge sorgt für ein Lungenödem mit **Tod durch Ersticken**.

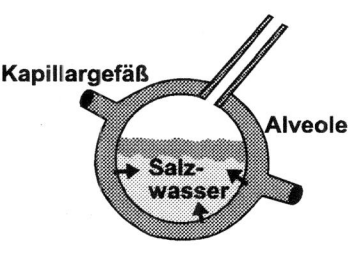

6.5.3 Die Vorgänge beim Ertrinken

Das Ertrinken vollzieht sich in drei Phasen, ähnlich dem Erstickungstod an Land:

Erregungsphase
Zuerst versucht der Ertrinkende solange es geht, die Luft anzuhalten. Der Kohlensäuregehalt im Blut nimmt zu, und es kommt zwangsläufig zum Atemreflex. Statt Luft dringt nun Wasser in die Lunge ein. Wenn nicht sofort ein Reflextod eintritt, folgen krampfartige Hustanfälle.

Krampfphase
Nach ca. 1 - 2 Minuten aussichtslosem Kampf gegen das Wasser sind die Sauerstoffvorräte im Blut verbraucht, der Ertrinkende wird bewußtlos.

Lähmungsphase
Nach 3 - 5 Minuten Gesamtzeit ist alles vorbei: Alle Reflexe sind geschwunden, eine Atmung ist nicht mehr vorhanden - es folgt Herz- Kreislaufstillstand mit Tod.

Ertrinken ist eine Art Erstickungstod im Wasser, der im Salz- und Süßwasser unterschiedliche Ursachen hat.

6.6 Thermische Einflüsse

6.6.1 Hitzeeinwirkungen

Auch die Gefahren und Probleme von Hitzeeinwirkungen (Überwärmung - „**Hyperthermie**") sollte der Taucher sich vor Augen halten. Eine Hyperthermie im Wasser ist zwar ziemlich unwahrscheinlich, aber gerade in der Vorbereitungszeit vor dem Tauchen kann sie zu Problemen führen. Pralle Sonnenstrahlung auf dem Tauchboot, große Hitze am Strand oder heftiges Schwitzen im Neoprenanzug, all das kann negative Folgen haben. Wie sehen die Symptome einer Überhitzung aus, wie kann ich einem Hitzegeschädigten helfen?

Dazu müssen wir vorher die Möglichkeiten ansehen, die der Körper hat, überschüssige Wärme von selbst abzugeben:

6.6.1.1 Möglichkeiten der Wärmeabgabe

Dabei helfen drei physikalischen Eigenschaften zum Transport der thermischen Energie: **Wärmestrahlung**, **Wärmeströmung** und **Wärmeleitung**. Wenn das nicht ausreicht, greift der Körper auf das **Schwitzen** zurück.

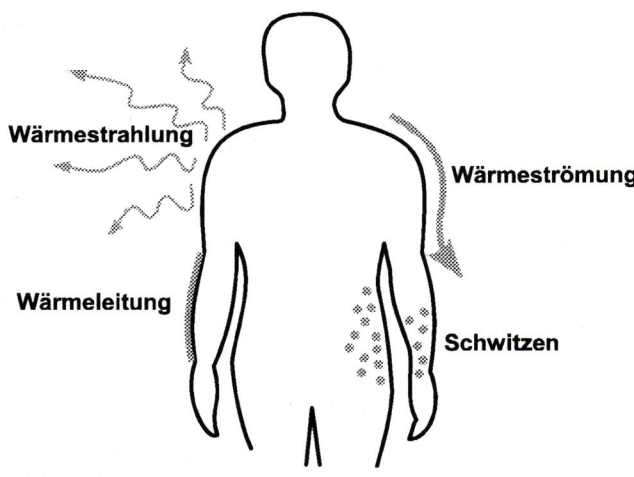

Leider funktioniert das nicht immer so, wie es soll. Manchmal wird die Wärmeabgabe durch einige Umgebungsfaktoren gestört:

Die **Wärmestrahlung** benötigt keine Berührung mit einem umgebenden Medium. Ein warmer Körper gibt dabei einen Teil seiner Wärmeenergie in Form von Infrarot-Strahlung ab. Dabei strahlt jeder Körper Wärme in alle Richtungen ab. Der Netto-Wärmetransport zweier Objekte ist dann die Differenz der beiden Wärmeabgaben. Der Mensch gibt Wärmestrahlung ab und nimmt aber aus der Umgebung (Sonne, Heizquelle) auch Wärme auf. Ist nun die thermische Strahlung der Umgebung größer als die eigene, nimmt der Körper mehr Wärme auf, als er abgibt. Das ist z.B. in der Sonne in südlichen Ländern der Fall. Die Wärmeabgabe der Sonne ist zwar im Durchschnitt immer gleich, aber es erreicht uns nicht an jedem Ort der Erde die selbe Energie. Durch Einfallswinkel (Jahres- und Tageszeit) und Absorptionsverhalten der Atmosphäre (Bewölkung, Ozonschicht) wirkt sich die Wärmestrahlung unterschiedlich stark aus.

Wärmeströmung (Konvektion) ist der Transport von Wärmeenergie durch strömende Flüssigkeiten oder Gase, die am Körper vorbei geführt werden. Dabei wird das erwärmte Medium am Körper durch die Strömung weggeführt. Warme Gase oder Flüssigkeiten sind spezifisch leichter als kalte und steigen nach oben. Dadurch ergibt sich ein Abtransport von Wärme. Der Mensch gibt Wärme ab, wenn kaltes Wasser oder Wind an ihm entlang strömt. Diese Form der Wärmeübertragung aber versagt, wenn sich das umgebenden Medium nicht bewegt, oder nur gering kühler als der Körper ist. Nach diesem Prinzip hält die Wasserschicht im Neoprenanzug auch die Wärme am Körper. Das Wasser wird fast nicht bewegt und wird kaum durch kälteres Wasser ersetzt.

Die **Wärmeleitung (Konduktion)** findet zwischen sich berührenden Körpern unterschiedlicher Temperatur statt. Wie in Kapitel 2.1.6 beschrieben, hängt die Temperatur eines Körpers von der Bewegung der Moleküle ab. Haben nun zwei unterschiedlich warme Körper Kontakt, überträgt sich die thermische Energie von einem auf den anderen. Die Geschwindigkeit hängt dabei von der Wärmeleitfähigkeit der beiden Körper ab.

Befindet sich ein Mensch im kühlen Wasser, wird Wärme an das umgebende Wasser abgegeben. Wenn aber die Luft oder das Wasser wärmer als die Körpertemperatur von 37 °C ist, nimmt der Mensch Wärmeenergie auf, und gibt nichts mehr ab. Auch wenn durch Kleidung der direkte Kontakt mit dem umgebenden Medium verhindert wird, kann es zu keiner Wärmeleitung kommen.

Durch das **Schwitzen** reguliert der Körper seinen Temperaturhaushalt mit einem einfachen Trick: Der Körper produziert Flüssigkeit auf der Hautoberfläche (über die Hautporen), die dann langsam an der Luft verdampft (verdunstet). Dabei entziehen die verdampften Teilchen der Flüssigkeit Energie in Form von Wärme, die für den Verdunstungsprozeß benötigt wird. Hierbei wird pro Liter Flüssigkeit ungefähr 540 kcal Wärmeenergie benötigt (im Gegensatz zur Erwärmung von Wasser um 1 °C, was nur 1 kcal beansprucht). Die Haut wird gekühlt, überschüssige Temperatur abgeführt. Leider funktioniert dieses Prinzip nicht immer. Wenn die umgebende Luft schon mit Wasserdampf gesättigt ist, wird keine zusätzliche Flüssigkeit mehr aufgenommen - es kommt zu keiner Verdunstung (tropisch, schwüle Länder). Weil die Verdunstungskühlung eines der wichtigsten Mittel zur Temperaturregulierung ist, empfinden wir hohe Luftfeuchtigkeit als starke Belastung. Wir empfinden trockene, heiße Umgebung nicht so unangenehm, wie feuchte, schwüle Luft der gleichen Temperatur.
Weiterhin ist der Flüssigkeitsvorrat im Körper Voraussetzung für das Schwitzen. Nach zu hohem Flüssigkeitsverbrauch ist der Mensch nicht mehr in der Lage Schweiß zu produzieren.

Es gibt nun verschiedene Arten eines Hitzeschadens beim Menschen, die zum Teil unterschiedliche Ursachen und Auswirkungen haben:

6.6.1.2 Hitzekrampf
Durch starkes Schwitzen (z.B. wegen körperlicher Anstrengung oder zu hoher Umgebungstemperatur) kommt es im Körper zu einem hohen Flüssigkeits- und Salzverlust. Dieser beeinflußt die Arbeit der Muskeln im Körper. Dadurch kann es zu Muskelzucken, Muskelkrämpfen und eventueller Bewußtlosigkeit kommen.
Diesen Folgen kann man leicht durch frühzeitiges Ersetzen von Flüssigkeiten und Salzen vorbeugen (viel Trinken!).
Erkennt man einen Hitzekrampf bei einem anderen Menschen, sollte man ihn in eine kühlere Umgebung bringen (Schatten, kühler Raum...) und für einen Ausgleich des Flüssigkeits- und Salzverlust sorgen (Kochsalzlösung oder Mineralgetränk). Liegt eine Bewußtlosigkeit vor, bringen wir den Verunfallten in eine stabile Seitenlage und geben ihn in ärztliche Behandlung.

6.6.1.3 Hitzekollaps
Meist durch anstrengende Arbeit (auch Laufen oder langes Stillstehen) bei großer Hitze kann es zu einem Hitzekollaps kommen. Der Körper reagiert so mit einem akuten Blutdruckabfall und kurzzeitiger Bewußtlosigkeit. Durch Verlagerung des Blutvolumens in die Außenregionen des Körpers wird versucht, die überschüssige Wärme nach außen abzugeben. Das kann eine Mangeldurchblutung im Hirn verursachen, die Schwindel, Sehstörungen, Ohrensausen, Puls- und Atembeschleunigung zur Folge hat. Erkennen kann man den Hitzekollaps an den prall gefüllten Kapillargefäßen in der Haut mit starker Rötung und starker Schweißabsonderung.
Die Maßnahmen sind wieder: Lagerung in kühler Umgebung, Flüssigkeitszufuhr und ärztliche Behandlung. Damit das Blut wieder in die Zentralregionen fließen kann, wird die Schocklage (Beine erhöht) zur Unterstützung empfohlen.

6.6.1.4 Sonnenstich

Setzt sich der Mensch direkter intensiver Sonnenbestrahlung aus, ist vor allem der Kopfbereich sehr empfindlich. Die starke IR-Strahlung (Wärmestrahlung) der Sonne kann die Gehirnzellen schädigen und ein Hirnödem hervorrufen.

Schützen kann sich der Mensch (vor allem diejenigen mit wenig Kopfbehaarung!) durch Tragen einer Kopfbedeckung und das Meiden der direkten Sonnenbestrahlung über längere Zeit.

Der Sonnenstich macht sich durch Schwindel, Kopfschmerzen, Sehstörungen, Benommenheit, bis hin zu Fieber, Übelkeit, Erbrechen und Bewußtlosigkeit bemerkbar. In extremen Situationen kann es zu Atemlähmung und Herz-Kreislaufversagen kommen.

Diese Symptome sollte der Ersthelfer kennen, um richtig reagieren zu können. Denn im Gegensatz zum Hitzekollaps darf man hier keine Schocklage anwenden, um das Hirnödem nicht zu verstärken. Hier heißt es: Den Kopf hoch lagern. Das Grundsätzliche bei allen Hitzeschäden ist auch hier wieder: Lagerung im Schatten, Kühlung des Kopfes, Reanimation bei Herz-Kreislaufversagen und ärztliche Hilfe holen. Wenn vorhanden wird Sauerstoffgabe empfohlen.

6.6.1.5 Hitzschlag

Die schwersten Folgen kann ein Hitzschlag für den Menschen haben. Und das betrifft vor allem uns Taucher! Der Hitzschlag entsteht z.B. durch die Verhinderung der Wärmeabgabe des Körpers durch einen Neoprenanzug. Kommt nun noch eine hohe Außentemperatur, hohe Luftfeuchtigkeit und gleichzeitige Wärmeproduktion durch schwere Arbeit (schnelles Laufen, Tauchflasche tragen...) dazu, ist die Gefahr eines Hitzschlages groß.

Der Körper reagiert mit Kopfschmerzen, Übelkeit, Erbrechen, Schwindel- und Schwächeanfällen. Es kommt zu einer raschen Temperaturerhöhung des Organismus (bis auf über 43°C) mit Einstellung der Schweißproduktion. Bewußtlosigkeit mit Schockerscheinungen und im extremen Fall Tod durch Herz-Kreislaufversagen sind die Folge.

Wie kann sich der Taucher davor schützen ?

Das Tragen von richtiger Kleidung, die eine Schweißverdunstung ermöglicht, wird empfohlen - was für uns vor dem Tauchgang im Neoprenanzug

nicht so leicht zu realisieren ist. Aber wir können lange Märsche und Arbeit im Tauchanzug vermeiden. Den Anzug sollte man bei großer Hitze nicht ganz verschließen, oder sich ab und zu eine Kühlung im Wasser gönnen. Dies hilft zur Vermeidung eines Hitzschlages.
Die Erste-Hilfe-Maßnahmen bleiben wie gehabt: Kühlung, Herz-Lungen-Wiederbelebung (wenn nötig), ärztliche Hilfe holen.

> Eine Hyperthermie entsteht durch fehlende Möglichkeiten des Körpers Hitze auf normalen Weg abzuführen.

6.6.1.6 Sonnenbrand

Am Rande der Hitzeschäden möchte ich an dieser Stelle kurz den Sonnenbrand ansprechen. Eigentlich wird dieser in der Gruppe der Verbrennungen geführt, paßt aber ganz gut in dieses Kapitel.
Erklären muß man eigentlich nicht, wie sich ein Sonnenbrand äußert. Jeder Leser hat bestimmt diese Erfahrung schon einmal gemacht.
Der Sonnenbrand ist eine lokale Verbrennung der Hautoberfläche, die meist durch übermäßige Sonneneinstrahlung verursacht wird. Verantwortlich ist dafür ein Anteil der UV-Strahlung (UV B und C) im Sonnenlicht, der durch die Ozonschicht der Erdatmosphäre aber gedämpft wird. Eine Schwächung der Ozonschicht durch zunehmende Umweltverschmutzung („Ozonloch") hat eine noch stärkere UV-Strahlung auf der Erde zur Folge. Folglich muß sich der Mensch verstärkt gegen die Sonneneinstrahlung schützen, um Verbrennungen der Haut zu vermeiden.
Richtig schützen kann man sich nur durch Meiden der Sonne, durch Bedecken der Haut (Kleidung) oder Nutzung einer Sonnencreme (deren Wirkung aber zeitlich begrenzt ist). Ich möchte alle Wassersportler vor einer Gefahr warnen: Starke Sonnenstrahlung bei Aufenthalt im Wasser.
Da die wenigsten Sonnencremes einen zuverlässigen Schutz vor Sonne im Wasser bieten, sollte der Schnorchler oder Surfer nur mit einem Kleidungsstück ins Wasser gehen. Es reicht meist ein einfaches T-Shirt, daß schon einen guten Schutz vor UV-Strahlen darstellt.

6.6.2 Kälteeinwirkung

Der menschliche Organismus hat eine normale Kerntemperatur von 37°C, die der Körper unter allen Umständen aufrechterhalten muß. Schon eine Abweichung von wenigen Grad kann lebensbedrohlich sein. Dabei gibt es zwei große Arten von Kälteschäden zu unterscheiden, die beim Tauchen von Bedeutung sind: Unterkühlungen (**Hypothermie**) und Erfrierungen. Zuerst aber müssen wir uns wieder mit der Frage beschäftigen, wie der Mensch Körperwärme abgibt.

6.6.2.1 Wärmeverlust im Wasser

Im Wasser ist vor allem die Wärmeleitung (Konduktion) dafür verantwortlich, daß der Körper an das kältere Wasser Wärme abgibt. Die Temperaturleitfähigkeit von Wasser ist 25mal größer als von Luft. Das umgebende Wasser kann also viel schneller (und effektiver) einem Körper Wärme entziehen. Dazu kommt die ständige Erneuerung des Wassers um den Körper durch Wärmeströmung (Konvektion). Da der Mensch aber unbedingt seine Kerntemperatur beibehalten muß, versucht der Organismus die Wärmeabgabe durch Schutzreaktionen zu verhindern. Die Gefäße in den Randgebieten des Körpers ziehen sich zusammen, wir bekommen eine Gänsehaut. „Zittern" soll durch die Bewegung der Muskeln wieder Wärme produzieren. Wegen all dieser Faktoren ist der Wärmeverlust „nur" noch 3 - 4mal so groß wie an der Luft. Für den Taucher bedeutet dies kürzere Tauchzeiten, wenn keine angemessene Kälteschutz-Kleidung (Neoprenanzug, Trockentauchanzug) unter Wasser getragen wird. Nach dem sogn. *Alexander-Report* sinkt bei einem unbekleideten Menschen die Körperkerntemperatur in +1°C kaltem Wasser nach schon **1 Stunde** auf 25°C. Bei gleicher Temperatur an Luft kann der Mensch **4 Stunden** seine Körpertemperatur auf 37°C halten, bevor sie absinkt. Nach einer Stunde Aufenthalt im Wasser bei einer Temperatur von +15°C sinkt die Körpertemperatur auf 35°C. Die Auswirkungen einer solchen Unterkühlung sind im nächsten Abschnitt zu lesen.

Deshalb wird schon ab einer Wassertemperatur von weniger als 28°C zum Tragen eines Tauchanzuges geraten. Je nach Tauchgebiet und -tiefe kann ein Neoprenanzug zwischen 2 - 4 mm für die Tropen und 6 - 8 mm für unsere Breitengrade gewählt werden.

6.6.2.2 Unterkühlungen
Die Unterkühlung beim Menschen vollzieht sich in drei Phasen:

Abwehrphase
Die Körpertemperatur sinkt auf **37° - 34°C**.
Die Durchblutung der Haut wird gedrosselt und der Körper versucht durch Kältezittern Wärme zu produzieren. Durch die Kälte sind Schmerzen in den Extremitäten (vor allem Hände und Füße) zu spüren, das Angstgefühl verstärkt sich. Beschleunigter Stoffwechsel, schnelle und tiefe Atmung, schnellerer Puls und Erhöhung des Blutdruckes sind die Folge.

Erschöpfungsphase
Die Körpertemperatur sinkt auf **33° - 27°C**.
Nun folgt eine Verminderung der Atemfrequenz und -tiefe, Herzfrequenz und Blutdruck sinken. Das Zittern hat aufgehört und geht in eine langsame Muskelstarre über. Das Schmerzempfinden läßt nach, die Wahrnehmungsfähigkeit ist eingeschränkt.

Lähmungsphase
Die Körpertemperatur sinkt auf bis **22 °C**.
Schon ab einer Körpertemperatur von 30°C können Herzrhythmusstörungen, Kammerflimmern und Herz-Kreislaufversagen eintreten. Der Unterkühlte ist nicht mehr bewegungsfähig. Am Ende folgt Atemstillstand und Tod.

Als Erste Hilfe sollte der Unterkühlte vor weiterer Auskühlung geschützt werden (Entkleiden, Abtrocknen, warme Decke). Ist er bei Bewußtsein kann man heiße gezuckerte Getränke verabreichen (keinen Alkohol, kein Koffein!). Auf keinen Fall darf man einen Unterkühlten mit einem heißen Bad rasch aufwärmen. Es kann der sogn. „Wiedererwärmungsschock" eintreten, der die Folgen der Unterkühlung nur noch verstärken kann. Eine Erwärmung in Bädern mit langsam steigender Temperatur wird nur noch unter ärztlicher Aufsicht durchgeführt. Wird der Verunfallte erst in der letzten Phase geborgen, sollte er möglichst nicht bewegt werden (Gefahr des „Bergungstod" durch Herz-Kreislaufstillstand, wenn schlagartig kaltes Blut aus der Peripherie in den Zentralkreislauf gelangt). Bei Herz- und Atemstillstand muß eine Herz-Lungen-Wiederbelebung versucht werden. Es muß bei Unterkühlung immer eine ärztliche Behandlung folgen.

6.6.2.3 Erfrierungen

Die Erfrierung ist eine lokale Reaktion auf zu große Kälte. Vor allem die äußeren Extremitäten sind von den Auswirkungen am häufigsten betroffen (Nasenspitze, Fingerspitzen, Zehen...). Bei längerem Aufenthalt im Wasser können Erfrierungserscheinungen schon bei Temperaturen von +10° bis +15°C auftreten. Das bezeichnet man als „**nasse Erfrierung**".

Der Körper schützt sich bei zu großer Kälte vor Wärmeverlust, indem er die Gefäße in den äußeren Körperregionen zusammenzieht. Diese Drosselung der Hautdurchblutung kann bis zum **Gefäßkrampf (Angiospasmus)** führen.

Die Folgen sind Erfrierungen der betroffenen Gewebe in drei Ausprägungsgraden:

Erfrierung 1. Grades
Die Durchblutung des Gewebes wird gedrosselt, das betreffende Körperteil sieht blaß aus. Die anfänglichen Schmerzen an diesen Stellen lassen nach, Gefühllosigkeit (**Kälteanästhesie**) folgt.

Erfrierung 2. Grades
Hier kommt es zu einer blauroten Schwellung der Glieder und Blasenbildung. Als Dauerschaden kann in diesem Gewebe eine Kälteempfindlichkeit zurückbleiben, das Geweben selbst ist noch nicht irreversibel geschädigt.

Erfrierung 3. Grades
Auch nach Wiedererwärmung löst sich der Gefäßkrampf nicht. Wegen des langanhaltenden Sauerstoffmangels ist das Gewebe abgestorben. Der Gewebstod kann alle Schichten inklusive der Knochen umfassen. Die toten Teile können mumifizieren und nach Wochen vom Körper abgestoßen werden.

Der Helfer ergreift wieder ähnliche Maßnahmen, wie bei der Unterkühlung: Nicht zu schnelles Aufwärmen, kein Abreiben der betroffenen Stellen. Die erfrorenen Glieder dürfen nicht unnötig bewegt werden. Es genügt das Verbinden und Auspolstern, dann ist eine weitere Behandlung durch einen Arzt erforderlich.

> Durch die bessere Temperaturleitfähigkeit wird dem Körper im Wasser 3 - 4mal schneller Wärme entzogen. Bei längerer Kälteeinwirkung entsteht zusätzlich zu der Unterkühlung die Gefahr einer Erfrierung.

6.6.3 Tabellarische Zusammenfassung der Symptome

Thermischer Einfluß	Symptome
Hitzekrampf	◆ Muskelzucken ◆ Muskelkrämpfe ◆ Bewußtlosigkeit
Hitzekollaps	◆ gerötete Haut ◆ starkes Schwitzen ◆ Schwindel ◆ Ohrensausen ◆ Sehstörungen ◆ rasender Puls ◆ schneller Atem ◆ Kreislaufversagen
Sonnenstich	◆ Kopfschmerzen ◆ Schwindel ◆ Benommenheit ◆ Sehstörungen ◆ Fieber ◆ Übelkeit / Erbrechen ◆ Bewußtlosigkeit ◆ Atemlähmung ◆ Herz- Kreislaufversagen
Hitzschlag	◆ Kopfschmerzen ◆ Schwindel ◆ Schwächeanfälle ◆ Übelkeit / Erbrechen ◆ Bewußtlosigkeit ◆ Schock ◆ Herz- Kreislaufversagen
Sonnenbrand	◆ lokale Verbrennung der Haut ◆ Schmerz bei Berührung

Thermischer Einfluß	Symptome
Unterkühlung 1. Phase	♦ Zittern ♦ Blasse, bläuliche Haut ♦ Schmerzen in Extremitäten ♦ Angst, schnelle Atmung ♦ hoher Puls, hoher Blutdruck
Unterkühlung 2. Phase	♦ kein Zittern, obwohl kalte Haut ♦ beginnende Muskelstarre ♦ Gereiztheit, Halluzinationen ♦ Langsamere Pulsfrequenz ♦ Verwirrtheit, Apathie, Schwäche ♦ Herzrhythmusstörungen
Unterkühlung 3. Phase	♦ Muskelstarre ♦ Bewußtlosigkeit ♦ Herz- Kreislaufversagen ♦ Atemstillstand / Tod
Erfrierungen	♦ blasse, taube, klamme Glieder ♦ Gefühllosigkeit an betroffenen Stellen ♦ blaurote Schwellung und Blasenbildung ♦ Absterben des Gewebes

Tabelle 20: Auswirkungen thermischer Einflüsse

6.7 Sofortmaßnahmen bei Tauchunfällen

Auf den nächsten Seiten beschreibe ich die wichtigsten Notfallmaßnahmen direkt am Unfallort. Das kann aber *auf keinen Fall* eine fachkundig durchgeführte Erste-Hilfe-Ausbildung mit praktischen Übungen an der Wiederbelebungspuppe ersetzen. Deshalb gehe ich nicht zu sehr ins Detail, sondern beschreibe nur die wichtigsten Regeln und Verfahrensweisen (auch als Lernstoff für Prüfungen gedacht). Bei den Notfallmaßnahmen beschränke ich mich auf die Herz-Lungen-Wiederbelebung und die Schockbekämpfung. Die speziellen Maßnahmen bei Tauchunfällen habe ich schon direkt in die entsprechenden Kapitel eingeflochten.

6.7.1 Rettungskette

In den letzten Jahren haben die Rettungsorganisationen den Begriff „**Rettungskette**" geschaffen. Er umfaßt in fünf Begriffen die Vorgehensweise bei einem Unfall (Tauchunfall, Autounfall, etc...):

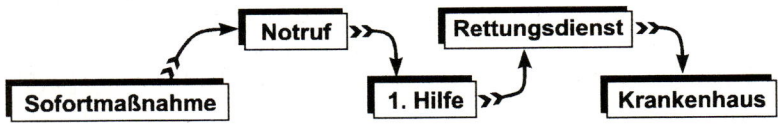

Sofortmaßnahme
Das umfaßt sowohl die Rettungsmaßnahme an sich (Bergen, an Land schleppen), als auch die notwendige Erstversorgung (starke Blutungen stillen, Wiederbelebung).

Notruf
Nach den ersten Maßnahmen, wenn man den Verunfallten alleine lassen kann, ist ein Notruf abzusetzen. Telefonisch oder über Funk spricht man folgende Punkte knapp und präzise an:

- **Wo** ist der Unfallort?
- **Was** ist passiert?
- **Wieviel** Personen sind betroffen?
- **Welche** Art von Verletzung?
- **Warten** auf Rückfragen.

Liegt ein Tauchunfall vor, sollte man dies deutlich sagen, damit die Rettungsleitstelle schon entsprechende Maßnahmen einleiten kann (Rettungshubschrauber, Druckkammer bereithalten).

1. Hilfe
Hierunter fallen alle Maßnahmen, die man noch bis zum Eintreffen des Notarztes treffen muß (Wundversorgung, Wärmen, heiße Getränke, Schmerzlinderung...)

Rettungsdienst und Krankenhaus
Die letzten beiden Punkte betreffen den Ersthelfer nicht mehr. Die Versorgung des Verunfallten und Transport ins Krankenhaus übernimmt ab jetzt der Rettungsdienst.

6.7.2 Management der Notfallsituation

Hier gebrauche ich bewußt den Begriff „Management". Es geht zunächst darum, die Situation richtig einzuschätzen, um dann gezielt und vor allem richtig helfen zu können. Schnelles, aber verkehrtes Handeln nützt auch bei der Ersten Hilfe nichts.

Die erste und wichtigste Regel bei allen Hilfesituationen ist:

RUHE BEWAHREN !!

So kann man Schritt für Schritt den Unfall analysieren und die korrekten (im Erste-Hilfe-Kurs gelernten) Maßnahmen ergreifen.
Dazu habe ich auf der nächsten Seite einen Ablaufplan für Tauchunfälle vorgesehen. Er ist als Leitfaden gedacht und soll die einzelnen Überlegungsschritte und Vorgehensweisen demonstrieren.

Ablaufplan: Erste Hilfe bei Tauchunfall:

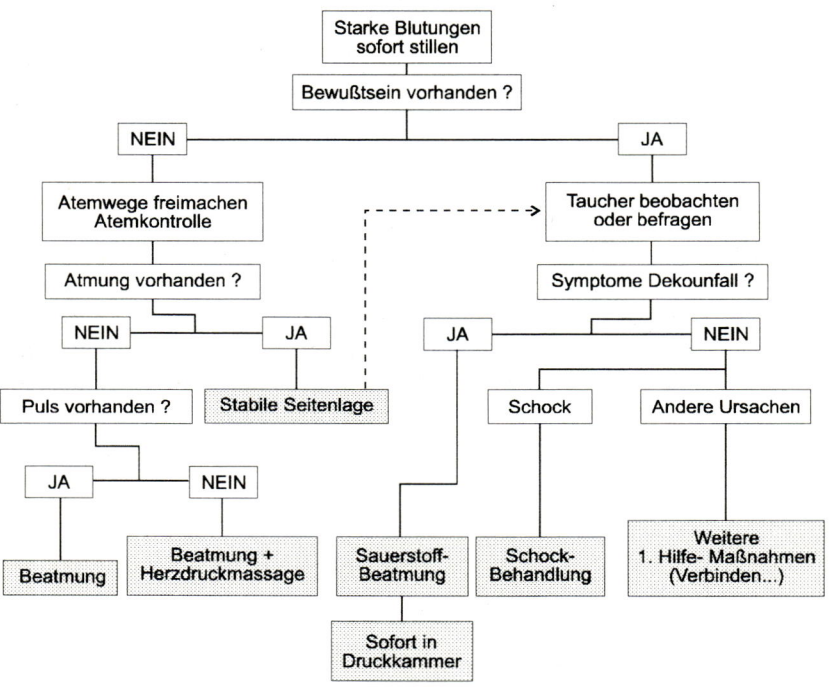

6.7.3 Herz-Lungen-Wiederbelebung

Nachdem eine **Bewußtlosigkeit** festgestellt wurde, müssen zuerst die Atemwege freigemacht werden:
- Mund ausräumen (Erbrochenes, Gebiß... entfernen)
- Hals überstrecken und Unterkiefer nach vorne ziehen, damit Zunge nicht die Luftröhre blockiert

Nun prüfen wir, ob eine **Eigenatmung** vorhanden ist:
- Atembewegung **sehen**
- Brustkorbbewegung **fühlen**
- Atemgeräusch **hören**

Ist keine Atmung mehr festzustellen, wird auch die Herztätigkeit überprüft:
- Puls an der Halsschlagader oder in der Leistenbeuge fühlen

Ist Puls vorhanden, aber keine Eigenatmung, wird der Verunfallte nur **beatmet**. Ist auch kein Herzschlag mehr zu fühlen, zusätzlich mit **Herzdruckmassage** reanimieren.

Durchführung der Beatmung:
Dazu haben wir die Möglichkeit der Mund-zu-Mund und Mund-zu-Nase-Beatmung. In einem praktischen HLW-Kurs (HLW ≙ Herz-Lungen-Wiederbelebung) kann man seine Lieblingsmethode herausfinden. Allerdings ist bei Unfällen im Wasser oft die Nasenschleimhaut des Verunfallten geschwollen, so daß dieser Luftzugang versperrt ist. Die beste Möglichkeit effektiv zu beatmen, ist Hilfsmittel (Beatmungsmasken, Beatmungsbeutel, am besten mit Sauerstoffgabe...) zu verwenden. Optimal ist ein Atemstoß alle 5 Sekunden (12 x pro Minute).

Mund-zu-Mund- Beatmung:
- Mit einer Hand auf Stirn, den Hals überstrecken
- Andere Hand schiebt Kiefer nach oben, Nase zudrücken
- Eigener Mund umschließt Mund des Bewußtlosen
- Ausatemluft einblasen
- Brustkorb des Verunfallten muß sich heben !
- Eigenen Kopf in Richtung Brust drehen, Einatmen, Sichtkontrolle

Da die eigene Ausatemluft noch etwa 17% Sauerstoff enthält, reicht das aus, um die notwendige Sauerstoffmenge zuführen zu können. Bei erfolgreicher Anwendung dehnt sich der Brustkorb aus und der Gasaustausch kann im Lungenkreislauf normal stattfinden. So wird der Organismus auch ohne Eigenatmung mit dem notwendigen Sauerstoff versorgt.

Durchführung der Herzdruckmassage (Herzkompression)
Wenn der Bewußtlose weder atmet, noch einen nachweisbaren Puls besitzt, ist sofort die Herzdruckmassage in Verbindung mit der Atemspende zu beginnen. Voraussetzung dazu ist die flache Rücken-Lagerung auf einem har-

ten, nicht federnden Untergrund. Angestrebt werden sollte eine Frequenz von 80 - 100 Kompressionen pro Minute (besser zu schnell, als zu langsam)

- Oberkörper freimachen
- Druckpunkt aufsuchen (2 - 3 Finger oberhalb des Schwertfortsatzes in Höhe des Brustbeins)
- Mit gestreckten Armen, Handballen auf Druckpunkt, die Herzkompression durchführen (3- 5 cm eindrücken)

Kombination von Atemspende und Herzdruckmassage
Um eine effektive Wiederbelebung alleine durchzuführen, muß man das folgende Schema (**Ein- Helfer- Methode**) einhalten:

1. *Kontrolle der Vitalfunktionen* (Atmung, Puls)
2. Zu Beginn: *2 x Beatmen*
3. *15 x Herzdruckmassage*
4. *2 x Beatmen*
5. *15 x Herzdruckmassage* usw. ...
6. Mindestens jede Minute (nach vier Durchgängen): *Kontrolle der Vitalfunktionen*

Ist ein zweiter Helfer am Unfallort, kann man sich die Arbeit teilen und die **Zwei- Helfer- Methode** anwenden. Die Kompressionsfrequenz liegt hier bei 60 - 80 x pro Minute.

1. *Kontrolle der Vitalfunktionen* (Atmung, Puls)
2. Zu Beginn: *2 x Beatmen*
3. *5 x Herzdruckmassage*
4. *1 x Beatmen*
5. *5 x Herzdruckmassage* usw. ...
6. Mindestens jede Minute (nach vier Durchgängen): *Kontrolle der Vitalfunktionen*

6.7.4 Schockbekämpfung

Der Schock ist eine Kreislaufstörung, die durch ein Mißverhältnis der angebotenen und benötigten Blutmenge im Körper entsteht. Der Großteil des Blutvolumens wird hierbei zentralisiert, d.h. von den Außenregionen abgezogen. Dabei wird die Durchblutung in den Kapillargefäßen so stark herabgesetzt, daß es hier zu Sauerstoffmangel und als Folge zum Absterben der Gewebe kommt. Der Herzschlag wird beschleunigt, um dem Blutdruckabfall entgegenzuwirken.

Symptome des Schocks
- Schneller, kaum fühlbarer Puls (größer 100)
- Niedriger Blutdruck (Systole kleiner 100)
- blasse, fahle Haut
- nach Druck auf Fingernagel bleibt weißer Fleck sichtbar
- kalter Schweiß
- Frieren, Zittern
- schneller Atem
- körperliche Schwäche
- Verwirrung, Angst
- Bewußtseinstrübung, unkontrollierte Handlungen
- Übelkeit, Erbrechen
- Bewußtlosigkeit
- Tod

Zur Klassifizierung kann man sieben Schockarten unterscheiden, die aber alle die gleichen Auswirkungen haben und die gleichen Symptome zeigen:

Allergischer Schock (Anaphylaktischer Schock)
Ausgelöst wird dieser Schock durch eine überempfindliche, allergische Reaktion des Körpers (Nach Bienenstich, Medikamente...)

Drüsenschock (Endokriner Schock)
Durch eine Stoffwechselstörung ausgelöster Schock, der aber in der Regel nur bei anfälligen Menschen mit bestimmten Leiden (Zuckerkrankheit...) auftritt.

Herzschock (Kardiogener Schock)
Dieser Schock hat seine Ursache in einer Fehlfunktion des Herzens (z.B. Herzinfarkt, Herzrhythmusstörungen)

Neurogener Schock
Bei einem Überangebot an Reizen (Kälte, Wirbelsäulenverletzung) kann der Körper mit einem neurogenen Schock reagieren.

Septischer Schock
Eine Vergiftung durch Bakterientoxine (Bakteriengifte) - Infektionen sind Ursache dieser Schockart.

Vergiftungsschock (Toxischer Schock)
Durch eine Vergiftung mit körpereigenen oder fremden Giften (Toxine) kann es zum toxischen Schock führen.

Volumenmangelschock (Hämatogener Schock)
Dieser Schock entsteht durch eine plötzliche Verminderung des Blutvolumens oder starkem Verlust von Flüssigkeit und Salzen.

Zur Schockbekämpfung gibt es eine Reihe von Regeln, die man beachten sollte:

Schockregeln
1. Blutungen stillen
2. Flach legen
3. Puls fühlen (schwach und schnell = Schock), Atmung überprüfen
4. Schocklage (Oberkörper flach, Beine ca. 45° erhöht lagern)
5. Selbsttransfusion (Beine ausstreifen) - Nicht bei Schmerzen !
6. Versuch der Muskelentspannung (lockere Lage)
7. Allgemeine Betreuung (Reden)
8. Eigenwärme erhalten - aber nicht aufwärmen !
9. Rauchverbot !
10. Nicht Essen, nicht Trinken, keine Medikamente !
11. Arzt holen

6.8 *Arzneimittel und Tauchen - Tips vom Fachmann*

Um fachgerecht Auskunft geben zu können, habe ich mich für das folgende Kapitel an eine approbierte Apothekerin gewandt, die sich mit dem Thema Tauchen sehr gut auskennt:

6.8.1 Allgemeines

Bekanntermaßen gilt für die Anwendung von Arzneimitteln: So wenig als möglich, so viel wie nötig - und ersteres ganz besonders beim Tauchen. Nun wird aber bei einigen Krankheiten erst durch Medikamente das Überleben möglich. Diagnosen wie Bluthochdruck, Schilddrüsenüberfunktion, Zuckerkrankheit u.v.m. erfordern eine Dauerbehandlung mit Arzneimitteln. Ob für den betroffenen Patienten trotzdem Tauchen in Frage kommt, wird vom Arzt im Rahmen der obligatorischen Tauchtauglichkeitsuntersuchung zu klären sein. Hier ist auch der richtige Zeitpunkt, mit dem Arzt alle Medikamente, die der angehende Taucher häufig oder regelmäßig einnimmt, durchzusprechen. Für die erste Einschätzung eines Arzneimittels ist der Hinweis im Beipackzettel auf die Verkehrstauglichkeit nützlich. Falls Tabletten oder Tropfen zentral beruhigend wirken, findet sich der Hinweis: *„Diese Arzneimittel kann auch bei bestimmungsgemäßen Gebrauch das Reaktionsvermögen so weit vermindern, daß die Fähigkeit zur aktiven Teilnahme am Straßenverkehr oder zum Bedienen von Maschinen beeinträchtigt wird"*. Solche Medikamente dämpfen die Reizleitung im Gehirn, Signale werden verzögert weitergegeben. So besteht für den Taucher einerseits die Gefahr, in brenzligen Situationen falsch zu reagieren und andererseits erhöht sich die Wahrscheinlichkeit eines Tiefenrausches. Merke:

> **TAUCHE NIE UNTER DEM EINFLUSS VON BERUHIGENDEN MEDIKAMENTEN ODER ALKOHOL !!**

Weil man derartige Nebenwirkungen nicht immer auf dem ersten Blick vermuten würde, möchte ich auf die Behandlung einiger tauchrelevanter Erkrankungen näher eingehen.

6.8.2 Spezielle Krankheitsfälle bei Tauchreisen

6.8.2.1 Reisekrankheit

Gerade bei Bootstauchgängen und starkem Seegang wird der Taucher häufig von **Übelkeit**, der sog. **Reisekrankheit** geplagt. Die Mehrzahl der im Handel befindlichen Tabletten, Kaugummis und Zäpfchen greifen am Brechzentrum im Gehirn an, wirken dort beruhigend und sind beim Tauchen *nicht* zu empfehlen. Einen Therapieversuch wert sind z.B. **homöopathische Mittel** (z.B. Nux vomica D4) oder ein **pflanzliches Präparat** mit Extrakten aus der Ingwerwurzel (Zintona®)

6.8.2.2 Durchfall

Schon ein starker **Durchfall** an sich beeinträchtigt die Körperfunktionen durch hohen Flüssigkeits- und Mineralverlust. Das kann bis zum Schockzustand führen. Der betroffene Taucher muß also konsequent durch hohe Flüssigkeits- und Salzzufuhr Defizite ausgleichen; idealerweise durch **Elektrolytpräparate** wie z.B. Elotrans®, Oralpädon®. Das stark wirksame Imodium® kann als Nebenwirkung Müdigkeit und Benommenheit hervorrufen und sollte am Tage eines Tauchganges vermieden werden. Besser eignen sich z.B. das pflanzliche Uzara®, Perenterol® oder Tannacomp®.

6.8.2.3 Allergien

- z.B. **Sonnenallergie**

Vorbeugend empfiehlt sich das unbedenkliche Mineral Calcium, z.B. als Brausetablette. Antiallergische Tabletten wirken oft zentral dämpfend, auch ohne daß der Taucher sich dessen in Normalsituationen bewußt würde. Wie sich die Reaktion bei Extrembelastungen (z.B. Tieftauchgänge) verändert ist unmöglich vorherzusehen. Ratsam ist auf jeden Fall ein **Antiallergikum** der neueren Generation mit weniger diesbezüglichen Nebenwirkungen z.B. Lisino®, Zyrtec® zu verwenden und vorsichtig die individuelle Empfindlichkeit zu testen.

- z.B. **Heuschnupfen**
Bei akutem Heuschnupfen verbietet sich wegen verstopfter Nase und Eustachischer Röhre Tauchen von selbst. Allerdings kann man heutzutage den Heuschnupfen durch medizinische Behandlungsmethoden so in den Griff bekommen, daß keine Reizungen und Schleimhautschwellungen mehr auftreten. Dann kann nach Rücksprache mit dem Arzt selbstverständlich wieder getaucht werden.

6.8.2.4 Erkältungskrankheiten
Finger weg vom Tauchen !
Auch wenn momentan vielleicht der Druckausgleich möglich ist, kann unter Wasser- und Kälteeinfluß die Eustachische Röhre plötzlich zuschwellen; ein **Barotrauma** beim Auftauchen ist die unweigerliche Folge. Und auch abschwellende Tabletten oder Nasentropfen haben nur eine **begrenzte Wirkungsdauer**, so daß von ihrem Gebrauch unbedingt abzusehen ist !

6.8.3 Erste Hilfe bei Tauchunfällen
Leider bleiben dem medizinischen Laien bei einem Dekompressionsunfall nur sehr wenig Möglichkeiten zur Eigeninitiative. Jede Dekompressionskrankheit gehört in ärztliche Hand und erfordert eine Druckkammerbehandlung. Falls vorhanden wirkt sich eine Beatmung mit Sauerstoff positiv aus. Aber sonst sind dem Ersthelfer (nach Sicherung der Vitalfunktionen, wie Kreislauf und Atmung) fast schon die Hände gebunden.
Fast, denn nach neueren medizinischen Erkenntnissen wird eine Substanz zur Vermeidung der Spätfolgen der Dekompressionskrankheit empfohlen, die wir alle kennen:
Die **Acetylsalicylsäure**, bekannt als **ASS®** oder **Aspirin®**.

Wir erinnern uns:
Bei zu schnellem Aufstieg sinkt die Löslichkeit des Stickstoffes im Blut plötzlich; Stickstoffbläschen entstehen. Diese Gasbläschen stellen für den Körper eine Grenzfläche Blut - Gas dar, wie z.B. offene Wunden, die auch von einem Blutgerinnsel abgedichtet werden. Es spannt sich ein feines Netz aus dem körpereigenen Stoff **Fibrin** um eine Stickstoffblase, die auf diese

Art fatalerweise stabilisiert wird und dann noch mehr Schaden anrichten kann (z.B. Verstopfung von Blutgefäßen...). Hier greift Aspirin ein: Es blokkiert die Blutgerinnung, indem es die Anlagerung von Blutplättchen (Thrombozyten) verhindert. Bei rechtzeitigem (!) Einsatz möglichst kurz nach dem Dekounfall (vor Bildung der Fibringerinnsel), verhindert es die Folgeschäden, die sich andernfalls noch bis ca. 24 Std nach dem eigentlichen Unfall bilden können.

Der Einsatz von Aspirin® (2 x 500 mg) ist also auch ein angemessenes Mittel bei leichten, unklaren Frühsymptomen, wie Müdigkeit, Abgeschlagenheit nach einem Tauchgang, um eventuelle Spätfolgen zu mildern.

Merke:

> Aspirin® vermindert bei rechtzeitiger Anwendung die Folgeschäden der Dekompressionskrankheit!

Ich wünsche allen Lesern viel Spaß beim (sicheren) Tauchen!

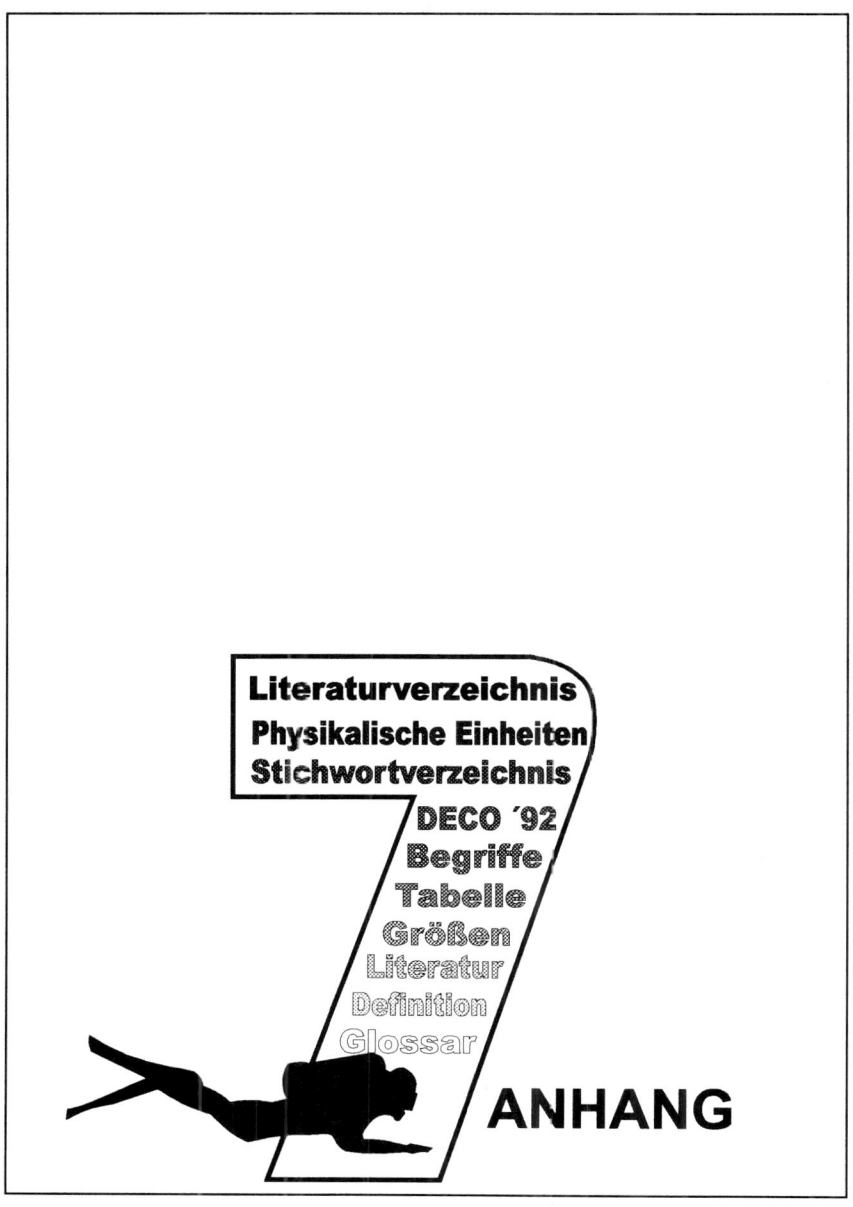

7.1 Physikalische Einheiten und Definitionen

Größe		Einheit / Definition	Einheitenzeichen
Atemminutenvolumen	AMV	Liter / Minute	l/min
Auftriebskraft	F_G	Newton	N
Beschleunigung	g	Kraft / Masse	N / kg
Beschleunigung	g	Meter / Sekunde ^{2}	m/s²
Dichte	ρ	Masse/Volumen	kg / m³
Druck	p	Kraft / Fläche	N / m²
Druck	p	Pascal, Bar	Pa, bar
Fallbeschleunigung	g	Meter / Sekunde ^{2}	9,81 m/s²
Fläche	A	Quadratmeter	m²
Frequenz	f	Hertz	Hz
Geschwindigkeit	v	Weg / Zeit	m/s
Gewichtskraft	F_G	Newton	N
Höhe	h	Meter	m
Kraft	F	Masse · Beschleunigung	kg · m/s²
Kraft	F	Newton	N
Länge	l	Meter	m
Luftmenge	Q	Barliter	barl
Luftmenge	Q	Druck · Volumen	bar · l
Masse	m	Kilogramm	kg
Ortsfaktor	g	Kraft / Masse	9,81 N/kg
Temperatur	ν	Celsius	° C
Temperatur	T	Kelvin	K
Volumen	V	Kubikmeter	m³
Zeit	t	Sekunde	s

Tabelle 21: Einheiten und Definitionen für Taucher

7.2 Formeln für Taucher

Größe	Formel	Einheit	
Gewichtskraft	$F_G = m \cdot g$	N	m in [kg]; g in [N/kg]
Ortsfaktor	$g = 10 \text{ N/kg} = 10 \text{ m/s}^2$		
Volumen	$V = A \cdot h$	m³	A in [m²]; h in [m]
Volumen in Liter	$1 \text{ m}^3 = 1000 \text{ l}$		
Fläche	$A = a \cdot b$	m²	a,b in [m]
Kreisfläche	$A = r^2 \cdot \pi$	m²	r in [m]; $\pi = 3.1415$
Dichte	$\rho = m / V$	kg/m³	m in [kg]; V in [m³]
Druck	$p = F / A$	Pa	F in [N]; A in [m²]
Druck in bar	$1 \text{ bar} = 10^5 \text{ Pa}$		
Luftdruck	$p_h = p_c - 0{,}1 \cdot (h / 1000\text{m})$	bar	h in [m]; $p_0 = 1$ bar
Schweredruck	$p = \rho \cdot h \cdot g$	bar	ρ in [kg/m³]; h in [m]; $g = 9.81 \text{ m/s}^2$
Umgebungsdruck	$p = h / 10\text{m} + 1$	bar	h in [m]
Temperatur in Kelvin	$T = v + 273$	K	v in [°C]
Temperatur in °Celsius	$v = T - 273$	°C	T in [K]
Gesetz von Boyle-Mariotte	$p_1 \cdot V_1 = p_2 \cdot V_2$		p in [bar]; V in [l]
Gesetz von Gay-Lussac	$p_1 / T_1 = p_2 / T_2$		p in [bar]; T in [K]
Gesetz von Charles	$V_1 / T_1 = V_2 / T_2$		V in [l]; T in [K]
Allgemeine Gasgleichung	$p_1 \cdot V_1 / T_1 = p_2 \cdot V_2 / T_2$		p in [bar]; V in [l]; T in [K]
Gesetz von Dalton	$p = p_1 + p_2 + p_3 + \ldots p_n$	bar	p in [bar]
Luftmenge	$Q = p \cdot V$	barl	p in [bar]; V in [l]
Luftverbrauch	$Q_V = AMV \cdot p \cdot t$	barl	AMV in [l/min]; p in [bar]; t in [min]
Tauchzeit (max)	$t = Q_{krit} / (AMV \cdot p)$	min	Q_{mit} in [barl]; p in [bar]; AMV in [l/min]
Bergseefaktor	$BF = p_{NN} / p$	–	$p_{NN} = 1$ bar; p in [bar]
Überströmformel	$p_{ges} = (p_1 \cdot V_1 + p_2 \cdot V_2) / (V_1 + V_2)$	bar	p in [bar]; V in [l]

Tabelle 22: Formeln für Taucher

7.3 Begriffsklärung

Abstürzen	Unkontrolliertes Absinken in die Tiefe
Abtrieb	Ist die Gewichtskraft des eingetauchten Körpers größer, als die des verdrängten Wassers, so sinkt der Körper.
Alveolen	Lungenbläschen
Amonton-Gesetz	Der Druck einer konstanten Gasmenge nimmt je °C Erwärmung um 1/273 des Druckes bei 0 °C zu. Gleiche Erkenntnis, wie Gay-Lussac.
Apnoe-Tauchen	Tauchen ohne Atemgerät
Archimedes-Prinzip	Ein Körper verliert in einer Flüssigkeit soviel an Gewichtskraft, wie die von ihm verdrängte Flüssigkeit wiegt.
Arterie	vom Herzen wegführendes Blutgefäß
Atemminutenvolumen	Atemzüge pro Minute mal Luftmenge pro Atemzug
Atrium	Herz-Vorhof
Aufstiegszeit	Netto-Zeit des Auftauchens. Errechnet sich aus Aufstiegsgeschwindigkeit und Tauchtiefe.
Auftauchzeit	Uhrzeit, in der wir die Oberfläche wieder erreichen.
Auftrieb	Ist die Gewichtskraft des eingetauchten Körpers kleiner, als die des verdrängten Wassers, so steigt der Körper auf und schwimmt an der Oberfläche.
Austauchzeit	Zeit vom Verlassen der Tauchtiefe bis zum Erreichen der Oberfläche inklusive aller Auftauchpausen.
Barotrauma	Kompressionskrankheit (Squeeze): Druckschädigung in oder an Hohlräumen des menschlichen Körpers.
Bends	Schmerzhafte Gasblaseneinschlüsse in Gelenken
Bergsee-Tauchen	Tauchgänge, die eine andere Deko-Tabelle für Höhenlagen erforderlich machen.
Blaukommen	Kompressionskrankheit bei Helmtauchern
Bourdon-Röhre	Teil in einem Tiefenmesser
Boyle-Mariotte-Gesetz	Bei konstanter Temperatur steht das Volumen einer Gasmenge im umgekehrten Verhältnis zu seinem Druck.
Bradycardie	Verlangsamung des Herzschlages
bubble disease	Erkrankung durch Gasblasen im Körper (Caisson-Krankheit, Gas-Embolie).
Caisson-Krankheit	Dekompressionskrankheit durch Ausperlen von gelöstem Stickstoff im Körper.
Charles-Gesetz	Das Volumen eines Gases ist der absoluten Temperatur proportional, solange der Druck nicht verändert wird.
Chokes	Atembeschwerden, Schmerzen im Brustraum
CMAS	Confédération Mondiale des Activités Subaquatiques
Dalton-Gesetz	Der Partialdruck eines Gases steigt in gleichem Verhältnis, wie der Gesamtdruck.

DAN	Divers Alert Network
Dehydratation	Entwässerung, Flüssigkeitsverlust (auch: Dehydration)
Dekompressionszeit	ist die Zeit auf bestimmten Tiefen (3 m, 6 m, 9 m), die laut Tabelle oder Computer zum Entsättigen eingehalten werden muß.
Diastole	Herzzyklus, in der sich die Kammern mit Blut füllen.
Dioptrie	optische Maßeinheit für Lichtbrechungsfaktor
DLRG	Deutsche Lebens-Rettungs-Gesellschaft
Downstream-Ventil	öffnet mit dem Druck
Druckminderer	1. Stufe des Atemreglers, in dem der Flaschendruck auf einen über eine Feder einstellbaren Mitteldruck reduziert wird.
DSC	Decompression Sickness; Dekompressionskrankheit
Embolie	Verstopfung von Blutgefäßen
Erythrozyten	Rote Blutkörperchen
Essoufflement	Reduzierte Sauerstoffaufnahme durch Kurzatmigkeit
Eustachische Röhre	Ohrtube
Finimeter	Druckmesser für Flaschendruck (Manometer)
Flachwasser-Bewußtlosigkeit	wird durch Absinken des Sauerstoff-Partialdruckes beim Erreichen einer geringeren Wassertiefe ausgelöst.
Foramen Ovale	Herzfehler: Verbindung der beiden Vorhöfe.
Gasgleichung	Das Produkt aus Druck und Volumen dividiert durch die absolute Temperatur eines Gases ist konstant.
Gay-Lussac-Gesetz	Der Druck eines abgeschlossenen Gases ist der absoluten Temperatur proportional, solange das Volumen nicht verändert wird.
Grundzeit	Zeit vom Verlassen der Oberfläche bis zum Beginn des Austauchens.
Hämoglobin	Roter Blutfarbstoff
Hämolyse	Austritt von Hämoglobin aus den roten Blutkörperchen.
HBO	Hyperbare Oxydation; Sauerstoffbehandlung unter Druck.
Henry-Gesetz	Die Menge des in einer bestimmten Flüssigkeit gelösten Gases steht in direktem Verhältnis zum Partialdruck des Gases an der Flüssigkeitsoberfläche.
Hydrostatisches Gleichgewicht	Ist die Gewichtskraft des eingetauchten Körpers gleich der des verdrängten Wassers, so schwebt der Körper.
Hyperkapnie	Erhöhung des Kohlendioxidgehaltes in Blut
Hyperoxie	Erhöhung des Sauerstoffgehaltes in Atemluft und Blut
Hyperthermie	Überhitzung
Hyperventilation	Mehratmen durch Erhöhung der Atemfrequenz oder -tiefe
Hypervolämie	Zunahme des Blutvolumens
Hypokapnie	Erniedrigung des Kohlendioxidgehaltes im Blut
Hypothermie	Unterkühlung
Hypovolämie	Abnahme des Blutvolumens
Hypoxie	Sauerstoffmangel

Inertgas	Gas, daß beim Atmen nicht ge- oder verbraucht wird
Isopressionskrankheit	Störung oder Vergiftung durch Einwirkung von Gasen bei gleichbleibender Druckeinwirkung.
Joule-Thomson-Effekt	Abkühlung eines Gases bei gedrosselter Druckentlastung
Kapillare	Haargefäß
Kohlenmonoxid-Vergiftung	Inneres Ersticken durch Blockade der Bindefähigkeit von Hämoglobin mit Sauerstoff.
Kompensation	Bauliche Maßnahme in 1. Stufe, damit Mitteldruck unabhängig vom Flaschendruck bleibt.
Konduktion	Wärmeleitung
Konvektion	Wärmeströmung
Koronargefäße	Herzkranzgefäße
Labyrinth	Bogengänge im Ohr
Laryngospasmus	Stimmritzenkrampf
Larynx	Kehlkopf
Leukozyten	Weiße Blutkörperchen
Luftmenge	Produkt aus Druck und Volumen eines Gases
Luftvorrat	Der Luftvorrat entspricht der mitgeführten Luftmenge in der Preßluftflasche.
Lungenautomat	2. Stufe des Atemreglers, in dem der Mitteldruck auf den jeweilig herrschenden Umgebungsdruck reduziert wird.
Mediastinalemphysem	Luftansammlung im Mittelfellraum
Medulla Oblongata	Atemzentrum im verlängerten Rückenmark
Mitralklappe	Segelklappe in linker Herzhälfte
NAUI	National Association of Underwater Instructors
Nervus Acusticus	Hörnerv
Nervus Vestibularis	Gleichgewichtsnerv
Nitrox	Gemisch aus Stickstoff (Nitrogen) und Sauerstoff (Oxygen)
Nullzeit	Grundzeit, die ein Taucher maximal in Anspruch nehmen kann ohne Dekompressionspausen beim Aufstieg einhalten zu müssen.
Ödem	Flüssigkeitsansammlung im Gewebe
Osmose	Konzentrationsausgleich zwischen Lösungen durch eine feinporige, für kleinste Teilchen durchlässige Scheidewand.
Oxidation	Verbindung mit Sauerstoff, Verbrennnung
Oxydose	Sauerstoffvergiftung
PADI	Professional Association of Diving Instructors
Pascal	Alte Druckeinheit: 1 bar $\hat{=} 10^5$ Pascal
Pleurablatt	Lungenfell und Rippenfell
Pneumothorax	Eindringen von Luft in den Pleuraspalt
Rebreather	Kreislaufgerät
Rekompression	Erneute Kompression nach Tauchunfall
Reserve	Die Luftreserve beträgt mindestens 20% vom maximalen Fülldruck der Flasche.

Reserveschaltungen	dienen als Warneinrichtung beim Tauchen und sollen rechtzeitig das Absinken des Flaschendruckes auf 20% anzeigen.
Residualvolumen	Anteil der Luft, der bei maximaler Ausatmung in Lunge und Atemwegen verbleibt.
Schwimmbad-Blackout	durch Hyperventilation ausgelöste Bewußtlosigkeit beim Streckentauchen. Der Kohlendioxidgehalt wird durch Abatmer künstlich gesenkt, wodurch der Atemzwangs zu spät einsetzt.
Semilunarklappen	Taschenklappen an Blutgefäßen
Squeeze	Kompressionskrankheit; Barotrauma
SSI	Scuba Schools International
Subkutanes Emphysem	Ansammlung von Luft unter der Haut
Systole	Herzzyklus der Kontraktion und Blutauswurf
Taucherflöhe	Stickstoffbläschen in Hautkapillaren, die einen Juckreiz bzw. Hautrötung erzeugen.
Tauchprofil	Idealisierter Tiefenverlauf des Tauchgangs mit Zeitangaben.
Tauchzeit	Zeit unter Wasser (Auftauchzeit - Abtauchzeit)
Thorax	Brustkorb
Thrombozyten	Blutplättchen
Tiefenrausch	Alkoholrauschähnlicher Zustand durch erhöhten Stickstoff-Teildruck.
Torr	Alte Druckeinheit, Torricelli, entspricht mm Hg
Totraum	Atemwege, die nur zum Transport von Gasen zum Ort des Gasaustausches dienen.
Trachea	Luftröhre
Trikuspidalklappe	Segelklappe in rechter Herzhälfte
Überströmen	Beim Überströmen stellt sich in beiden Druckbehältern der gleiche Gesamtdruck ein.
Umgebungsdruck	Wasserdruck + Luftdruck
Unterkühlung	Körperkerntemperatur unter 35°C
Upstream-Ventil	öffnet gegen den Druck
Valsalva-Versuch	aktiver Druckausgleich im Ohr
VDST	Verband Deutscher Sporttaucher
Vene	zum Herzen führendes Blutgefäß
Ventil	Das Ventil sperrt oder öffnet die Druckluftzufuhr aus der Preßluftflasche.
Ventrikel	Herz-Hauptkammer
Venturi-Düse	Injektor in 2. Stufe
Vitalkapazität	Luftmenge, die nach tiefster Einatmung wieder ausgeatmet werden kann.
Wiederholungstauchgang	Alle Tauchgänge, für die sich ein fiktiver Zeitzuschlag auf die Grundzeit aus der Tabelle ergibt.
Zweischlauchatemregler, einstufiger	hier wird der Flaschendruck in einem einzigen Schritt auf den Umgebungsdruck reduziert.

7.4 Literaturverzeichnis

Ehm, O.F, *Tauchen - noch sicherer !*
  Müller Rüschlikon Verlag, Cham 1993

Benner, Klaus- Ulrich, *Der Körper des Menschen*,
  Weltbildverlag, Augsburg, 1989

Dobrinski / Krakau / Vogel, *Physik für Ingenieure*,
  B.G. Teubner Verlag, Stuttgart 1984

dtv- *Atlas zur Physik, Band 1 und 2*,
  Deutscher Taschenbuchverlag, München 1994

Göbel, Holger, *Dekompression*,
  Verlag Stephanie Nagelschmid, Stuttgart 1996

Goßner, Stefan, *Lehrbuch Rettungsschwimmen*,
  Hofmann Verlag, Augsburg, 1993

Hawking, Stephen W., *Eine kurze Geschichte der Zeit*,
  Rowohlt Verlag, Reinbek, 1988

Holzapfel, Rudolf B., *Praxis der Tauchmedizin*,
  Georg Thieme Verlag, Stuttgart 1993

Kohlrausch, Friedrich, *Lehrbuch der praktischen Physik*,
  B.G. Teubner Verlag, Leipzig, 1927

Kuchling, Horst, *Taschenbuch der Physik*,
  Verlag Harri Deutsch, Thun 1987

Lippmann, John, *Handbuch für Tauchunfälle*,
  Springer Verlag, Berlin 1989

PADI, *The Encyclopedia of Recreational Diving*,
  PADI EU Services, Hettlingen 1995

Scheyer, Werner, *„Lungenautomat" - Technik und Funktion der Atemregler*,
  Verlag Stephanie Nagelschmid, Stuttgart 1994

Scheyer, Werner, *Flaschen - Ventile - Reserveschaltungen, Technik und Funktion*,
  Verlag Stephanie Nagelschmid, Stuttgart 1992

Stibbe, Axel, *Sporttauchen*,
  VDST e.V., Mörfelden- Walldorf 1989

Zanker, Norbert, *Tauchsicherheit, Tauchrettung*,
  Verlag Stephanie Nagelschmid, Stuttgart 1995

Zeitschrift *„Tauchen"*,
  Jahrverlag, Hamburg

Zeitschrift *„Unterwasser"*,
  Olympia- Verlag, Nürnberg

7.5 Austauchtabellen DEKO '92

Tauchtiefe (m)	Nullzeit (min)	Grundzeit (min)	Dekopausen 6	Dekopausen 3	Wiederholungsgr.
9 / 415´	25				B
	50				D
	75				E
	100				F
12 / 142´		18			B
		36			D
		54			E
		72			F
		90			G
15 / 72´		16			C
		32			E
		48			F
		64			F
		80		3	G
18 / 44´		10			B
		20			D
		30			E
		40			F
		50		2	F
		60		6	G
		70		11	G
		80		16	G
21 / 31´		6			B
		12			C
		18			D
		24			E
		30			E
		36		3	F
		42		5	F
		48		9	G
		54		12	G
		60		16	G
24 / 23´		5			E
		10			C
		15			D
		20			E
		25		1	E
		30		4	F
		35		7	F
		40		10	F
		45	2	13	G
		50	3	16	G
		55	5	19	G

Tauchtiefe (m)	Nullzeit (min)	Grundzeit (min)	Dekopausen 9	Dekopausen 6	Dekopausen 3	Wiederholungsgr.
27 / 18´		5				B
		10				C
		15				D
		20			1	E
		25			4	F
		30			8	F
		35		2	11	G
		40		4	14	G
		45		6	18	G
		50		9	20	G
30 / 14´		6				B
		10				D
		14				D
		18			2	E
		22			5	F
		26		1	8	F
		30		3	10	F
		33		5	12	G
		36		6	14	G
		39	1	7	17	G
		42	1	9	19	G
33 / 12´		6				C
		10				D
		14			1	E
		18			4	E
		21		1	7	F
		24		3	8	F
		27		4	11	F
		30	1	6	13	G
		33	2	6	16	G
		36	3	8	18	G
36 / 10´		6				C
		10				D
		14			3	E
		18		1	6	F
		21		3	8	F
		24	1	4	11	F
		27	2	6	13	G
		30	3	7	16	G
		33	4	9	19	G

Austauchtabelle DECO '92
Autor: Dr. Max Hahn
copyright VDST e.V

Tauchtiefe (m)	Nullzeit (min)	Grundzeit (min)	Dekopausen 12	Dekopausen 9	Dekopausen 6	Dekopausen 3	Wiederholungsgr.
39 / 8´		6					C
		10				1	D
		14			1	4	E
		18			3	7	F
		21		1	4	10	F
		24		3	6	12	G
		26		4	6	15	G
		28		4	8	17	G
42 / 7´		6					C
		9				1	D
		12			1	4	E
		15			3	6	F
		18		1	4	9	F
		20		2	5	11	F
		22		3	6	13	G
		24	1	4	7	15	G
45 / 6´		6					D
		8				1	D
		10			3	6	E
		12		2	4		E
		14		3	7		F
		16		1	4	9	F
		18		2	5	11	F
		20	1	3	6	13	G
		22	1	4	7	15	G
48 / 5´		6				1	D
		8				2	E
		10			1	4	E
		12			3	6	F
		14		1	4	7	F
		16		3	4	10	F
		18	1	3	6	12	G
		20	2	4	7	15	G
51 / 4´		6				1	D
		8				3	E
		10			2	5	E
		12		1	3	7	F
		14		3	4	9	F
		16	1	3	6	11	G
		18	2	4	7	14	G

0 - 700 m ü. N.N.

Aufstiegsgeschwindigkeit 10 m/min

Tauchtiefe (m)	Nullzeit (min)	Grundzeit (min)	Dekopausen					Wiederholungsgr.
			15	12	9	6	3	
54 4'		6					2	D
		8				1	4	E
		10				1	2	6	E
		12			2	4	8	F
		14		1	3	5	10	F
		16		2	4	6	13	G

Tauchtiefe (m)	Nullzeit (min)	Grundzeit (min)	Dekopausen					Wiederholungsgr.
			15	12	9	6	3	
60 3'		6				1	3	E
		8				1	2	5	E
		10				2	4	7	F
		12			2	2	5	11	F
		13			2	3	6	12	G
		14	1	2	4	6	14	G

57 3'		6					2	D
		8				2	4	E
		10			1	3	7	F
		12		1	2	4	10	F
		14		2	3	6	12	G
		16	1	2	4	7	15	G

63 2'		6				1	4	E
		8			1	3	6	F
		10		1	2	4	9	F
		11		2	2	5	10	F
		12	1	2	3	6	12	G
		13	1	2	4	6	14	G

Tabelle für Oberflächenpausen und Wiederholungstauchgänge

Wiederholungsgruppe	Oberflächenpause (h.min)							✈
G	.15	.30	1.00	2.00	3.00	4.00	6.00	36 h
F		.15	.30	1.30	2.15	3.00	4.00	30 h
E			.15	.30	1.00	2.00	3.00	24 h
D				.15	.30	1.00	2.00	18 h
C					.15	.45	2.00	12 h
B						.30	1.30	6 h

Tiefe des Wiederholungstauchganges (m)						Zeitzuschlag zur Grundzeit (min)
9	163	158	149	134	103	70
12	80	79	75	56	28	19
15	61	50	47	32	13	10
18	39	37	34	22	11	8
21	31	29	27	17	9	7
24	26	24	23	14	8	6
27	23	21	19	12	8	5
30	20	18	17	10	7	5
33	18	16	15	9	6	4
36	16	15	13	7	5	4
39	14	13	12	6	5	3
42	13	12	11	5	5	3
45	12	11	10	5	4	3
48	11	10	9	4	4	3
51	11	9	8	3	3	2
54	10	8	7	3	3	2
57	9	7	6	2	2	2
60	8	7	6	2	2	2
63	7	6	5	2	2	2

Abdruck mit freundlicher Genehmigung des VDST e.V.
Die Tabellen sind zu beziehen bei: *VDST- Tauchsport- Service GmbH*
Tannenstr. 25
64546 Mörfelden- Walldorf
Tel.: (06105) 96 13 01 - Fax: (06105) 96 13 45
(Betriebsanleitung im Kapitel 3 oder VDST- Buch „Sporttauchen" von Axel Stibbe)

Tauchtiefe (m)	Nullzeit (min)	Grundzeit (min)	Dekopausen 6	Dekopausen 3	Wiederholungsgr.
9 314'	25				B
	50				D
	75				E
	100				F
12 116'	18				B
	36				D
	54				E
	72				F
	90				G
15 61'	16				C
	32				E
	48				F
	64		1		F
	80		7		G
18 39'	10				B
	20				D
	30				E
	40		1		F
	50		5		F
	60		10		G
	70		16		G
	80		23		G
21 27'	6				B
	12				C
	18				D
	24				E
	30		1		E
	36		4		F
	42		8		F
	48		12		G
	54		17		G
	60	2	20		G
24 20'	5				B
	10				C
	15				D
	20				E
	25		2		E
	30		6		F
	35		10		F
	40	1	13		F
	45	3	17		G
	50	5	20		G
	55	7	25		G

Tauchtiefe (m)	Nullzeit (min)	Grundzeit (min)	Dekopausen 9	Dekopausen 6	Dekopausen 3	Wiederholungsgr.
27 16'	5					B
	10					C
	15					D
	20				2	E
	25				6	F
	30			1	10	F
	35			3	14	G
	40			6	17	G
	45			8	22	G
	50		1	10	27	G
30 13'	6					B
	10					D
	14				1	D
	18				3	E
	22				7	F
	26			2	10	F
	30			4	13	F
	33			6	16	G
	36		1	7	19	G
	39		1	9	21	G
	42		2	10	25	G
33 11'	6					C
	10					D
	14				2	E
	18				6	E
	21			2	8	F
	24			4	10	F
	27			6	13	F
	30		1	7	16	G
	33		2	9	19	G
	36		4	9	24	G
36 9'	6					C
	10				1	D
	14				4	E
	18			2	7	F
	21			4	10	F
	24		1	6	13	F
	27		3	6	17	G
	30		4	8	20	G
	33		5	10	25	G

Austauchtabelle DECO '92
Autor: Dr. Max Hahn
copyright VDST e.V

Tauchtiefe (m)	Nullzeit (min)	Grundzeit (min)	Dekopausen 12	Dekopausen 9	Dekopausen 6	Dekopausen 3	Wiederholungsgr.
39 7'	6						C
	10					1	D
	14				1	5	E
	18				4	9	F
	21			2	5	12	F
	24			3	7	16	G
	26			4	8	19	G
	28		1	4	10	21	G
42 6'	6						C
	9					1	D
	12				1	4	E
	15				3	7	F
	18			2	4	11	F
	20			3	6	13	G
	22			4	7	16	G
	24		1	4	9	19	G
45 5'	6					1	D
	8					2	D
	10					4	E
	12			2	6	E
	14			1	3	8	F
	16			2	4	10	F
	18			3	6	13	F
	20		1	4	7	16	G
	22		2	4	8	20	G
48 4'	6					1	D
	8					2	E
	10				1	5	E
	12				3	7	F
	14			2	4	9	F
	16			3	5	12	F
	18		1	4	6	16	G
	20		2	4	9	19	G
51 4'	6					1	D
	8					4	E
	10				2	6	E
	12			1	4	8	F
	14			3	4	11	F
	16		1	4	6	14	G
	18		3	4	7	19	G

701 - 1500 m ü. N.N.

Aufstiegsgeschwindigkeit 10 m/min

Tauchtiefe (m)	Nullzeit (min)	Grundzeit (min)	15	12	9	6	3	Wiederholungsgr.
54	3'	6					2	D
		8				1	4	E
		10			1	2	7	E
		12			2	4	10	F
		14		1	3	6	13	F
		16		3	3	7	17	G
57	2'	6					3	D
		8				2	5	E
		10			1	4	7	F
		12		1	2	5	11	F
		14		2	4	6	15	G
		16	1	3	4	9	19	G
60	2'	6					4	E
		8			1	2	6	E
		10			2	4	9	F
		12		2	3	5	13	F
		13		2	4	6	15	G
		14	1	2	4	7	17	G
63	1'	6				1	4	E
		8			1	3	7	F
		10		1	2	5	10	F
		11		2	3	5	12	F
		12	1	2	3	7	14	G
		13	1	2	4	7	17	G

Tabelle für Oberflächenpausen und Wiederholungstauchgänge

Wiederholungsgruppe	Oberflächenpause (h.min)						→
G	.15	.30	1.00	2.00	3.00	4.00	6.00	36 h
F		.15	.30	1.30	2.15	3.00	4.00	30 h
E			.15	.30	1.00	2.00	3.00	24 h
D				.15	.30	1.00	2.00	18 h
C					.15	.45	2.00	12 h
B						.30	1.30	6 h

Tiefe des Wiederholungstauchganges (m)						
9	163	158	149	134	103	70
12	80	79	75	56	28	19
15	61	50	47	32	13	10
18	39	37	34	22	11	8
21	31	29	27	17	9	7
24	26	24	23	14	8	6
27	23	21	19	12	8	5
30	20	18	17	10	7	5
33	18	16	15	9	6	4
36	16	15	13	7	5	4
39	14	13	12	6	5	3
42	13	12	11	5	5	3
45	12	11	10	5	4	3
48	11	10	9	4	4	3
51	11	9	8	3	3	2
54	10	8	7	3	3	2
57	9	7	6	2	2	2
60	8	7	6	2	2	2
63	7	6	5	2	2	2
Zeitzuschlag zur Grundzeit (min)						

Abdruck mit freundlicher Genehmigung des VDST e.V.
Die Tabellen sind zu beziehen bei: *VDST- Tauchsport- Service GmbH*
Tannenstr. 25
64546 Mörfelden- Walldorf
Tel.: (06105) 96 13 01 - Fax: (06105) 96 13 45
(Betriebsanleitung im Kapitel 3 oder VDST- Buch „Sporttauchen" von Axel Stibbe)

7.6 Stichwortverzeichnis

1

1. Stufe · Siehe Druckminderer

2

2. Stufe · Siehe Lungenautomat

A

ABC-Ausrüstung · 169, 253
absolute Nullpunkt · 34
Absorption · 65, 92
Abstürzen · 288
Abtauchen · 82, 212
Abtauchzeit · 102
Abtrieb · 288
Abtriebskraft · 68, 70
Acetylsalicylsäure · 283
Adern · 201
ADH · 210
ADV-Jackets · 184
Alkoholgenuß · 240
Aluminiumflasche · 77, 245
Alveolen · Siehe Lungenbläschen
Amonton · 288
AMV · Siehe Atemminutenvolumen
Anstrengung · 242
Anziehungskraft · 83
Aorta · 201
Apfelsinenhaut · 238
Apnoe · 253, 258, 288
Archimedes · 68, 288
Arterie · 288
Arterien · 201
Arzneimittel · 281
Aspirin · Siehe Acetylsalcylsäure
Atemluft · 63
Atemminutenvolumen · 101, 109, 110, 113, 197, 286, 288
Atemregler · 155
Atemreiz · 197
Atemzentrum · 197
Atemzugvolumen · 101, 296
Atmung · 194, 199, 229

Atrium · 288 Siehe Vorhof
Aufstiegszeit · 103, 288
Auftauchen · 82, 234
Auftauchzeit · 102, 288
Auftrieb · 288
Auftriebskraft · 71, 286
Ausatemventil · 164
Außendruckreferenz · 149, 151, 152
Außenohr · 205, 217
äußere Blaukommen · 224
Austauchtabelle · 67, 100, 103, 112, 116, 117, 118, 119, 120, 122, 123, 124, 126, 135, 136, 137, 243, 293
Austauchzeit · 102, 288

B

bar · 24
Barliter · 100
Barometerformel · 27
Barotrauma · 41, 212, 216, 217, 221, 222, 224, 245, 249, 250, 258, 288
Basisgrößen · 20
Beatmung · 277
Bends · 238, 288
Bergsee-Tauchen · 135, 173
Bergseefaktor · 136, 287
Berstdruck · 147
Beschleunigung · 286
Blasenbildung · 236
Blaukommen · 288
Bleigewichte · 73
Bleigürtel · 186
Bloodshift · 259
Blut · 200
Blutdruck · 204
Blutflüssigkeit · 199
Blutkörperchen · 200
Blutkreislauf · 200, 203, 204
Blutplasma · 201
Blutplättchen · 200, 284, 291
Bourdon-Röhre · 173, 174, 288
Boyle-Mariotte · 38, 41, 52, 55, 57, 58, 79, 81, 82, 212, 234, 287, 288
Boyle-Mariottescher-Tiefenmesser · 173
Bradycardie · 209, 288

Brechung · 92, 93
Bronchialbaum · 195
Bronchien · 197
Bronchiolen · 195, 196
Brown · 36
Brownsche Molekularbewegung · Siehe Brown
Brustkorb · 196
bubble disease · 245, 288
Bypassrohr · 164

C

Caisson-Krankheit · 63, 230, 234
Celsius · 33
Charles · 49, 287, 288
Chokes · 239, 288
CMAS · 288
cubicfoot · 144

D

Dalton · 59, 60, 62, 63, 64, 227, 287, 288
DAN · 289
DCS · Siehe Dekompressionskrankheit
Dehydratation · 240, 289
Dekompressiometer · 176
Dekompression · 63, 67, 83, 100, 103, 116, 117, 122, 123, 124, 125, 126, 127, 128, 130, 135, 244
Dekompressionskrankheit · 234, 237, 238, 239
Dekompressionsphase · 234
Dekompressionsschäden · 240
Dekompressionszeit · 103, 289
Dekozeit · Siehe Dekompressionszeit
Delonca · 208
Diastole · 204, 289
Dichte · 23, 29, 286, 287
Dioptrie · 289
DLRG · 289
Downstream · 166
Drossel · 83
Drosselbohrung · 163
Druck · 24, 286, 287
Druckausgleich · 207
Druckflasche · 144
Druckhalteventil · 189
Druckmesser · 105, 106, 107, 108
Druckminderer · 84, 148, 158, 160, 161, 162, 289
Druckpunkt · 278

Durchfall · 282
Durst · 85

E

Edelgase · 199
Ein-Helfer-Methode · 278
Einschlauchatemregler · 158
Einstellfeder · 159
Embolie · 289
Emphysem · 248, 291
EN 250 · 144
Entenschnabelventil · 157
Epiglottis · Siehe Kehldeckel
Erfrierung · 270
Erkältungskrankheiten · 283
Ersatzteile · 187
Ertrinken · 254, 260, 261
Erythrozyten · 289
Essoufflement · 229, 289
Eustachische Röhre · 206, 218, 289

F

Fallbeschleunigung · 21, 286
Fibrin · 237, 283
Finimeter · 150, 159, 172, 289
Fläche · 286, 287
Flachwasserbewußtlosigkeit · 255, 289
Flaschentragegestell · 183
Fliegen · 240
Flossen · 73, 171
Flüssigkeitsverlust · 240
Foramen ovale · 241, 289
Frenzel · 208
Frequenz · 90, 286
Fülldruck · 88, 106, 146

G

Gasdruck · 36
Gasembolie · 237
Gasgemische · 153
Gasgleichung · 55, 287, 289
Gasspannung · 234
Gasthermometer · 49
Gay-Lussac · 43, 46, 49, 51, 287, 289
Gefahrengutverordnung · 153
Gefäßkrampf · 270

Gehörschnecke · 206, 220
Geschwindigkeit · 286
Gewicht · 21
Gewichtskraft · 21, 286, 287
Gewinde · 148
Gleichgewichtssinn · 206
Grundzeit · 102, 289

H

Haargefäße · 195
Halbseitenlähmung · 239
Halbtrockenanzügen · 132
Hämatom · 224
Hämoglobin · 198, 200, 231, 253, 289
Hämolyse · 260, 289
Harndrang · 210
Hauptkammer · 202
Hawking · 15
HBO · 289
Helmtaucher · 223
Henry · 65, 235, 289
Hertz · 96
Herz · 202
Herz-Lungen-Wiederbelebung · 276
Herzdruckmassage · 277
Herzkompression · 277
Herzkranzgefäße · 203
Heuschnupfen · 283
Hitzeeinwirkungen · 262
Hitzekollaps · 265
Hitzekrampf · 265
Hitzschlag · 266
Hochdruckanschluß · 159, 163
Höhe · 286
Hohlräume · 192, 213
HP · Siehe Hochdruckanschluß
Hubkolbenkompressor · Siehe Kompressor
Hydrostatisches Gleichgewicht · 71, 289
hydrostatisches Grundgesetz · 28
Hyperkapnie · 229, 253, 257, 289
Hyperoxie · 289
Hyperthermie · 262, 289
Hyperventilation · 254, 255, 289
Hypervolämie · 260, 289
Hypokapnie · 289
Hypothermie · 268, 289
Hypovolämie · 261, 289
Hypoxie · 239, 289

I

Inertgas · 290
Inertgase · 56, 199, 234
Inflator · 185
Infrarotstrahlung · 91
Injektor · 164
Innenohr · 206, 220
Inneren Vereisung · 148
Inneres Blaukommen · 223
Isopression · 63
Isopressionskrankheit · 290
Isopressionsphase · 227

J

Jackets · 184
Jojo-Profil · 241
Joule-Thomson-Effekt · 83, 85, 290

K

Kälte · 241
Kälteeinwirkung · 268
Kapillare · 198, 201, 290
Kehldeckel · 195
Kehlkopf · 194
Keilbeinhöhle · 192
Kelvin · 20, 34, 45, 287
Kennzeichnungen · 145
Kiefernhöhle · 192
kinetische Energie · 34, 83, 84
Knochennekrose · 240
Kohlefilter · 189
Kohlendioxid · 59, 65, 199, 229
Kohlendioxidvergiftung · 229
Kohlenmonoxid · 290
Kohlenmonoxidvergiftung · 188, 231
Kompaß · 179
Kompensation · 161, 290
Kompressibilitätsfaktor · 88
Kompression · 83
Kompressionsphase · 212
Kompressor · 188
Kondensatablaß · 189
Kondensatabscheider · 189
Konduktion · Siehe Wärmeleitung
Konvektion · Siehe Wärmeströmung
Koronargefäße · 290

Körperhohlräume · 193
Kraft · 21, 286
Kreisfläche · 287
Kreislauf · 203
Kreislaufgerät · 228, 229, 290
Kreislaufgeräte · 153

L

Labyrinth · 206, 290
Lampen · 187
Länge · 20, 286
Laryngospasmus · Siehe Stimmritzenkrampf
Larynx · Siehe Kehlkopf
Leukozyten · 200, 290
Licht · 90
Lichtgeschwindigkeit · 91, 92
Literaturverzeichnis · 292
Löslichkeitskoeffizient · 66, 235
LP · Siehe Mitteldruckanschluß
Luftdruck · 26, 27, 287
Luftduschenknopf · 164
Luftembolie · 41, 247
Luftfeuchtigkeit · 86
Luftmenge · 100, 105, 214, 286, 287, 290
Luftröhre · 195, 197, 291
Luftverbrauch · 109, 287
Luftvorrat · 105, 290
Luftwege · 194, 195
Lunge · 196, 222, 245
Lungenarterie · 203
Lungenautomat · 83, 84, 163, 168, 290
Lungenbläschen · 196
Lungenembolie · 239
Lungenfell · 196
Lungenflügel · 193, 196
Lungenkapillaren · 195
Lungenkreislauf · 204, 277
Lungenödem · 223, 257, 258
Lungenriß · 41, 42
Lungenvenen · 203

M

M25 x 2 · Siehe Gewinde
Majorca, Enzo · 259
Manometer · 189
Maske · 169
Masse · 20, 21, 286
Mayol, Jacques · 259

Membran · 156, 164, 167
Membran- Tiefenmesser · 174
Meßgeräte · 172
Mikroblasen · 237
Millimeter Quecksilbersäule · Siehe Druck
Mitteldruck · 160, 163
Mitteldruckanschluß · 159
Mitteldruckschlauch · 162
Mittelfellraum · 248
Mittelohr · 206, 218
Mittelohrentzündung · 218
mm Hg · Siehe Druck
Mundstück · 156, 159, 165, 170
Mund-zu-Nase- Beatmung · 277

N

Nasenscheidewand · 194
NAUI · 290
Neopren · 180
Neunziger- Regel · 118
Newton · 21
Nitrox · 153, 290
Notfallsituation · 275
Notruf · 274
Nullzeit · 103, 116, 117, 118, 119, 120, 121, 122, 123, 126, 137, 290

O

Oberflächenpause · 131
Oberspindel · 147
Ödem · 290
Ohr · 205, 249
Ohrstöpsel · 217
Ohrtube · 206, 289
Oktopus · 84
Optik · 91
Ortsfaktor · Siehe Fallbeschleunigung
Osmose · 260, 290
Oxidation · 290
Oxydose · 290
Ozonloch · 267

P

PADI · 290
Partialdruck · 60, 227, 231, 234
Pascal · 24, 290
Paukenhöhle · 206, 219
Pendelatmung · 229, 257
Perilymphe · 206
Pilotsteuerung · 164
Pipin · 259
Pleurablatt · 196, 290
Pleuraspalt · 196, 197, 247
Pneumothorax · 247, 290
Preßluftflasche · 153, 167, 189, 222
Preßlufttauchgerät · 144
Prüfdruck · 146
psi · 25, 26
PTG · Siehe Preßlufttauchgerät

Q

Quecksilber-Barometer · 26

R

Rachenraum · 194
Rebreather · Siehe Kreislaufgeräte
Reflexion · 91, 93
Refraktion · 92
Reisekrankheit · 282
Reizleitungssystem · 203
Rekompression · 237, 244, 290
Reserve · 107, 290
Reserveschaltung · 107, 148, 291
Reservevolumen · 197
Reservoir-Flasche · 139
Residualvolumen · 197, 258, 291
Rettungskette · 274
Rippenfell · 196, 197
Rohrfedertiefenmesser · 174
Rückschlagventil · 156

S

Sättigung · 234
Sättigungsdampfdruck · 85, 87
Sättigungszustand · 65
Sauerstoff · 59, 60, 64, 199, 227, 277

Sauerstoffvergiftung · 227
Schädelhöhlen · 192, 216
Schall · 96
Schallgeschwindigkeit · 97
Schallwellen · Siehe Schall
Schaltgabel · 152
Schleimhaut · 216
Schließfeder · 156, 159, 164
Schnorchel · 170, 256
Schnorchler · 253
Schock · 279
Schwächung · 93
Schweredruck · 29, 287
Schwimmbad-Blackout · 253, 291
Schwimmbrille · 221
Schwitzen · 264
SCUBA · 144
Segelklappe · 202, 290, 291
Semilunarklappen · Siehe Taschenklappen
SI-Einheiten · 20
Siebbeinzellen · 192
Sinterfilter · 148, 159
Sinusknoten · 203
Sonnenallergie · 282
Sonnenbrand · 267
Sonnenstich · 266
Sprudelflascheneffekt · 66
Squeeze · Siehe Barotrauma
SSI · 291
Stabilizing Jackets · 184
Stahlflaschen · 145
Stammbronchien · 195
Stickstoff · 59, 60, 62, 63, 66, 67, 103, 116, 123, 125, 131, 135, 199
Stickstoffvergiftung · 230
Stimmritzenkrampf · 246
Stirnhöhle · 192
Streckentauchen · 255
Streuung · 92, 93
Surfactant · 228
Systole · 204, 291

T

tarieren · 73
Tarierjackets · Siehe Jackets
Tarierweste · 73
Taschenklappen · 202, 291
Tauchanzug · 73, 180, 181
Tauchcomputer · 177
Taucherboje · 187

Taucherflöhe · 238, 291
Tauchermaske · 224
Tauchermesser · 186
Taucheruhr · 172
Taucherweste · 183
Tauchflasche · 73
Tauchprofil · 115, 291
Tauchreflex · 209
Tauchunfälle · 274
Tauchzeit · 102, 111, 287, 291
Teildrücke · 60
Temperatur · 20, 33, 286, 287
Thorax · Siehe Brustkorb
Thrombozyten · Siehe Blutplättchen
Thrombus · 200
Tiefenmesser · 173
Tiefenrausch · 230, 291
Torr · Siehe Druck
Torricelli · 26
Totalkapazität · 197
Totraum · 257, 291
Trachea · Siehe Luftröhre
Transport · 153
Trikuspidalklappe · Siehe Segelklappe
Trockentauchanzüge · 182
Trommelfell · 97, 205, 217
Trommelfellriß · 219, 220, 225
Tubenlippe · 208, 249

U

Überdruckventil · 189
Überdruckverletzung · Siehe Barotrauma
Überströmen · 84, 139, 291
Überströmformel · 287
Umgebungsdruck · 31, 287, 291
Unterkühlung · 268, 269, 291
Unterspindel · 147
Upstream · 165
UV- Strahlung · 267

V

Valsalva · 207, 220, 249, 291
Van-der-Waals · 88
VDST · 291
Venen · 201, 291
Ventil · 147, 165, 167, 185, 289, 291
Ventilteller · 155, 156, 159, 164
Ventrikel · Siehe Hauptkammer

Venturi · 165, 291
Venturidüse · 164
Vereinfachungen · 104
Vereisung · 84, 85, 166
Vergiftung · 63
Vertigo · 218
Vitalkapazität · 197, 291
Volumen · 22, 286, 287
Vorhof · 202

W

Wärmeabgabe · 262
Wärmeleitblech · 168
Wärmeleitung · 263
Wärmestrahlung · 91, 263
Wärmeströmung · 263
Wärmeverlust · 268
Warzenfortsatzzellen · 192
Wasserdampf · 85
Wasserdruck · 28
Wasserkammer · 160, 161
Wasserschock · 260
Wasserschutzrohr · 148
Wellenlänge · 90
Westenflasche · 139
Widerstandswarnung · 148
Wiederholungsgruppe · 124, 125, 127, 131, 132, 133, 134
Wiederholungstauchgang · 131, 242, 291

Z

Zahnschmerzen · 222
Zeit · 20, 286
Zugstange · 150
Zwei-Helfer-Methode · 278
Zweischlauchatemregler · 155, 291
Zwischenkühler · 189
Zwischenrippenmuskulatur · 197

SPORTBÜCHER aus dem VERLAG WEINMANN

Ausführliche Informationen finden Sie auch im Internet: http://www.weinmann-verlag.de

3 87892 - 020 2 **Das Judo-Brevier**
Der bewährte Leitfaden für Technik und Prüfung, 114 Abb.

000 8 **1 x 1 des Judo**
Die Grundlagen wirksamen Judotrainings, 101 Abb.

001 6 **Die Judo-Wurftechnik**
Die exakte Beschreibung aller wichtigen Würfe, 209 Abb.

002 4 **Die Judo-Bodentechnik**
Das Fachbuch für Halte-, Hebel- und Würgetechniken, 165 Abb.

003 2 **Kombinationen und Kontertechnik**
Erfolgreiche Techniken für Kampf und Prüfung, 110 Abb.

011 3 **Kinder-Judo**
Das fröhliche Lehrbuch für kleine Judoka, 72 Abb.

013 X **Koshiki-no-Kata**
Die ritterliche Verteidigungstechnik, 154 Abb.

026 1 **Krafttraining**
Ratschläge für Fitness + Leistungssport, 165 Abb.

021 0 **Karate ... mit bloßen Händen**
Die Grundlagen wirksamer Kampftechnik, 141 Abb.

044 X **Das Kampfsport-Lexikon**
Die Kampfkünste der Welt von A-Z 51 Abb.

023 7 **Boxen ... Fechten mit der Faust**
Das bewährte Lehrbuch über den Faustkampf, 80 Abb.

059 8 **Das Taekwondo Brevier**
Der Leitfaden für Technik und Prüfung, 225 Abb.

028 8 **Taekwondo**
Kompaktlehrgang der koreanischen Kampfkunst, 104 Abb.

049 0 **Die 12 Taekwondo-Hyongs**
Präzisionsübungen für Fortgeschrittene, 436 Abb.

055 5 **Shuriken**
Sicherer Umgang mit Wurfsternen 103 Abb.

029 6 **Ringen**
Freistiltechnik für Anfänger + Fortgeschrittene, 105 Abb.

024 5 **Sambo**
Der kraftvolle russische Kampfsport, 217 Abb.

022 9 **Aikido-Fibel**
Die Grundlagen des Aikido, 72 Abb.

045 8 **Das Aikido-Brevier**
Leitfaden für Technik und Prüfung 140 Zeichn.

069 5 **Bokken**
Das Holzschwert der Samurai, 149 Abb.

041 5 **Die Kunst des Florettfechtens**
Das Fechtbuch für Anfänger + Fortgeschrittene, 266 Abb.

050 4 **Lehrbuch des Bogensports**
Vom ersten Schuß bis zur perfekten Technik, 132 Abb.

036 9 **Kyudo**
Die Kunst des japanischen Bogenschießens, 231 Abb.

053 9 **Armbrustschießen**
Das Standardwerk für Sport & Hobby, 95 Abb.

038 5 **Gymnastik**
Zweckmäßige Körperschule, die Spaß macht, 221 Abb.

047 4 **Fußball-Lehrbuch**
Mit vielen Spielübungen für die Praxis, 246 Abb.

056 3 **Sportliches Messerwerfen**
Über den sicheren Umgang mit Wurfmessern, 48 Abb.

063 6 **Arnis · Escrima · Kali**
Das Lehrbuch für den Stockkampf mit 198 Abb.

067 9 **Pencak Silat**
Die alte indonesische Kampfkunst 399 Abb.

065 2 **Tauch-Theorie**
Das Komplettwissen für den Tauchsport, 139 Abb.

081 4 **Der lachende Tennisball**
Humorvolle, aber treffende Tennisratschläge, 69 Cartoons

080 6 **Der lachende Schi**
Heiteres über den Skisport und seine Tücken, 52 Cartoons

083 0 **Die lachende Nixe**
Das Schmunzelbuch für alle Wassersportler, 64 Cartoons

3 87892 - 005 9 **Nage-no-Kata**
Die 15 Grundwürfe des Judo, 96 Abb.

006 7 **Katame-no-Kata**
Die 15 grundlegenden Bodentechniken, 70 Abb.

007 5 **Kime-no-Kata**
Die klassische japanische Selbstverteidigung, 140 Abb.

008 3 **Gonosen-no-Kata**
Die dynamischen Gegenwürfe des Judo, 58 Abb.

009 1 **Itsutsu-no-Kata**
Die Darstellung 5 traditioneller Judo-Elemente, 32 Abb.

0 0 5 **Ju-no-Kata**
Demonstration des ,,Siegens durch Nachgeben", 152 Abb.

0 2 1 **Goshin-Jitsu-no-Kata**
Die moderne japanische Selbstverteidigung, 118 Abb.

030 X **Das Ju-Jutsu Brevier**
Der Leitfaden für Selbstverteidigungssportler, 94 Abb.

004 0 **Selbstverteidigung**
Wirksame Verteidigungstechnik für den Ernstfall, 260 Abb.

031 8 **Chronik alter Kampfkünste**
Kampftechniken aus 3 Jahrhunderten, 369 Stiche

051 2 **Thai-Boxen**
Der dynamische asiatische Vollkontaktsport, 215 Abb.

027 X **Die 12 Karate-Kata**
Die wichtigsten Shotokan- und Wado-Ryu-Kata, 491 Abb.

033 4 **Sai**
Die Verteidigungstechnik mit der Waffe, 114 Abb.

032 6 **Kung-Fu**
Die Technik des chinesischen Boxens, 144 Abb.

040 7 **Sumo**
Der gewichtige japanische Ringkampf, 49 Abb.

042 3 **Spiele für Sport + Freizeit**
Ideen für alle, die gerne Spiele machen, 82 Abb.

035 0 **Iai-Do**
Blitzschnell die Waffe ziehen und treffen, 192 Abb.

025 3 **Das ist Kendo**
Eine Einführung in das japanische Fechten, 98 Abb.

037 7 **Kendo**
Lehrbuch des japanischen Schwertkampfes, 700 Abb.

068 7 **Capoeira**
Kampfkunst und Tanz aus Brasilien, 243 Abb.

034 2 **Yoga**
Die Kunst der Entspannung und Gelassenheit 368 Abb.

061 X **SNOOKER**
Billard "made in England", 106 Abb.

048 2 **DARTS**
Konzentration + Präzision im Pfeilwurfspiel, 71 Abb.

052 0 **60 Spiele auf dem London-Board**
Die umfangreiche Spielesammlung für Darter, 22 Abb.

034 4 **Electronic Dart**
Das sportliche Spielvergnügen, 31 Abb.

034 7 **American Football**
Vom Kick-off zum Touchdown, 123 Abb.

037 1 **Baseball**
Vom Hit zum Homerun, 82 Abb.

030 1 **Rugby**
Kampf in Gasse und Gedränge, 90 Abb.

032 8 **Das Ballsport Lexikon**
Die Ball- und Kugelspiele der Welt, 225 Abb.

036 0 **Das Wintersport Lexikon**
Sport & Spiel auf Eis und Schnee, 118 Abb.

032 2 **Das lachende Pferd**
Für Reiter und Pferdefreunde zum Wiehern, 57 Cartoons

034 9 **Der lachende Fußballer**
Viel Spaß um's runde Leder, 56 Cartoons

035 7 **Das lachende Fahrrad**
Schwungvolles über den Radsport, 49 Cartoons

Wir senden Ihnen gern unser ausführliches bebildertes Verlagsverzeichnis!
Schreiben Sie uns oder rufen Sie an:

VERLAG WEINMANN
Beckerstraße 7 · 12157 Berlin
Tel.: 030 / 855 48 95 Fax: 030 / 855 94 64